必然

KEVIN KELLY

THE INEVITABLE

**掌握形塑未來30年的
12科技大趨力**

UNDERSTANDING
THE 12 TECHNOLOGICAL FORCES
THAT WILL SHAPE OUR FUTURE

凱文·凱利(KK) 著／嚴麗娟 譯

KK著作一覽

《科技想要什麼》
What Technology Wants
（中文正體版已經發行）

《失控》
Out of Control:
The New Biology of Machines, Social Systems,
and the Economic World
（中文正體版將於 2018 年推出）

New Rules for the New Economy:
10 Radical Strategies for a Connected World

Asia Grace

Cool Tools:
A Catalog of Possibilities

「數位新世界」出版的話

　　數位科技像空氣一樣，一轉瞬就充滿了我們生活的每個角落。工作、學習、娛樂、理財、居家、出遊、溝通、傳情、兼差、謀生、犯罪等，沒有一種媒體的發明像數位科技這樣無縫深入。

　　美國史學大師巴森在他的經典名著《從黎明到衰頹》中說，這個時代有一個新階級叫做「數位人（Cybernist）」，他們的角色跟中世紀的教會神職人員一樣，各機構制度的主管及領袖皆從這個階級產生。巴森在 1999 年寫出這段話的時候，Google 尚未誕生，然而 10 年過後，現在全世界市值上升最快的公司，讓最多年輕人快速致富的行業，全都來自這裡。

　　數位世界本來是人類的新邊疆，但很快的它已經變成我們的現實。英特爾的葛洛夫說「所有公司都會變成網路公司」，我們不只架部落格、上噗浪、開臉書，我們也要開始煩惱新開拍的電影如何找到觀眾，老家日漸蕭條的手工製品如何找到新愛好者，舊媒體如何找尋新讀者，救災體系如何不要被鄉民在一天之內架設的網站所淘汰。

　　舊時代的服務、溝通、組織必須現在就跨入新世界，而我們只有很少數人熟悉數位世界的遊戲規則。如果有所謂數位落差，那不只存在於城鄉之間，更重要的是存在於舊部門、舊市場、舊主管、舊官僚對新世界的陌生。

　　你不需要開始學程式設計，但你應該開始熟悉數位世界運作的原理，以及如何進入的方法。這是「數位新世界」系列為什麼會誕生的原因。

THE INEVITABLE by Kevin Kelly

Copyright © 2016 by Kevin Kelly. All rights reserved.

Published by arrangement with Brockman, Inc.

Traditional Chinese edition copyright © 2017 by Owl Publishing House,
a division of Cité Publishing Ltd.

數位新世界 9 　　　　　　　　　　　　　　　ISBN 978-986-262-326-8

必然：掌握形塑未來 30 年的 12 科技大趨力

作　　　者	凱文‧凱利（Kevin Kelly）
譯　　　者	嚴麗娟
責 任 編 輯	周宏瑋、謝宜英
編 輯 協 力	林俶萍、鄭詠文
專 業 校 對	魏秋綢
版 面 構 成	張靜怡
封 面 設 計	徐睿紳
行 銷 業 務	林智萱、張庭華、鄭詠文
編 輯 顧 問	陳穎青（老貓）
總 編 輯	謝宜英
出 版 者	貓頭鷹出版
發 行 人	涂玉雲
發　　　行	英屬蓋曼群島商家庭傳媒股份有限公司城邦分公司

104 台北市中山區民生東路二段 141 號 11 樓

畫撥帳號：19863813；戶名：書虫股份有限公司

城邦讀書花園：www.cite.com.tw　購書服務信箱：service@readingclub.com.tw

購書服務專線：02-2500-7718~9（周一至周五上午 09:30-12:00；下午 13:30-17:00）

24 小時傳真專線：02-2500-1990~1

香港發行所　城邦（香港）出版集團／電話：852-2877-8606／傳真：852-2578-9337

馬新發行所　城邦（馬新）出版集團／電話：603-9056-3833／傳真：603-9057-6622

印 製 廠　中原造像股份有限公司

初　　　版　2017 年 6 月　七刷 2018 年 5 月

定　　　價　新台幣 450 元／港幣 150 元

讀者服務信箱　owl@cph.com.tw

貓頭鷹知識網　http://www.owls.tw

歡迎上網訂購；

大量團購請洽專線 02-2500-1919

城邦讀書花園

www.cite.com.tw

〔譯序〕
邊翻譯邊長腹肌還邊看到未來！

嚴麗娟

接到《必然》這本書稿時，我自然非常高興，譯過 KK（Kevin Kelly）的《科技想要什麼》深感讚嘆欽佩，沒想到有續集了。再一查網路，居然已經有簡體版，頓時感到責任重大。

開譯後方知這條路不好走，譯了兩三段便有腦汁乾涸的感覺，在電腦前摸了一個晚上發現進度只有平日的三四分之一。接到催稿電話，只能說資訊量太大了，我想快也快不起來，結果就這麼老牛拖車到最後一章。譯完後邊在心裡放鞭炮邊跟朋友開玩笑說，人生第一次譯書譯到長出腹肌，因為太難了，只好去健身房折磨肉體，清空頭腦後才能繼續翻譯。

與編輯討論某些想法時，據說我的譯文比簡體版多了一些也清楚了一些，再加上有些概念實在很難貼著原文來翻譯，我以自己能理解的中文和看了能好好呼吸的讀書速度譯出來，希望能幫大家了解 KK 要表達的意思。至於每章的標題，我們想過是否要造新詞來表達「賦予認知能力」，但我力有未逮，希望過幾年有恰當的造詞。還有「屏讀」，不是偷看簡體的，而是為了跟「閱讀」對仗。

在翻譯期間我也得到許多啟發，常有「啊，原來這樣這樣是必然、原來那樣那樣也是必然、耶我好像跟得上時代、欸這個趨勢真讓我冒冷汗」的感覺。而到了最後一章，套句鄉民的用語，我媽問我為什麼跪著做翻譯，譯完有種登天的感覺，太玄了，人類的未來就這麼擺在眼前，而在深入閱讀與翻譯後，卻完全看不到具體的模樣。

這幾年來我常說我的手機長在我的手上，因為手機可以幫我做的事情太多了，叫 Siri 定時、換算匯率、換算單位、搜尋網路；用 APP 記錄體重、睡眠、步數、運動；每天查天氣跟星運；隨時與朋友家人傳訊對話；出外遊玩時只要能隨時充電與連線，也靠手機搞定大小事。還能拿來量心跳、當鏡子、當手電筒。再想想幾年前，同樣的事情不是做不到，但現在只靠一支手機或行動裝置，輕巧多了，更感覺好先進。

而這背後驅動的 12 種科技力，已經默默推著我們往前走，若說每天盯著手機只會讓人視力漸衰，頸椎漸彎，醫生長輩疾呼快把它放下。可是放不下，上癮的人愈來愈多，也包括醫生跟長輩，因為我們早被吸進科技的漩渦裡，人生感覺愈來愈便利，也愈來愈複雜。資訊爆炸到追也追不完，永遠都在長見識，長到終於麻木了卻又來了新的光怪陸離。原有的刻板印象一再受到挑戰。不習慣的人大喊這世界變了，確實，變得太快、無所適從，但另一方面，不如放下成見，改變生活方式，別恨自己隨波逐流，因為你抵擋不了這些力量。而我覺得樂觀，我繼續等，等著新詞出現，也等著這些力量為世界塑造出新的樣貌。

各界好評

各方推薦（按姓氏筆畫序）

◎何飛鵬（家庭傳媒集團首席執行長）

◎徐挺耀（潮網科技與泛科知識創辦人）

◎陳良基（科技部長）

◎陳昇瑋（台灣資料科學協會理事長／中研院資訊科學研究所
　研究員／資料洞察實驗室主持人）

閱讀心得精彩分享（按姓氏筆畫序）

　　如果你只看這本書的 12 個「必然」，心中可能會想「這
不是廢話嗎？我早知道了」，但你知道該怎麼辦嗎？未必。
KK 在數位領域累積了數十年的經驗，可以協助你在這些不可
避免的趨勢當中，找到一個身為人類應該有的「差異化策
略」，降低與機器及趨勢的衝突，找到自己與後代的生存方
式。　　　　　　　　　　　　——李怡志（網路媒體工作者）

　　用哲學的觀點解釋什麼是科技，是如此困難又讓人心嚮往
之，KK 的幾本著作根本打中了這個核心，我因此成為他忠實

的粉絲。「趨同演化論」成了我經常用來解釋萬物運作的道理，但也因為有一點特別，所以分享給朋友時，需要多一點說服與耐心。這個難懂的語彙現在也被 KK 趨同演化成「必然」這兩個字，也隨著人工智慧的飛快進化，更讓人容易認同與了解。了解 KK 的必然，你就必然了解電腦、筆電、手機、智慧型手機、手機晶片微小化、手機晶片裝載在所有產品上、產品聯網、產品收集資料、產品產生認知，最後人工智慧突飛猛進的「必然」了。　　　　　　　──吳顯二（癮科技站長）

KK 有系統性地將不同資訊科技發展現象做了歸納，淺顯地說明了網際網路與資訊科技，如何把我們的生活逐步引導、形塑成「去中心化」卻又「集體」的社會。Facebook、Uber 到群眾募資，是新的商業模式，也是對人類認知行為的一次革命。你的閱讀、消費與收入，都將在位元傳輸與存儲之間被重新定義。或許你已經注意到了，但可能沒有發現，原來它已無孔不入……不管你接不接受，都需要好好面對。

　　　　　　　　　　　　──烏仕明（亞克管理諮詢公司執行長／
　　　　　　　　　北京清華大學科技與社會學博士候選人）

網路數位科技在過去 30 年來的快速發展已大幅地改變了人類社會，KK 以豐富的經驗和敏銳的分析歸納出 12 種驅動人類社會持續蛻變的原動力和趨勢，頗值得賞讀省思。不過書中並沒有提出獨到的洞察，部分分析也失之偏頗，對人工智慧的潛力過於樂觀，而對未來社會發展的預言則有如法蘭西斯‧福山（Fukuyama）的《歷史之終結》（*The End of History and the Last Man*），想像有些單純。

——陳明義（資策會技術長）

延續《科技想要什麼》，KK 在《必然》裡描繪出在未來科技體更成熟發展後，無處不在的科技流淌在生態圈中，會創生什麼樣的風景，人類又在其中扮演什麼角色。本書比起《科技想要什麼》更有結構，是每一位想窺見未來者都該細讀再三的蟲洞級大作。儘管如此，我認為 KK 忽略了人類調適的能力是有極限的，而諸多《必然》對這限度帶來的嚴重衝擊，是每一個讀者都該在看完書後好好思量的。

——鄭國威（泛科學總編輯）

國際讚譽

什麼人都能自稱先知、算命師或未來導師，這種人還真不在少數。而 KK 卻與眾不同，因為他都說對了。在《必然》這本書裡，清晰的行文和無懈可擊的論點讓你欲罷不能！直到你明白：他預見的科技、文化和社會變遷必然會出現。就像擁有個水晶球，卻不必擔心會打破。

——伯格（雅虎科技網站編輯）

如何打造未來？KK 認為科技革新帶來的結果蘊含獨特的

動力——我們最好要了解，並樂於接納。你或許覺得很棒，或許覺得恐慌，無論如何都該讀讀這本發人深省的書。

——伊諾（音樂家兼作曲家）

這本書對於（即將到來）的未來提供深刻的見解，智力會輕鬆流入所有的物品，就跟電力一樣。

——安德森（《長尾理論》作者）

多年來，KK 預測的科技未來充滿真知灼見，非常神奇。現在他更進一步帶領我們一窺未來 30 年會是個什麼光景。《必然》一書從頭到尾都是精確的洞察和思考，同時非常樂觀。

——克萊恩（《一級玩家》作者）

就像最稀奇古怪的科幻小說一樣，讀了令人振奮，但根基卻是實實在在的趨勢。未來會改變我們的生活，而 KK 就是最理想的領隊。　——弗勞恩菲爾德（Boing Boing 網站創辦人）

創造虛構的未來很容易；而 KK 選擇了艱難的那條路——告訴我們真正的未來是什麼樣子！《必然》裡的藍圖讓我們大開眼界，知道未來會碰到什麼。科幻小說也將變成科學事實。

——休豪伊（《羊毛記》作者）

〔推薦序〕
為什麼我們需要 KK ？

陳穎青（出版老貓、貓頭鷹出版顧問）

　　在這個時代誰還需要先知來告訴我們，下個時代、下個年度、下個產品會變出什麼來呢？我們每天都有層出不窮的新事物，過度飽和地讓我們選擇，不只產品飽和、訊息飽和，連交友申請都飽和。但是市場也不斷以優勝劣敗的方式告訴我們哪些成功了，哪些失敗了。

　　我們似乎不需要做事情就會知道未來我們將活在怎樣的時代，因為時代以 10 倍的速度飛快向我們展示最後結果。

　　如果只做一個消費者，這是個幸福的時代；任何狂想幾乎都會在短短的幾年內實現。人工智慧打敗圍棋棋王、聽得懂語音的手機、用嘴巴說話的方式開車、讓你如臨現場的虛擬現實、到外太空旅行、整個倉庫由數千個移動機器人分類配送不需要人工……遺憾的是我們的人生不只有消費的角色，我們同時也是生產者、供應商，有時候還是創業者。

　　你生產的東西比得上這些先進公司提供的相同產品嗎？你作為一個生產者在資本家眼中，比得上任勞任怨、也不會組織工會的自動化機器人嗎？你供應的內容能夠在幾乎全部免費的無限內容汪洋大海裡，為你賺取能夠存活的收入嗎？你投資的事業在未來面對快速演變的新科技還有足夠的競爭力嗎？我們，會被時代淘汰嗎？

這是新時代我們面對的問題，也是 KK 在本書希望回答的問題。

KK 一向不以先知或預言家的頭銜自許，但每一次這些頭銜總會落到他的頭上，他的預言總是成真；這不是因為他有未卜先知的能力，而是因為 KK 觀察事情的方法。他的方法是把不同科技視為一種生物，具有 DNA，能夠擴散，也會演化。

就像真實的生物世界物種的演化一樣，當你注意到飛行的優勢，你就可以知道具有飛行能力的生物將會獲得生存競爭的好處，你知道飛行能力會擴散開來，但你不需要知道個別的生物使用哪一種飛行技術，是薄膜翅膀、羽毛翅膀或者皮膜翅膀。後三者是很難預測的，而且也可能繼續會有其他技術出現，但飛行這種能力的擴散則幾乎是不需要預測的，你只要觀測到飛行的優勢，你就可以推斷這種能力「必然」會擴散。

這就是 KK 這本書取為《必然》的原因。

你需要做到的事情是選取那些真正重大、關鍵的事情，描述事情的本質，解釋它的來龍去脈，而這就是 KK 展現他過人的眼光與解讀能力的地方。我們可以看見人工智慧的到來，可是哪些工作會被淘汰，哪些工作會成為機器無法取代的，卻是我們很難想像的。

我們每個人都知道大家都上線了，每個人都在雲端閱讀，也在雲端貢獻內容。這些免費的內容讓所有的內容供應商產生空前的危機，你還能怎麼辦呢？誰能跟巨量的、根本不計成本的免費內容對抗呢？答案必須從演化的角度思考。免費的內容是可以複製，擴散方便的東西，因此新的商業模式不應該建立在這種性質上，你要賣的應該是那些無法複製、無法下載的東西。

　　例如信任。信任無法開生產線製造，無法花錢就買得到，也無法下載、儲藏在倉庫或你的後台資料庫裡，信任只能靠時間累積。信任做為資產，在免費內容可以隨手複製的時代只會愈來愈珍貴、愈來愈有身價。KK甚至提供了其他八種「比免費更好」的內容價值，每一種都可以讓人深思。

　　KK看見的趨勢絕大部分都不是新鮮事，但只有KK能解讀出其中幽微的深意。例如我們都知道資訊爆炸，因此我們需要訊息過濾和訊息篩選，接下來，跟得上時事的人肯定會知道「過濾氣泡」這件事。過濾氣泡讓我們處於一個被自身的興趣所篩選的訊息環境，喪失了發現新事物的可能性。

　　怎樣思考過濾氣泡這種問題呢？在KK的思考模式裡這不難解決，你從人類的角度看，過濾氣泡關切的是內容；但從內容的角度看呢？如果內容是一種生命，它會關切什麼——答案很清楚，它會關切誰來讀，換句話說，它會關切人的注意力，因為每個人都只有24小時，每一個內容永遠要爭取那有限時間裡面切出來的一部分。KK引用了諾貝爾獎得主司馬賀（Herbert Simon）的話說：「在訊息豐富的世界，唯一珍貴的資源就是人類的注意力。」

　　接下來的結論就很順理成章了：注意力流向哪裡，金錢就會跟到哪裡。

　　KK 不斷拓展他的思考，以至於每個閱讀本書的人，隨時都會處於一種既滿足又焦慮的情緒，我們學了新知識，但我們其實落後美國好幾代的時間。當我們看見這世界上最成功的高科技公司，都來自美國的時候，我們可能不由自主要感嘆，在這新的時代裡，我們需要的不只是科技公司或創投公司，我們需要的是如同 KK 一樣能夠選擇現象、解析意義的科技思想家。

〔專業導讀〕
缺少後天的願景與想像，將剩下更殘酷的今天

盧希鵬（台灣科技大學資訊管理系特聘教授）

　　我喜歡《必然》前言中的最後一句話：「這些力量都是軌道，不是定數。它們不預測我們最後會在哪裡，只告訴我們在不久的未來，我們必然會走向哪幾個方向。」這 12 個力量形塑的未來，不是預測，而是必然。因為，未來不是預測出來的，而是順著軌跡長出來的。

　　這與我最近提出的隨經濟（Ubiquinomics，研究在隨處科技下的經濟規則）理論相互呼應，強調未來無法規劃，因為這個世界是活的，根據混沌論的說法，未來是因為重複一些簡單規則（simple rules）而長出來的；而 KK 提出的 12 道力量，正是長出未來的簡單規則。

　　德國物理學家哈肯（H. Haken）曾經將系統分為兩種：一種是靠外部指令形成的他組織，如電子寵物、企業組織、機械構造；另外一種是以生命或成員互動構成的自組織，如我家的狗、細胞、股票市場、Web 2.0、社群組織。前者是一種機械論，後者則是一種混沌論。

　　「控制」這個觀念來自於他組織的機械論。舉例來說，我可以控制我的電子寵物，但是我無法控制我家的狗，如果是一群狗，行徑更是難以控制。電子寵物是依照設計者的邏輯在行動，而我家的狗卻是有心智的，並易受環境些微變化的影響，導致行為難以預測。

　　自組織是由人組成的，人是有生命的，會自己啟動、修復與成長。所以，在「互聯網＋」的世界中，互連生命的經營，就比產品功能的控制重要。功能，指的是計畫、執行、考核，是一種瞄準後射擊的控制，而生命的經營，卻是一種射擊後不斷瞄準的互動規則。

　　所以 KK 之前有幾本書像是《科技想要什麼》、《失控》（以上均由貓頭鷹出版取得授權）就認為科技的發展是一個自組織，沒有人能控制它，但是又有著簡單的脈絡與軌道。

　　在自組織的理論中，我特別喜歡「複雜適應系統」（complex adaptive system）。複雜系統中存在許多互相關連的組成份子（agents），彼此依循簡練規則（simple rules）隨機地互動著（random interaction）。這些大量的互動會「突現或浮現」（emergent）出多種型態（patterns）。混沌論主張這個世界是活的，會有許多突然出現（突現）的未來，因為「互聯網＋」的世界是連結的，在連結的世界中，會有許多意外的發現。

　　這一點，對台灣的政府與企業，都很重要。

　　馬雲有一句話是這樣說的：「今天很殘酷，明天更殘酷，後天很美好，但是大多數的企業，卻過不了明天的晚上。」

　　明天為什麼會更殘酷？因為大多數的企業所看到的明天，幾乎都一樣，都在做類似的事，因此大家所看到的明天，很快地就會成為更殘酷的今天。所以馬雲強調如果能從美好的後天看明天，就知道明天真正應該做的事是什麼了。

　　其實，後天是無法預測的，很難瞄準後射擊；後天是順著軌道長出來的，通常是射擊後不斷調整的結果。因為每個企業對後天的想像不一樣，所以會發展出不一樣的明天。重點不再是別人今天完成了什麼成功案例，或是產業趨勢報告預測的明天將會是什麼，而是我們對後天（未來），是否有想像？

　　當我們的政府失去了對後天的想像，只有無窮無盡的產業趨勢報告，就會發現每一件事都很重要，台灣的重點產業發展政策，一年內就從 5 變 5+2 又變 5+2+2+1 了，如果產業報告再繼續讀下去，未來不知道還會加什麼？

　　我們所缺少的，是後天的願景與想像，導致所看到的明天，很快就會成為更殘酷的今天。

　　而這本書，給了我們未來 30 年的後天想像，因為後天無法預測，而是一種順著軌道發展的必然。這 12 道力量是什麼呢？

1. 形成（Becoming）：去中心化與連結，這是一個永無止境的前進過程。隨經濟中強調連結的重要，科技是有生命的，它會自己長成（連結）它想要的樣子，而且永無止境。這個連結，有包含了人與人、物與物、人與物的連結。科技的進步非常的快，但是真正對商業的影響，卻是人類社會經濟習慣改變後的新的商業文明，重點不在科技，而在所形成的新商業文明。

2. 認知（Cognifying）：認知或人工智慧，將會是一個唾手可得的服務。因為更便宜的平行運算、更多的數據、更好的演算法，讓人工智慧開始能夠自行建立認知的能力，讓一個不懂下棋的人，能夠建立出世界無敵的棋手。因為電腦自己會學習，人工智慧將會取代人類許多的工作，但是也會產生許多新的工作。

3. 流動（Flowing）：複製與免費，開放的數據與知識造就了網路經濟。但，什麼是無法複製的呢？信任、即時、個人化、禮品後面的商品、使用權、實體、贊助、低交易搜尋成本。重點不在免費，而在於免費後面的東西。

4. 屏讀（Screening）：未來是一個充滿螢幕的世界，而且是一個超連結的世界。世界上最大的一本書是維基百科，因為它沒有目錄，每個人看書的邏輯都是順著自己的邏輯（瀏覽路徑）在看，這是一種個人化（personalization），而且有著許多意外的發現。

5. 使用（Assessing）：使用權比擁有權重要。互聯網本身不屬於任何人，開放數據、開放 API，在生態系統中，即時隨需、去中心化、與平台協作將成為趨勢。大平台，小前端，富生態，讓人們使用卻不需擁有。

6. 共享（Sharing）：互聯網上有一種分享的力量叫「利

他」，有許多「不求名、不求利、只求爽」的人。這種
利他的思想，建立了未來共用資源、不計報酬、樂於分
享的新型態的社會主義。

7. 過濾（Filtering）：我在想，現在人所面對的問題，不
是資訊太少，而是資訊太多。因為注意力成為稀少的資
源，過去是人找資訊，未來的過濾系統，將會是資訊找
人，也是一種精準行銷。

8. 重新混合（Remixing）：網路上的弱連結創造出許多混
搭的創新，通常拷貝一個創新叫山寨，但是將原本不相
干的兩個創新山寨連在一起，就是一種混搭式的創新。

9. 互動（Interacting）：人類的生活與商業都是一連串的
互動，這種即時反饋的互動成為遊戲化的一種形式，我
們即將面對一種網路上的消費者行為與激勵理論。

10. 追蹤（Tracking）：人們網路上的行為都會被記錄
著，為的是提供你個人化的服務。

11. 提問（Questioning）：未來智能化解決了大多數的問
題，但是人們開始要學習如何提問。

12. 開始（Beginning）：這是一個永無止境的人、機器、
自然三者的融合，將重複地執行這 12 道力量，周而復
始。

在彼得・杜拉克（Peter Drucker）晚年，記者訪問這位管
理學之父，請教他終其一生研究管理，對管理有什麼看法？杜
拉克回答說：「管理就像玩樂高積木，企業必須要與其他企業

組合出最終的產品。」如果配合連結策略來看，就是為未來企業的戰略思考，不只是考慮自己的產品規格，也要考慮到別人的連結規格。不只要考慮到自己的獲利，也要考慮到別人的獲利。因為演化，不只發生在單一的物種，而是一種協同演化。企業開始要學習與競爭者一起拼圖，與互補者拼圖，甚至是與客戶及供應商一同拼圖。未來商品會怎樣，往往不是由企業決定的，而是看你遇到什麼樣的樂高積木。

因為，未來，無法預測，而且無法避免，這是必然。

目 次

前言

13 歲那年，父親帶我去紐澤西州的大西洋城。那是 1965 年，他看到美國幾家頂尖企業製造的房間大小機器，興奮極了，IBM 就是其中一家。我父親篤信進步論，這些剛問世的電腦讓他看見了想像中的未來。但我意興闌珊——青少年就是這樣。填滿巨型展覽廳的電腦真無聊。放眼望去，就只有靜態的長方形金屬櫃，連一片閃著亮光的螢幕都看不到。沒有語音輸入，或輸出。這些電腦只能在連續報表紙上印出一行又一行灰色的數字。我熱愛科幻小說，讀了不少，裡面常提到電腦，眼前所見才不是真正的電腦！

1981 年，我在喬治亞大學工作，拿到一台 Apple II 電腦。雖然有小小的黑底綠字螢幕，可以呈現文字，我仍不覺得有什麼了不起。打字比打字機厲害，繪製圖表和記錄資料也是一把好手，但，還是不算真正的電腦！我的人生並未因它而改變。

幾個月後，我把同一台 Apple II 插進有數據機的電話線，我的看法就完全改變了。突然間，一切都不一樣了。電話插座的另一頭是個嶄新的世界，巨大無匹、無邊無際。那兒有

BBS 線上布告欄、還在實驗中的電話會議，以及這個叫做網際網路的地方。電話線上入口開展的世界雖然巨大，規模仍由人類控制，感覺有生命，非常驚人；人類與機器的結合更貼近私人領域。我覺得我的人生往上跳了一級。

現在回想起來，我覺得電腦時代從那一刻才真正開始，因為電腦和電話合而為一；單獨一台電腦其實不夠。電腦運算到了 1980 年代早期才產生持久的結果，因為那時電腦結合了電話，生成強大的工具。

接下來的 30 年內，通訊與電腦運算的科技結晶愈來愈普及，速度更快，愈發苗壯，也不斷演進。網際網路／全球資訊網／行動系統已經從社會邊緣（在 1981 年注意到的人沒有幾個）移到現代全球化社會的舞台中心。過去 30 年來，以這項科技為基礎的社會經濟，經歷過高低起落，英雄上場後也下台了，但毫無疑問地，一切都在大規模趨勢的掌控之下。

這些重大的歷史趨勢非常重要，因為激發它們的基本條件依舊存在、繼續發展，表示這些趨勢在未來幾 10 年內會愈來愈強，目前還看不到抵銷的力量。或許有些力量會讓它們脫軌，比方說罪行、戰爭或人類自己的濫用，但這些力量也會依循同樣的模式發展。在這本書裡，我會說明 12 種必然的科技趨力，也是打造未來 30 年的力量。

「必然」感覺用詞強烈。有些人可能一聽到就生氣，因為他們反對沒有什麼事情可用「必然」來形容。他們認為人類的意志力和決心可以打擊、勝過和控制機械化的趨勢——當然沒問題！他們認為，「必然性」等於放棄了自由意志，我們甘心認輸。「必然」的概念雖然像我在這本書裡所描述的，用超炫的科技打造出來，反對「命中注定」的聲浪卻更猛烈、更激昂。「必然」的一個定義是經典倒帶思維實驗最終的結果。如果我們將歷史倒帶回時間的起點，從一開始重跑文明的進程、重複數次，強硬的必然性表示不論重來幾次，每次的結果都一樣，就是到了 2016 年，青少年每 5 分鐘就要發一則推文。但我不是這個意思。

我心目中的必然不一樣。科技的本質帶有偏見，因此會傾向於某些方向，而不是其他方向。在同樣的因素下，掌管科技動態的物理學和數學，容易偏向某些行為。科技形式的一般輪廓由聚合起來的力量塑形，這些力量不負責掌控細節或特殊的案例，而我們要看的趨勢，主要就容納在這樣的力量裡面。舉例來說，網際網路的形式——擴及全球的網路世界——屬於必然，但我們選擇的特定網際網路種類就不是必然。網際網路可以走商業化，而不是非營利；可以屬於某個國家，而不是國際性系統；也可以是機密，不要公開。電話系統——用電氣長途傳播的語音訊息——是必然，但 iPhone 不是。四輪汽車的普通型態為必然，但運動休旅車不是。即時通訊是必然的，但每 5 分鐘發一則推文就不是。

另一方面，每 5 分鐘發一則推文也不是必然的。我們變形的速度很快，發明新東西後，應該要讓這些東西符合文明的要求，但發明的速度已經超過文明化的速度。現在，新科技出現後，約莫需要 10 年的時間，社會大眾才能就其意義取得共識，並制定相關的規定。再過 5 年，推特上的禮儀應該會比現在更明顯，就像之前手機到處作響，我們也花了一段時間才學會怎麼應對（使用靜音的震動功能）。就這樣，一開始的回應方式會很快消失，我們覺得這種方式並非必要，也不是必然。

我在這裡提到的必然性，屬於數位的範疇，也是動量造成的結果。科技持續更動的動量。過去 30 年來塑造出數位科技的強大浪潮，在未來 30 年內會繼續擴展，變得根深柢固。不光在北美洲，全世界都一樣。我在這本書裡會用到美國的例子，因為那是我熟悉的地方，但每個例子在印度、馬利、祕魯或愛沙尼亞都可以輕鬆找到對應。比方說，數位貨幣真正的領先者在非洲和阿富汗，有些地方只能用電子錢包。中國在開發行動裝置的共享應用程式這方面，無人能出其右。儘管文化對表現方式來說，可能是助力，也可能是阻力，但基本的力量到哪裡都一樣。

過去 30 年來，我都活在網路上，在這相當荒蕪的地域裡，我一開始就扮演先鋒的角色，後來則幫著建造這塊新大陸，科技變遷的深度讓我相信必然性。每天都有高科技產物出現，耀眼奪目，但推行的速度很慢。數位世界的根基要仰賴實際的需求，以及位元、資訊和網路的自然趨勢。不論地理位置，不論什麼公司，不論政局如何，位元和網路的基本原料會一再孵化出類似的結果；它們的必然性始於自身基本的物理構造。在本書中，我盡力展現數位科技的根源，因為未來 30 年內歷久不衰的趨勢就從此萌發。

這樣的變遷並不一定受歡迎。經營已久的產業將遭到顛覆，因為原有的業務模式走不下去。有的職業會完全消失，帶走某些人的生計。新的職業出現，繁茂的程度不一，引發嫉妒和不公平。我列出的趨勢延續不斷，也會擴大，將挑戰目前的法律前提，遊走在違法邊緣——守法的市民會很難跨過這個障礙。就本質來說，數位網路科技撼動了國界，因為科技沒有界限。儘管有萬分好處，卻也會使人心碎、引起矛盾和造成混淆。

在這個數位領域中，碰到極端的科技湧現，我們的第一個反應可能是抗拒、阻擋、禁止、否認，或至少讓它變得很難用（舉個例子，因為網際網路，複製音樂和影片變得很簡單，好萊塢與音樂產業竭盡所能來杜絕複製。結果徒勞無功，只讓顧客變成敵人）。禁止必然，通常只會產生反效果。禁絕必然，頂多一時有效，長期來說只會帶來不良的後果。

睜大眼睛、小心翼翼地接納，效果比較好。我寫這本書，希望能揭露數位變動的源頭，讓大家樂於接受。一旦懂了，我們可以配合它們的本質，而不是一味對抗。大量複製依舊無法避免、大量追蹤和全面監控也無法避免。所有權逐漸轉移、虛擬實境成真。我們無法阻止人工智慧和機器人一直改進、創造出新的業務，以及接收我們目前的工作。或許違反了起初的念頭，但我們應該要接納這些科技來來回回、不斷重新混合的結果。毋需阻撓，只有配合新科技，才能盡情享受它們的優勢。我並不是說要袖手旁觀，我們要管理一直冒出來的新發明，透過法律和科技手段，防止真正的（相對於假設的）傷害。我們要根據新發明的詳細特色加以馴服，使其成為文明的一部分。但要做到的話，必須要深入交戰、搶先體驗，即使接受也要保持警覺。例如像 Uber 之類的計程車服務，可以立法管控，但我們不能也不該想辦法禁止，因為服務必然會分散開來；而這些科技不會消失。

變化是必然的。我們現在能領會到所有的事物都會變，而且都在改變，即使變化幾乎細微到難以察覺。最高的山在我們腳下慢慢磨平，所有的動植物也以非常緩慢的速度變成不一樣的東西。就連一直發出光熱的太陽，也按著天文學的時刻表日漸消失，不過在太陽消失前，我們早就作古了。人類文化和生物學一樣，在不知不覺中變得不一樣。

今日人類的生活碰到重大變化時，一定以某種科技為中心。科技催化人類進步的速度。因為科技，我們造出的事物永遠都在形成的過程中。某種東西會形成另一種東西，從「有可能」變成「實際」。一切都在流動，沒有什麼是成品，沒有什麼算完結了。這種永無止境的變化，就是現代世界的主軸。

持續流動，不僅代表「事物會變得不一樣」，也意謂著過程——流動的工具——現在比成品更重要。過去 200 年來，人類最偉大的發明不是特定的器具或工具，而是發明了科學。一旦發明了科學的方法，就能立刻創造出以前想像不到的東西，數量眾多，而且會讓人覺得很驚異。這個過程很有條理、不斷變化、不斷進步，比發明特定的成品好了幾百萬倍，因為一旦發明後，只要幾百年，就能創造出幾百萬種新產品。目前進行的過程對了，就能繼續帶來益處。在新時代，過程比成品更重要。

重心轉向過程，表示我們造出來的東西都將面臨不斷改變的命運。我們即將離開固定的名詞世界,踏入流動的動詞世界。在接下來的 30 年內,我們會不斷把有形體的物品——汽車、鞋子——轉成無形體的動詞;產品會變成服務與過程。融入大量科技的汽車會變成運輸服務,是一組持續更新的工具,快速迎合消費者的使用方法、意見回饋、競爭、創新和損耗。不論是無人駕駛的汽車,還是你開的車子,這種運輸服務非常靈活,可以按需要自訂與升級,也可以連線,提供給我們的好處與從前不一樣。同樣地,鞋子不再是成品,而是一個過程,不斷重新想像這穿在腳上的東西應該是什麼模樣,或許表層可以更換,穿一次就丟掉,或許涼鞋在你走路的時候就變形了,鞋底的紋路會改變,或者地板就有鞋子的功用。名詞「鞋子」由動詞「著鞋」取代。在無形體的數位世界裡,沒有靜態或固定的東西;所有的事物都在形成其他的事物。

持續的變化毫不留情,也不斷擾亂現代世界。我費盡千辛萬苦,歷練過噴發到現今的無數科技力,把相關的變化分類成 12 個動詞如「使用」、「追蹤」及「共享」。說得更正確點,動詞還不夠,應該說「現在分詞」(如:使用ing、追蹤ing 及共享ing),傳達「動作正在進行」的意思。這些力量讓動作的速度愈來愈快。

這 12 個持續的動作各是進行中的趨勢,從各方面看來,都能再持續至少 30 年。我稱這些元趨勢「必然」,因為它們奠基於科技的本質,而不是社會的本質。動詞的特質遵循新科技呈現的傾向,而所有的科技都有這種傾向。創造科技的人握有操控科技的選擇跟責任,但科技也有我們掌控不住的地方。特殊的科技進程原本就會偏好特殊的成果，比方說，工業製程（例如蒸氣引擎、化學工廠、水壩）偏好的溫度和壓力，都超出人類覺得舒適的範圍，數位科技（電腦、網際網路、應用程式）偏好隨時隨地都可進行便宜的複製。工業製程對高壓／高溫的偏好，促使製造地點遠離人類，去除文化、背景或政治等因素，集中設立大規模的工廠。數位科技偏好無所不在的便宜複製過程，不考慮國籍、經濟動態或人類欲望，也讓科技更趨近於社群上的無所不在；這種傾向已經植入數位位元的本質。從這兩個例子來看，我們「聽從」科技偏好的方向，讓我們的期望、規章和產品臣服於科技的基本趨向，就能把科技的好處發揮到極致。使用特殊的科技時，若能配合偏好的軌道，便更容易控制複雜性、提高獲益及減少傷害。本書的目的便是要收集在最新科技中運作的趨勢，並畫出它們未來的軌跡。

這些動詞宛若有機體，在可預見的未來中，代表人類文化裡的元變化。在今日世界裡，它們已經有了概略的輪廓。我不想預測明年或接下來 10 年內，有哪些特定的產品會大放異彩，更不提哪些公司會是贏家。流行事物、時尚和商業會決定具體細節，完全無法預測。但 30 年內的產品與服務會有哪些走向，目前已經能看得出來。新興的科技正要變得無所不在，它們產生的走向也為這些產品的基本形式奠定了基礎。科技系統非常寬廣，前進速度也很快，不著痕跡地改變文化的方向，但改變的方式很穩定，於是便強化了下列各力量：形成、認知、流動、屏讀、使用、共享、過濾、重新混合、互動、追蹤、提問,最後是開始。

　　每個動作我會用一整章的篇幅來描述,但它們不是毫無關聯、獨立運作的動詞。這些力量有很多相同的地方,彼此依賴、互相加速。共享的東西愈多,一方面會加快流動,一方面也要依賴「流動」。「認知」則需要「追蹤」。「屏讀」與「互動」無法切割。動詞本身也「重新混合」,這些動作都是「形成」過程的各種變化。它們是合為一體的運動場。

　　這些力量都是軌道,不是定數。它們不預測我們最後會在哪裡,只告訴我們,在不久的未來,我們必然會走向哪幾個方向。

第一章

形成ing

　　我研究了 60 年，但最近才靈光一現：所有的東西要自我維護供養，都需要附加的能量和秩序，沒有例外。一般來說，我覺得就是知名的熱力學第二定律，根據此定律，所有的東西都在慢慢瓦解。我的領悟並非哀悼自己老去。很久以前，我就知道人類所知的無生命物體——石頭、鐵柱、銅管、石子路、一張紙——不照管修理，不賦予額外的秩序，無法長久持續不變。存在似乎就等於維護。

　　最近，我很驚訝，就連沒有形體的東西也非常不穩定。讓網站或軟體程式保持運作，就像要讓遊艇浮在水上。像個黑洞，投入的專注再多也不夠。我明白泵浦等機械裝置為什麼用了一陣子會壞掉——濕氣讓金屬生鏽、空氣讓外膜氧化、潤滑劑蒸發了，都需要修理。但我沒想到非物質的位元世界也會分解。什麼會壞？看來所有的東西都會壞掉。

　　全新的電腦會老化，應用程式愈用愈弱，程式碼會受損，才剛發行的軟體馬上開始磨損；自發的——和你沒有關係。器具愈複雜，愈需要費心思。我們無法逃離趨近變化的自然傾向,就連最抽象的實體位元──也逃不了。

而不斷變化的數位景色也會受到衝擊。周圍的東西都在升級,你的數位系統因此受到壓力,需要維護。你可能並不想升級,但大家都升了,你不得不照做。這是一場不斷升級的軍備競賽。

以前每次設備要升級的時候,我總是不情不願(能用的話幹嘛升級)?拖到最後一刻。你懂吧!升級了這個,突然那個也需要升級,結果什麼都要升級。我寧可拖個好幾年,因為之前有過經驗,「小小」升級不重要的地方,卻會嚴重擾亂我的工作。但每個人用的科技愈來愈複雜,與周邊設備的相互依附性愈來愈高,更像有生命的生態系統,延遲升級反而會讓局面更混亂。如果持續出現的小規模升級都略過了,累積下來的變化太多,最終的大規模升級反而令人痛苦。所以現在我把升級當成保健:定期執行,科技就能保持健康。持續升級對科技系統來說非常重要,所以現在主要的個人電腦作業系統與一些軟體應用程式,都改成自動升級。機器會暗中幫自己升級,隨著時間過去,功能也緩慢變化。變化逐漸出現,所以我們沒發覺它們正在「形成」。

我們覺得這樣的演化很正常。

未來的科技生活就是一連串無窮無盡的升級。升等的速率也愈來愈快。功能漸變、預設值消失、功能表變形。比方說,有個套裝軟體我不會每天用,打開時我以為會看到某些選項,但整個功能表都不見了。

不論一種工具用了多久,無窮無盡的升級仍會讓你變成新手——新來的使用者，摸不著頭腦。在這個「形成」的時代裡，每個人都是新手。更糟糕的是，我們永遠都是新手。所以，我們應該能保持謙卑的心。

這一點值得一再重複。所有人，每一個人，面對未來，就只能是新手，要一直想辦法趕上。讓我來解釋為什麼：首先，未來 30 年內要掌管人類生活的重要科技，大多數還沒發明出來，因為等發明了，你自然算是新手。第二，因為新科技必須無止境地升級，你會一直留在新手的狀態裡。第三，因為淘汰速度變快（手機應用程式的生命週期只有 30 天）！你還沒來得及精通什麼，就已經換新了，所以你永遠留在新手模式裡。現在，不論幾歲，不論有什麼經驗，所有人預設就一直是新手。

若能誠實以對，我們必須承認，無窮無盡的更新及科技體永恆的成形，具有一個面向，便是讓我們覺得不滿足。不久前，我們（所有人）才認定，沒有智慧型手機就活不下去了；十幾年前若有這種需求，我們聽了也只會目瞪口呆。現在網路速度變慢，我們便大發雷霆，但之前懵懵懂懂的時候，根本想不到有網路這種東西。我們一直發明新的東西，帶來新的渴望，必須要滿足的新欲望。

有些人很生氣，因人類自己製造出來的東西，居然會讓我們覺得不滿足。他們覺得永無止境的需求降低了品格、削弱人類的高尚精神，讓我們一直得不到滿足。我同意，科技就是不滿足的源頭。科技的動量推著我們去追尋最新的東西，但是最新的東西總會因為又有更新的東西出現就消失了，滿足便從指縫中溜走。但科技帶來的不滿足，卻是我盛讚的對象。我們和動物祖先不一樣，因為光是生存還不夠。我們忙昏了頭，創造出新的渴望要加以實現，創造出前所未有的新欲望。覺得不滿足，才能刺激心智，才會不斷成長。

少了欲望，我們無法擴展自我，也無法擴展集體的自我。我們拓展了界限，將裝著人類本體的小容器變得更大。有可能會覺得很痛苦。當然少不了裂痕與破口。深夜的資訊型廣告，許許多多網頁上那些即將過時的小玩意，都算不上振奮人心的技術，但人類的擴展只會通過平凡無奇的道路，說不上新穎。想像更美好的未來時，我們應該納入這種一直讓人不安的感覺。

少了不安的世界就是烏托邦，但烏托邦停滯不前。在某些方面公正不阿的世界，在其他方面可能不公不義到了極點。烏托邦沒有問題需要解決，但也因此沒有機會。

我們不需要擔心烏托邦的矛盾，因為烏托邦絕對行不通。每個烏托邦的設想都有自我腐化的缺陷。我對烏托邦的厭惡還要更深一層。我尚未碰到想當作家園的純理論烏托邦。在烏托邦裡，我一定覺得很無聊。與烏托邦對立的反烏托邦屬性黑暗，就有意思多了，也比較容易想像。最後一幕世界上只剩下最後一個人的啟示電影、機器人封建領主掌管的世界、慢慢崩壞貧民窟的巨城星球或是一場核武大戰好了，再簡單不過。現代文明崩解的方式太多了。但只因為反烏托邦的戲劇效果很強，更容易想像，並不表示有可能存在。

　　大多數反烏托邦的敘事都有一個缺點，就是反烏托邦無法長久延續。但讓文明停止運轉其實不容易。災難愈劇烈，混亂愈快燃盡。因著「第一樁死訊」而興奮不已的歹徒和下層社會馬上就被黑道及激進分子接管，無法無天的狀態不久變成敲詐勒索，敲詐勒索還以更快的速度變成腐敗的政府──一切都是為了讓不法之徒賺得口袋飽飽。就某種意義來說，貪婪可以糾正無政府狀態。真正的反烏托邦比較像舊時的蘇聯，而不是電影《瘋狂麥斯》裡的世界：官僚到了極點，但不會拋棄法紀。恐懼統治著他們的社會，除了少數人享有利益，其他人都陷入困境，但是就像200年前的海盜，實際上的法律與秩序已超出表面。我們都以為反烏托邦一定有很多不法行為，但在已經破敗的社會裡，並沒有這種缺乏法紀的情況。大壞蛋會盡量壓抑小壞蛋，以及反烏托邦的混亂。

　　但是反烏托邦與烏托邦都不是我們的目標，科技想把我們帶到「進托邦」。正確說法應該是，我們已經到了進托邦。

　　進托邦是一種成形的狀態，不是目的地，而是一種過程。在進托邦的模式裡，今天會比昨天好，儘管變好的程度微乎其微。這是一種漸進的改善、不起眼的進步。「進」出自「進程」和「進步」的概念。這種細微的進步不刺激，沒有戲劇化的效果。進托邦帶來好處，也帶來很多新的問題，所以很容易忽略相關的進步。昨日的科技成功，引發今日的問題；解決今日問題的科技方法，會造成明天的問題。問題和解答循環擴展，穩定累積一段時間的細微淨利，因而遭到忽略。自從啟蒙運動和科學發明後，我們每年創造出來的東西，勉強比毀滅的多一點。但那百分之幾的正面差異，數十年來不斷混合，或許就是我們所謂的文明。進步的優點，一直無法變成舞台上的主角。

進托邦不斷在變，所以我們看不到。這個過程一直在改變其他東西變化的方式，以及自我改變的方式，不斷變形與成長。不斷變形的軟式過程，很難成為歡呼的目標，但我們應該要能察覺到。

我們現在能敏銳察覺到創新帶來的不利之處，對舊時烏托邦許下的承諾也很失望，所以很難相信未來會是一個摸索不到的進托邦——其中的明日會比今日好一點點。我們很難想像自己想要什麼樣的未來。你說說看，在這顆星球上有哪一本科幻小說裡的未來，看似合理又符合人類的願望？（《星際爭霸戰》不算，因為背景在外太空。）

我們再也不期待未來充滿歡樂、車子能在空中飛行。和前一個世紀不一樣，大家都不想移動到遙遠的未來。很多人覺得懼怕，所以我們很難認真看待未來，便卡在短暫的當下，沒有世代觀點的現在。有些人採納奇點信徒的理論*，他們主張技術上來說，我們無法想像出 100 年內的未來，所以我們看不見未來。這種對未來的盲目，或許就是現代人覺得苦惱的原因，但是避也避不開。或許在文明和科技進展的這個階段，我們進入永久的現在，走不到盡頭，沒有過去，也沒有未來。烏

---

* 奇點理論：Singularity，詳見 338 頁譯注。

托邦、反烏托邦和進托邦都消失了。只有盲目的現在。

　　另一個作法，則是欣然接納未來和未來的成形。我們當成目標的未來，就是過程的產物——形成——現在就在眼前。我們可以接納目前浮現的變化，因為這些變化就會變成未來。

　　不斷成形的問題（尤其在進托邦的緩慢變化中），在於不休止的改變會讓我們看不見逐漸增加的變化。動個不停的時候，我們也注意不到動作。形成就像一種自我掩蓋的動作，回顧時才能看得出來。更重要的是，我們常在舊時的畫面裡看到新的事物。我們把目前的觀點延伸到未來，實際上會把新事物扭曲轉換成已經知道的東西。因此，最早的電影拍得像舞台劇，最早的虛擬實境拍得像電影。這種硬塞的作法，不一定不好。說故事的人會利用人類這種本能反應，讓新的與舊的聯合在一起，但當想辦明眼前的一切，這種習慣可能會愚弄我們。我們很難察覺得到當下這一刻的改變，有時候明顯的軌道看似不可能、不合理或太荒謬，我們接受不了。明明已延續了20年以上的事物，卻還常讓我們嘖嘖稱奇。

　　我也避不開，會因此分心。30年前線上世界誕生，10年後網路來到，我涉入甚深。但在每個階段形成什麼，都很難立刻看見，通常難以置信。有時候我們看不見形成了什麼，因為出現的方式可能違反我們的期望。

　　我們不需要假裝看不見這個持續的過程。近來的變化速率，快到前所未見，我們毫無提防。但現在知道了：我們永遠都是新手，一直都是；我們要對未必會發生的事物更有信心。所有的東西都在流動，舊的形式重新混合，變成新的，或許會讓人覺得不安。努力加上想像，就能屏除障礙，前方的事物也能看得更清楚。

舉個例子說明怎麼從最近的網路歷史了解未來：1994 年以前，圖像式的 Netscape 瀏覽器尚未在網路上大放光明，多數人根本不知道有純文字的網際網路。很難用。要輸入程式碼，沒有圖片。誰要把時間浪費在這麼無聊的東西上？在 1980 年代大家應該早就覺得，網際網路、企業電子郵件（無趣程度可比領帶）或青少年的俱樂部會所一樣不受歡迎。當時儘管有網際網路，卻無人在意。

充滿希望的新發明總是有人唱反調，開的條件愈好，反對的聲浪也愈響。網路／網際網路誕生時，一定能聽到聰明人發表愚笨的言論。1994 年末，《時代》雜誌解釋了為什麼網際網路永遠不會變成主流。「不是為商業目的而設計，也無法優雅容納新興事物。」哇！《新聞周刊》1995 年 2 月的頭條更直率地表示懷疑，「網際網路？呸！」文章作者是史托爾，天體物理學家兼網路專家，他認為線上購物與線上社群是不符實際的幻想，違反常識。「事實是，線上資料庫無法取代報紙，」他這麼主張。「但麻省理工學院媒體實驗室的主任尼葛洛龐帝預測，不久後我們就會在網際網路上買書、買報紙。呃，的確。」當時大多數人都心存疑慮，對於滿是「互動圖書館、虛擬社群和電子商務」的數位世界，史托爾直言不諱：「一派胡言。」

1989 年，我和美國廣播公司的高層主管開會，他們也都抱著輕蔑的態度。我做了一份簡報，跟這些主管介紹「網際網

路這玩意兒」。美國廣播公司的高階主管值得稱讚，他們發現
這是新的潮流。美國廣播公司名列全世界前三大電視廣播
網；那時候的網際網路只是隻小蚊子。但住在網際網路上的人
（例如我），則說網際網路能瓦解他們的生意。不過，我說什
麼都無法讓他們相信，網際網路並非微不足道，不光是打字而
已，更要強調使用者不光是青少年。不過，企業主管似乎無法
接受共享與免費內容。美國廣播公司的高級副總裁魏斯瓦瑟下
了最後的貶語，「網際網路是 1990 年代的火腿族*。」他對
我說，之後又對媒體重複同樣的譴責。魏斯瓦瑟總結了美國廣
播公司為什麼不肯重視這種新媒體，「你不會想把被動的消費
者轉成網際網路上主動的白目鬼。」

　　我被請出去了。但離開前，我又提了一點建議。「聽我
說，我恰巧發現 abc.com 還沒有人註冊。你們去地下室，找最
懂電腦的人，讓他趕快去註冊 abc.com。不要三心兩意，註冊
就對了。」他們隨口謝了我一聲。一個星期後，我再去看了一
下，這個域名還是沒有人註冊。

　　儘管我們隨時可以對著電視界的夢遊人擺出一臉笑容，但
想像不出沙發馬鈴薯可以怎麼取代的人，也不只他們，《連
線》雜誌也一樣。《連線》雜誌創刊時，我就擔任編輯的職
務，最近重看 1990 年代早期出刊的雜誌（我曾滿懷驕傲編輯
過的那幾期），我很驚訝，雜誌內容在宣揚未來充斥著高產值

＊ 火腿族：政府開放給民間使用的無線電波段，民眾可用無線電對
　　講機聊天、交換訊息。

的內容──5,000 個日夜不休的頻道和虛擬實境，點綴著國會圖書館的這個那個。事實上，《連線》雜誌的願景與廣播、出版、軟體和電影界想用網際網路達成虛幻目標的人差不多，例如美國廣播公司。在雜誌中制定的未來，網路基本上就是可以用的電視。按幾下，你有 5,000 個素材互相關聯的頻道可以選擇，瀏覽、學習或觀看，不光是電視時代的 5 個固定頻道。愛看哪台就看哪台，不論是「無休運動台」，還是海水水族館頻道都可以。只有一件事不確定，誰負責寫程式？《連線》雜誌期待新興媒體創投公司百家爭鳴，來創造出內容，例如任天堂或雅虎，而不是美國廣播公司這樣舊式的媒體。

問題是，內容製作費昂貴，5,000 個頻道就是 5,000 倍的費用。沒哪家公司有這麼多錢，也沒有夠大的產業能成就這樣的企業。大型電信公司原本期望能接通數位革命，卻因提供網路資金的不確定性而癱瘓。1994 年 6 月，英國電信公司的主管奎恩在軟體發行商的會議上坦承，「我不確定你們怎麼用網際網路賺錢。」要用內容填滿網路所需的巨額款項，讓技術評論家激動狂亂。他們很擔心網際空間會變成網路城市──私營私用。

核心硬派程式設計師*最怕商業化，而他們才是真正建立起網路的人：寫程式的、Unix 迷或 Unix 系統管理員和無私的志願資訊科技人員，負責讓隨意網路保持運作。懂高科技的管理員覺得他們的工作很高尚，賜給人類厚禮。他們認為網際網

＊ 核心硬派程式設計師：程式設計領域的核心佼佼者。

路是公開的平民百姓，不能被貪婪或商業化破壞。現在聽了很
難相信，但在 1991 年以前，網際網路上的商業型企業遭到嚴
格禁止，因為歸為不當使用。沒有販售，沒有廣告。在美國國
家科學基金會（他們負責運轉網際網路的骨幹）眼中，網際網
路的目的是研究，而不是商業。現在看來或許覺得天真得不得
了，但當時的規定偏袒公立機構，禁止「大規模用於私人或個
人業務」。在 1980 年代中期，我參與了 WELL 的構思，這是
早期的純文字線上社群系統。我們努力很久，才把私人的
WELL 網路連到正在興起的網際網路，因為美國國家科學基金
會的「可接受使用」政策也伸手阻撓。WELL 不能證明使用者
不會在網際網路上進行商業活動，所以我們不能連線。我們真
的都沒看到變化的趨勢。

　　就連在《連線》雜誌的辦公室裡，這種反商業的態度也非
常盛行。1994 年，《連線》雜誌剛推出網站 HotWired，在一
開始的設計會議上，程式設計師很不喜歡我們醞釀的創新作法
──史上首度按下去就可前往目的地的廣告橫幅──推翻這塊
新領土偉大的社群潛質。他們覺得網路還是個小寶寶，卻有人
要求他們用商業廣告去破壞它。但在這剛興起的平行文明中，
抑制金錢流動，與瘋子無異。網際空間中一定會出現金錢。

　　跟我們錯過的大局比起來，那只是微不足道的誤解。

　　布希這位電腦先鋒，早在 1945 年就設想出網路的核心概
念──超連結網頁，但第一個想辦法讓概念擴建成現實的人則
是尼爾森，一位自由思想家，他在 1965 年想出一套方案。然
而，尼爾森再怎麼努力連結數位位元，都無法達到有效的規

模，也只有一群不與他人來往的追隨者知道他的努力。

　　一位對電腦很在行的朋友給了我建議，1984 年我聯絡上尼爾森，再過 10 年網站就會出現。我們約在加州蘇沙利多碼頭邊，一家光線昏暗的酒吧裡。他在附近租了一棟船屋，看起來就是一個很悠閒的人。他的口袋裡都是摺起來的紙條，快滿出來了，筆記本也塞得滿滿的，裡面夾了長長的紙條。他脖子上吊了一支原子筆，他告訴我──下午 4 點在酒吧裡，他的態度實在太誠摯──他正在規畫，要把人類所有的知識都分門別類。救贖就在切成 3 英寸乘 5 英寸的卡片上，他有好多張。

　　儘管尼爾森有禮迷人，感覺很圓滑，只是我跟不上他的花言巧語。但聽了他對超文本的絕妙概念，心中忍不住「啊哈」一聲，恍然大悟。他認為世界上所有的文件都應該是其他文件的注腳，電腦應該能讓文件之間的連結不僅一目瞭然，也能永久留存；這在當時算前所未有的想法。但那只是起頭。他在索引卡上匆匆畫出複雜的概念，把作者權轉回給創造者，當讀者在文件網路間遊蕩時，還能追蹤付款，他把這個空間取名為「文件宇宙」。描述他的嵌入式結構有什麼偉大的烏托邦優點時，他提到「跨越包含」跟「互文性」。有了這套系統，就不怕世人變笨！

　　我相信他。儘管怪癖多多，我覺得他的超連結世界是必然──總有一天會實現。在線上活了 30 年，現在回頭看看，我嚇了一跳，布希的願景裡沒怎麼提到網路的誕生，就連尼爾森的文件宇宙，甚至我自己的期望也少了這一塊。我們都看不到大框架。老派的美國廣播公司與新創的雅虎都沒有為 5,000 個網路頻道創造內容。創作人反而是幾 10 億個使用者，為彼此提供內容。頻道不只 5,000 個，而是 5 億個，都由顧客產生。美國廣播公司不曾想像到會有這樣的分裂，這種「網際網路的東西」讓原本視為被動的消費者，變成主動的創造者。網路發動的革命與超文本和人類知識只有微乎其微的關係。革命的核心是一種新的參與方式，以共享為基礎，發展成新興的文化。而超連結造就的「共享」方式，現在創造出一種新型的思路——半人半機器——在地球上或歷史上皆是前所未有。網路解除束縛，新的成形方式出現了。

　　我們不僅沒想到網路會變成什麼，現在還是不明白。我們渾然不覺網路已經開花結果，變成奇蹟。網路誕生後過了 20 年，已經變得無邊無際，難以測量。把動態生成的網頁也算在內，網頁的總數已經超過 60 兆。用世界上的人口來計算，人跟網頁的比例是 1：10,000。這驚人的數目從無到有，還花不到 8,000 天。

　　經歷了無數小小的驚喜後，面對劇變我們也麻木了。今天在網際網路上隨便打開一個視窗，就可以看到：數目種類多得驚人的音樂和影片、不斷演化的百科全書、氣象預報、招募廣告、地球上任何一個地方的衛星影像、全球各地最新的新聞、報稅表格、電視節目表、導航路線圖、實時股價、可以虛擬看屋的房地產名冊和最新價格、什麼東西的圖片都有、最新的運動比數、想買什麼都可以、政治獻金的紀錄、圖書館目錄、設備手冊、現場交通報導、主要報紙的歸檔——都可以立即存取。

網路彷彿充滿神力，有點可怕。按一下，眼前地圖上的某個地方就換成衛星或 3D。想起過去了嗎？也在網路上。或者聆聽在網路上發文的人，每天有什麼好抱怨或懇求的（每個人不都會發文嗎）？不知道天使是否更看得清人性。

豐富至此，為什麼我們不會覺得更驚喜？古代的皇帝或許會發起戰爭來贏得這樣的能力；只有那時候的小孩子會夢想這種魔法能夠實現。1980 年代的睿智專家有他們的期待，而看過之後，我能確定這種想用就有、不需付費、無所不包的豐富資料，不在任何人對未來 20 年的計畫裡。那時，如果有人笨到大聲疾呼，上面列出那些東西都是馬上要實現的願景，就必須對抗現實：全世界的投資公司加起來，都沒有財力能為這樣豐富的內容提供資金、這種規模的網路不可能成功。

但過去 30 年來，如果我們學到了什麼，那就是不可能的事情其實比外表看起來更合理。

尼爾森描繪出來的超文本「跨越包含」錯綜複雜，其中卻不曾狂想到虛擬的跳蚤市場。尼爾森希望能在真實世界裡授權使用他的 Xanadu 超文本系統，規模比擬小本經營的咖啡店——你可以去 Xanadu 商店寫超文本。結果，網路上突然出現全球性的跳蚤市場，例如 eBay、Craigslist 或阿里巴巴，每年成交數十億筆，營運觸角直接伸進你的臥室。驚奇來了：工作幾乎都是使用者在做——他們拍照片、分類別、刊登、行銷自己銷售的物品。也自行監督：儘管網站也會請求當局協助，逮捕濫用慣犯，但確保公平的主要方法，卻是使用者提供評價的系統。30 億筆評價能夠創造奇蹟。

　　我們卻沒料到，這個線上的美麗新世界會由使用者製造出來，而不是大型機構。Facebook、YouTube、Instagram 和 Twitter 提供的內容，並非由員工產生，而是使用者提供。Amazon 的興起也出乎意料之外，並不是因為它變成「什麼都賣」（不難想像），而是因為 Amazon 的顧客（你和我）樂於提供評價，讓網站能實現長尾理論。今日，大型軟體製造商多半只提供最基本的服務支援；熱心的顧客透過公司支援論壇網頁提供建議，協助其他顧客，新的買家藉此得到高品質的顧客服務。Google 則將一般使用者利用到極致，將每個月 900 億筆搜尋產生的流量和連結型態，轉為組織新經濟的智慧。任何人的 20 年願景都沒預測到這種由下而上的翻轉。

　　YouTube 和 Facebook 上無窮無盡的影片，就像不同世界的入口，在網路現象中可謂最讓人混淆。媒體專家已經把觀眾摸得很透徹，而他們對觀眾的認識也讓大家相信，觀眾絕不會放棄懶散，創造自己的娛樂內容。美國廣播公司的頭頭們認定，觀眾就是一群沙發馬鈴薯。大家都知道閱讀和寫作已經過時；好好坐著就可以聽音樂，何必費力創作；影片製作的成本和專業技術也超出業餘人士的能力所及。使用者的創作無法擴大規模，就算出現了，也無法吸引觀眾，就算有觀眾，也是無關緊要的人。在 21 世紀初期，看到 5,000 萬個部落格瞬間出現，每秒會建立兩個新的部落格，太驚人了。幾年後，使用者創作的視頻如雨後春筍般出現── 2015 年，每天有 65,000 部影片刊上 YouTube，每分鐘發表的視頻長達 300 個小時。近幾年來，則是連續不斷爆發出警示、提示和新聞頭條。美國廣播公司、美國線上和《今日美國報》期許只有自家公司能做到的事，都被使用者實現了，但這幾家大公司卻沒做到。使用者創建的頻道沒有經濟意義。時間、精神和資源從哪裡來？

觀眾。

參與其中而得到的滋養，鼓勵一般人投入大量時間、精神，建立免費的百科全書、創作免費的公眾教學來教人換輪胎，或將參議院裡的選票分類。網路上愈來愈多內容走這種模式。幾年前的一份研究發現，網路只有40％的內容來自商業製作，其餘的則來自責任感或熱情。

在工業時代，大量製造的貨物超越了手工產品，但工業時代結束了，沒想到局勢又突然傾向消費者的參與。我們心想，「那種業餘的自己動手做，很久以前就不流行了，早在汽車還沒出現的時候。」自己動手做的熱忱，為了加強互動，而不光是提供選項，是幾10年前沒預料到——看不到——的偉大力量，儘管這股力量早已出現。參與的推動力，一看就覺得符合人類的原始本能，顛覆了經濟，以平穩的腳步將社群網路——聰明行動族、蜂巢式意識及協同行動——推上主角地位。

Amazon、Google、eBay、Facebook 和多數大型平台的公司，都已經透過公共 API（應用程式介面），將部分資料庫和功能開放給使用者及其他新創公司，使用者的參與又推進到新的層面。善加利用這些功能的人，不再是公司的顧客；他們變成開發人員、賣主、實驗室和推手。

顧客與觀眾參與的新方法持續進步，網路也自行嵌入地球上所有的活動和所有的區域。擔憂網際網路失去主流地位，現在看來只是老派的想法。1990 年，大家真的很擔心網際網路會由男性主導，結果完全想錯了。轉折點出現在 2002 年，上網的女性人數終於超過男性，不過也沒有人開派對慶祝。今日，51％的網民是女性。而且，網際網路向來不是青少年的領地，現在也不是。在 2014 年，使用者的平均年齡粗略算來是 44 歲，感覺挺老的。

　　阿米希人*也在用，還有什麼比這更能彰顯網際網路廣受接納？最近，我去拜訪了幾位阿米希農夫。他們完全符合原型：草帽、大鬍子、妻子頭上戴著小圓帽、沒有電力、沒有電話或電視、門外停著馬拉的車子。他們很冤枉，大家都說他們抗拒科技，事實上他們只是採用比別人慢很多的步調。不過，聽到他們提起自己的網站，我依舊覺得很驚異。

　　「阿米希網站？」我問。

　　「宣傳我們家的生意。我們焊接燒烤爐。」

　　「是啊，但是……」

　　「哦，我們用公共圖書館裡的網際網路終端機。還有 Yahoo！」

　　那時我也明白了，一切都形成了；我們全都變成新的東西了。

　　開始想像 30 年後華麗炫目的網路模樣，第一個衝動便是

---

*　阿米希人：Amish，屬基督宗教門諾會的分支，拒絕現代設備，力行簡樸生活，大多分布在美國俄亥俄州、賓州等地。

想到 Web 2.0 ——更好的網路。但 2050 年的網路不會變得更好，就像網路的第一個版本，並不是頻道選擇更多的電視。會變成新的，就像起初的網路和電視不一樣，未來的網路也和現在的網路不一樣。

就嚴格的技術角度來說，今日的網路可以定義為，所有能用 Google 搜尋的總和——也就是可以用超連結連到的檔案。目前，數位世界不能用 Google 搜尋的比例很高。Facebook 上的動態、手機應用程式裡的內容或遊戲世界裡的東西，都搜不到；30 年後就有可能。超連結的觸角會繼續擴展，連接起所有的位元。電視遊戲機裡的事件就和新聞一樣可以搜尋得到。你可以在 YouTube 影片裡找東西。比方說，你想在手機上找到妹妹收到大學入學許可的確切時刻，網路可以做得到。網路也會拓展到實物，人造的和自然的都算。造價微乎其微的細小晶片植入產品後，就能連線到網路、整合產品上的資料。你房間裡的東西幾乎都能連線的話，就可以用 Google 搜尋你的房間，或用 Google 搜尋整棟房子。這檔事其實有跡可循。我可以用手機操作溫度調節器和音樂播放系統。再過 30 年，世界上的東西都和我的裝置有相同之處。可以想見，網路也能擴展到地球上的其他維度。

擴展的領域也包括時間，今日的網路完全不知過往。你可以在網路上找到埃及解放廣場的即時網路攝影機串流，但無法找到 1 年前的影像。查看某個網站之前的版本也是難題，但在 30 年內，我們就能用時間捲軸看到過去的版本。手機的城市導航指引比以前進步，因為涵蓋了前幾天、幾個星期及幾個月的交通模式，因此，2050 年的網路能按著來龍去脈接收過去的資訊，也能捲到未來。

　　從你一起床，網路就想猜到你的意向。由於你的習慣已經記錄下來，網路想超前你的行動，在你問問題前就給出答案。網路建造成在你開會前提供要用的檔案，推薦跟朋友共進午餐的好地方，種種考量點包括天氣、位置、這個星期你吃了什麼、上次跟朋友見面時你吃了什麼等等。你會跟網路對話，不必在手機上翻找朋友的快照，問網路就對了。網路會猜測你想看什麼照片，根據你對照片的反應，給你看另一個朋友的照片——或者，下一個會議快開始了，網路會把你該看的兩封電子郵件找出來。網路愈來愈像你相處融洽的精靈，而不是一個所在、旅途的目標—— 1980 年代最出名的網際空間。和電力一樣低階、恆久不變：一定在我們身邊，一定開著，一定很隱密。在 2050 年以前，我們對待網路將如日常對話。

　　這種經過提升的對話會解除束縛，釋放出許多新的可能。但數位世界感覺已經飽和，有太多選擇與可能。接下來的幾年內，似乎沒有空間給真正的新事物。

　　在網際網路曙光初露之時，也就是 1985 年左右，如果你就是一個野心勃勃的企業家，那該有多棒啊？那時想要什麼網域名稱都有。想要的話，去登記就好。一個字的、統稱名詞——應有盡有。申請幾乎不用錢。這個好機會持續了數年。1994 年，《連線》有位作者發現 mcdonalds.com 無人取用，在我的鼓勵之下，他去註冊了。後來他問麥當勞要不要，但該公司對網際網路一無所知，反應很有趣（「域什麼名？」），這個故事很出名，我們也刊登在《連線》雜誌上。

　　網際網路那時是塊處女地，想在什麼類別當先鋒都輕而易舉。消費者沒什麼期望，很少障礙。推出搜尋引擎！第一個開設線上商店！提供業餘人士的影片給使用者！當然，那時候是那時候，現在回想起來，彷彿一波波開拓者從那時推平了障礙，發展出形形色色的生意，只留下最難處理、最頑強的斑點給現在的新人。30 年後，網際網路充斥著應用程式、平台、裝置，上面的內容再看幾百萬年也看不完。就算你能擠進去另一個小小的創新想法，但在這不可思議的豐饒裡，會有誰注意到呢？

　　但是，但是……這就是關鍵，就網際網路來說，沒有歷史！網際網路還在起點最前面的地方，還在成形。如果能搭乘時光機往未來前進 30 年，從那個占優勢的位置回顧今天，我們會發現，2050 年的市民賴以過活的偉大產品，要過了 2016 才會發明出來。未來的人看著全像甲板＊、可穿戴的虛擬實境隱形眼鏡、可以下載的化身及人工智慧介面，「噢，你們那時候的網際網路才不算網際網路」──或許那時候也不叫網際網路了。

　　也對。從我們現在的觀點來看，2001 年到 2050 年的偉大線上產品都還沒來到。這些奇蹟般的發明等著那些瘋狂、「沒有人告訴我不可能」的幻想家，去摘採唾手可得的成果

＊ 全像甲板：利用全像投影技術（holography）來創造虛擬場景的一個空間。

——就像 1984 年的網域名稱。

因為，2050 年的老人家還會告訴你另一件事：在 2016 年就懂得創新，你能想像那有多棒嗎？那可是沒有界限的新領域！隨便選個東西，加進人工智慧，放上雲端。只有少數幾項裝置放了一、兩個感應器，不像現在隨便就好幾百種。要當第一人很容易。這時他們嘆氣了，「噢，要是我早知道這個和那個都有可能，就好了！」

這就是真相：此刻，今日，在 2016 年，就是最好的起點。在歷史上，從來沒有一天能比今天更好、更適合發明新東西。再沒有比現在有更多的機會、更多的契機、更低的障礙、更高的利弊比、更優渥的報酬、更強的利基。就是現在，就是這一刻。未來的人回顧此時，便會說：「噢，要是活在那時候就好了！」

過去 30 年創造出非凡的起點，奠定穩固的基礎，能成就真正偉大的志業。但即將來到的東西不一樣，更優秀、更特別。我們製造的成品會持續變成其他的東西；最酷的到現在還沒發明出來。

今日，真的是一塊完全未開發的處女地。我們都在變。正是人類歷史上最棒的起點。

你還來得及趕上。

第二章

認知ing

　　便宜、強大、無所不在的人工智慧將「改變一切」，很難想像還有什麼東西能有這種力量。首先，最顯著的結果就是把笨東西變聰明。在現成的製程中加入微小的有用智慧，效能提升至新的層次。讓無生命的東西得到認知能力，所得到的優勢對我們的生活非常有破壞力，比工業化帶來的轉變還要強幾百倍。

　　在理想的情況下，這種額外的智慧應該不光便宜，最好是免費的。免費的人工智慧就像網路的免費食物，供給商務與科學的餵養遠超乎我們所能想像的力量，而且立即就能看到報酬。傳統想法一直認為，超級電腦會是第一個成為人工大腦的主機，或許我們在家也有迷你智慧，不要多久就能把消費原型加進個人機器人的腦子裡。每種人工智慧都是有界限的；我們知道人的思維在哪裡結束，它們的思維就從何處開始。

　　然而，第一種真正的人工智慧無法從未連線的超級電腦中誕生，而是產自數十億個電腦晶片構成的超個體，叫做網路。規模遍及全球，但很精簡，嵌入到其他的東西裡，連接也不嚴謹。很難說其思維從何開始，我們的思維又在哪裡結束。裝置只要能碰到這個聯網的人工智慧，就能分享其智慧，也能貢獻自己的智慧。遠離網路的孤單人工智慧學習與接通了7億人腦的人工智慧相比，速度就落後了，也不夠聰明，後者還加上了數百萬兆的線上電晶體，以及數百個百京位元組*的真實生活資料，還有全人類文明自動修正的回饋循環。網路便認定自身是某種以不尋常方式不斷變好的東西。未聯網的合成智慧很可能被歸類成功能不全，為了在偏遠之地也能讓人工智慧流動無礙，就必須接受這種代價。

人工智慧興起後，因為無所不在，反而能夠隱身。愈來愈聰明的人工智慧，可以用在各種平凡的雜物上，但我們看不見。透過地球上到處都有的數位螢幕，我們有好幾百萬種方法接觸到分散的人工智慧，不過很難講明它到底在哪裡。因為這種合成的智慧結合了人類的智慧（人類過去學習到的東西，所有目前在線上的人類），很難確切定義到底是什麼。是我們的記憶？還是雙方達成的協議？我們搜尋它，還是它搜尋我們？

人工思維出現，加快了其他我在這本書裡描述的破壞；那是未來機器人的力量。我們可以斷定，認知也是必然，因為已經存在。

＊ 百京位元組：有的直譯為艾位元組（EB exabyte 10^18）。是一種資訊計量單位，現今通常在標示網路硬碟的總容量，或具有大容量的儲存媒介之儲存容量時使用。

　　兩年前，我長途跋涉來到紐約州約克城高地 IBM 研究實驗室在森林中的園區，搶在大眾前頭，一窺人工智慧的來到，出現的速度很快，卻也讓人等了很久。超級電腦「華生」住在這裡，這位電子天才 2011 年在益智節目《危險邊緣》中大獲全勝。原始的華生仍在這裡——有一間臥房那麼大，四面牆上有 10 台直立式冰箱形狀的機器。技術人員可以在中間狹小的空間處理機器背面亂七八糟的電線和纜線。沒想到裡面很溫暖，彷彿這群電腦有生命。

　　今日的華生很不一樣，再也不受限於機櫃，擴散到雲端的開放標準伺服器上，一次會執行好幾百個人工智慧的「執行個體」。和其他在雲端的東西一樣，華生同時服務世界各地的客戶，客戶可以用手機、桌上型電腦或自己的資料伺服器存取華生。這種人工智慧可以按需求擴大或縮小規模。因為有人用，人工智慧就愈來愈長進；華生只會愈來愈聰明；在一個執行個體中學到的東西，可以快速傳輸到其他執行個體。單一程式已經被集成在一起的多樣化軟體引擎取代——邏輯推論引擎和語言解析引擎可以在不同的程式碼、不同的晶片、不同的地點運作——全部用聰明的方法整合到統一的智慧串流中。

　　消費者隨時隨地都可直接取得人工智慧，也可透過控管人工智慧雲端力量的第三方應用程式。IBM 就像養出天才小孩的父母，希望華生能念醫學院，因此，目前開發的主要應用程式便是醫療診斷工具，其實也不足為奇。之前很多人試過開發能診斷病情的人工智慧，結果卻一塌糊塗，但華生真的做到了。我用口語英文告訴它，我在印度得過的一種病有什麼症狀，它列出了一串直覺反應，從可能性最高到可能性最低。它宣稱，最有可能的病因是梨形鞭毛蟲——正確答案。病患還不能直接享受這種專業服務；IBM 提供華生的醫療智慧給 CVS（連鎖零售藥局）等合作夥伴，幫助他們根據 CVS 收集的資料，為有慢性疾病的顧客開發個人化的健康資訊服務。Scanadu 的醫療總監格林說：「我相信華生這樣的發明，很快會變成世界上最棒的診斷專家——超越所有的機器及人類。」Scanadu 是一家新創公司，正在打造診斷裝置，他們的靈感來自《星際爭霸戰》的醫療用三度儀，由醫療人工智慧來驅動。「從人工智慧科技改進的速率來看，現在出生的小孩，長大成人後不需要看醫生，就能得到診斷結果。」

醫療只是開端。所有的大型雲端公司和幾 10 家新創公司拚了命要推出華生風格的認知服務。根據 Quid 這家分析公司的報告，從 2009 年以來，人工智慧已經吸引了 180 多億美元的投資。光在 2014 年，投資金額就超過 20 億美元，投資對象包括 322 家研發人工智慧這一類科技公司。Facebook、Google 及中國同性質的公司騰訊與百度，都招攬了研究人員加入公司內部的人工智慧研究團隊。自 2014 年以來，雅虎、英特爾、Dropbox、LinkedIn、Pinterest 和 Twitter 都收購了人工智慧的公司。過去 4 年來，人工智慧的私人投資，平均每年擴充了 70%，這個速率看來會持續下去。

Google 買了好幾家人工智慧公司，有一家位於倫敦的 DeepMind，成立才幾年。2015 年，DeepMind 的研究人員在《自然》雜誌發表文章，描述他們怎麼教導人工智慧玩 1980

年代的電玩機台遊戲，例如螢幕彈珠台。他們不教人工智慧怎麼玩，而是怎麼學習玩遊戲——很深刻的差異。很簡單，任由雲端上的人工智慧去玩雅達利*的遊戲，例如「打磚塊」，很像經典的「乒乓」遊戲，人工智慧自行學會了怎麼讓分數不斷增加。人工智慧的進度拍成影片後，令人稱奇。一開始，人工智慧只是亂玩，但慢慢改進了。過了半小時，每 4 次只會失誤一次。過了一個小時，還沒玩到第 300 局，就不會失誤。第二個小時內的學習速度飛快，也找出了「打磚塊」的漏洞，數百萬名人類玩家都沒發現。找到漏洞後，人工智慧繞著一道牆鑽洞，就一定會贏，遊戲的創作者都想像不到這種方法。學玩電動幾個小時後，雖然未得到 DeepMind 創作者的指導，人工智慧的演算法叫做深度強化機器學習，精通了 49 種 Atari 電玩後，有一半的遊戲可以打敗人類。這種人工智慧會變得愈來愈聰明，和人類玩家不一樣。

從這個活動中可以看見人工智慧的未來，不是 HAL 9000 *——被賦予生命的獨立機器，和人類相似的意識充滿魅力（但有殺人的傾向）——也不是讓奇點論者心醉神迷的超智慧。即將到來的 AI 比較像 Amazon 的雲端運算服務——便宜、可靠、在一切後端的工業級數位智慧，而且除非關機才看得到

---

* 雅達利：Atari，1970-80 著名的電玩遊戲公司，在電玩史上舉足輕重。

* HAL 9000：英國小說家亞瑟‧克拉克（Arthur Clarke）在小說《太空漫遊》（*Space Odyssey*）中塑造的超級電腦。

關閉時的一閃。你想要多少智力，這種共用設施都可以提供給你，但不會超過你的需要。只要連上網就能得到人工智慧，和連上電網一樣。無生命的物體得到生氣，就像 100 多年前電力帶來的改變。3 個世代前，很多技藝不佳的工匠拿個工具接上電，就因此致富。手搖泵，可以電氣化。手搖洗衣機，可以電氣化。企業家不需要自己發電；從電網上買，把之前的手動工作都自動化。現在，之前電氣化的物品都可以加上認知。注入一點點智力，沒有什麼不能煥然一新、跟從前不一樣、更有價值。事實上，接下來會出現的一萬家新創公司，大概都有差不多的企畫：「拿 X 來，加上人工智慧。」添加線上智慧，某個東西就能變得更好。

有個絕佳的例子可以說明把人工智慧加入 X 的魔力，也就是攝影術。1970 年代，我在當旅遊攝影師，拖著重重的裝備到處跑。除了裝進 500 捲底片的背包，我還帶了兩座 Nikon 的黃銅機身、閃光燈及 5 只重得要命的玻璃鏡頭，每個都有兩、三公斤。在低光源處，攝影時需要「大塊玻璃」才能捕捉光子；要用有遮光海綿的攝影機，搭配機械工程錯綜複雜的奇蹟，對焦，測量，並在幾千分之一秒內改變光線的方向。在那之後呢？我現在用的尼康傻瓜相機非常輕，在幾乎沒有光源的地方也能拍攝，可以從我的鼻尖拉到無限遠。當然，手機裡的相機更小，隨時都可以用，拍的照片不輸重得要命的老傢伙。新的照相機更小、更快、更安靜，而且更便宜，除了微型化的技術愈來愈進步，傳統照相機有很多地方都被智慧取代了。攝影的 X 已經加入認知能力。現代手機上的電話加入演算法、計算和智力，不需要一層層厚厚的玻璃，就能有傳統鏡頭的效果。無形無質的智慧取代了傳統的快門。暗房和底片也被計算與光學智慧取代。甚至有人在設計扁平的相機，上面沒有鏡頭。不用玻璃，扁平的光源感測器使用大量的計算認知，根據落在無定焦感測器上的不同光線，計算出圖片。增添認知能力的攝影術是一場革命，因為智力讓相機可以融入任何物品（太陽眼鏡框、衣服顏色、一支筆），比以前更厲害，例如計算三維和高畫質，之前可能要花上 10 萬美元和一卡車設備才能做到的事情，現在也變得很簡單。有認知能力的攝影術幾乎可以搭配所有的裝置。

其他 X 也要碰見類似的轉變。比方說化學，另一門實質的自然科學，需要放了玻璃器皿的實驗室及裝滿溶液的玻璃瓶。移動原子──夠實質了吧？將人工智慧加入化學，科學家可以進行虛擬化學實驗。他們可以用聰明的方法搜尋天文數字的化學組合，減少到幾個有希望、值得在實驗室裡檢驗的化合物。X 或許不需要高科技，和室內設計一樣。將實用的人工智慧加入符合客戶興趣的系統，他們可以在虛擬的室內空間走動。根據客戶的反應，尋找模式的人工智慧可以改變和調整設計細節，再把變化塞回新的裝潢裡，繼續進行測試。經過不斷反覆，人工智慧呈現出最佳的個人化設計。人工智慧也可以應用在法律上，用來在堆積如山的文件中找出證據，辨明案件間不一致的地方，然後要求人工智慧建議法律論證。

X 的可能性無窮無盡。在愈不可能的領域，加入人工智慧的力量愈強大。有認知能力的投資？Betterment 和 Wealthfront

等線上投資顧問公司都已經推出了。他們將人工智慧加入管理股票指數，研擬最佳賦稅策略或平衡投資組合的持股。管錢的專業人士也許每年會研究一次策略或平衡持股，但人工智慧可以每天或甚至每小時就做一次。

下面再列幾個大家覺得不大可能需要認知能力的領域：

認知音樂——透過演算法，即時創造音樂，可以當電玩遊戲或虛擬世界的原聲帶。音樂會跟著你的動作改變。人工智慧可以幫每個玩家寫出長達數百小時的全新個人樂曲。

認知洗衣——衣服會告訴洗衣機正確的洗滌方式。有智慧的衣物放進洗衣機後，會指導洗衣循環如何自我調整。

認知行銷——讀者或觀眾對廣告付出的專注，可以因他們的社群影響力而增加（有多少人追蹤他們、他們有什麼影響力），好讓花的每一塊錢，都能賺到最多的關注和最強的影響力。規模高達數百萬美金時，這就是人工智慧的工作。

認知不動產——透過人工智慧將買家和賣家配對，提示「喜歡這棟公寓的租客也喜歡這幾棟……」，然後按你的情況擬定融資方案。

認知護理——病患佩戴感測器每天 24 小時追蹤他們的生物標記，並產生高度個人化的治療法，可以每天調整改動。

認知營造——聰明的專案管理軟體除了管理設計變更，也會顧及天氣預報、港口交通延遲、外幣匯率、意外。

認知倫理——自動駕駛汽車學會優先順序和行為準則。行人安全必須優於駕駛安全。仰賴程式碼具備自主性的事物也需要有智慧的倫理規範。

認知玩具——更像寵物的玩具。有智慧的類寵物玩具可以讓孩子全神貫注，相較之下，菲比精靈*就太陽春了。能對話的玩具很可愛。洋娃娃可以算是最早出現的大眾機器人。

認知運動——智慧感測器和人工智慧透過追蹤與解讀細微的動作及碰撞，能創造出新的計分方式和仲裁運動賽事。此外，還能從每名運動員每秒的活動裡，抽出非常精細的統計資料，打造夢幻的菁英運動聯盟。

認知編織——誰知道呢？也有可能啊！

讓萬事萬物都有認知能力非常重要，這項工程也已經開始了。

2002 年，我參加了 Google 的私人派對——那時他們還沒公開上市，只是一家專門研發搜尋的小公司。我碰到其中一位創辦人佩吉，他非常優秀，我們聊了起來。「佩吉，我還是不懂。做搜尋的公司那麼多，不要錢的網路搜尋？你們的利益在哪裡？」愚昧的我毫無想像力，實實在在證明了預測有多難，尤其是預測未來，但我還是要為自己說兩句話，那時 Google 的廣告競價體制尚未開始加速，無法產生真正的收

---

* 菲比精靈：Furby，一種有智慧的玩偶，最新一代能培養個人特質，還能記住自己和別的精靈的名字。也有對話詞彙和 100 多種表情，並能學習語言和主人互動。

益，也要過了很久才會收購 YouTube 和其他大公司。熱愛搜尋網站卻又覺得無法長治久安的使用者，不光我一個。但佩吉的回覆卻一直在我耳邊，「噢，其實我們在製作人工智慧。」

　　過去幾年來，除了 DeepMind，Google 還購入了 13 家人工智慧和機器人公司。一開始，你可能會覺得 Google 要增加人工智慧的產品，來改善搜尋能力，因為該公司 80％的收入來自搜尋。但那種想法太落後了。Google 並不想用人工智慧改善搜尋，而是要用搜尋改善人工智慧。每次輸入問題、按下搜尋產生的連結，或在網路上製作新連結，都在訓練 Google 的人工智慧。比方說，你在影像搜尋列上輸入「復活節兔子」，按下最像復活節兔子的影像，就在教導人工智慧，復活節的兔子長什麼樣子。Google 每天處理 30 億筆問題，每一個問題都會反覆輔導深度學習的人工智慧。再過 10 年，人工智慧演算法持續改善，加上比別人多出千倍的資料和多出百倍的運算資源，Google 的人工智慧將無人能比。2015 年的秋天，在一場季度財報電話會議上，Google 的執行長皮蔡說：「人工智慧會成為核心的轉換。藉由這種方式，我們要重新思考我們手頭上的所有工作……我們要應用到所有的產品上，YouTube 也好，Play 也好，都一樣。」我的預言：在 2026 年以前，Google 的主要產品不是搜尋，而是人工智慧。

　　此時此刻，絕對可以抱著懷疑的心態。幾乎要 60 年了，研究人工智慧的人一而再、再而三預言人工智慧就要現身，但一直到幾年前，人工智慧才不再是未來的產物。甚至有個專門術語「人工智慧寒冬」來描述這段成果貧乏的期間，而且花在研究上的經費更少得可憐。變化真的出現了嗎？

的確。近來的 3 項突破，讓眾人仰首期待的人工智慧終於得以釋放：

1. 便宜的平行處理

思考基本上就是平行處理。腦內幾 10 億個神經元同時發射，創造出同步的處理波。要建立神經網路——人工智慧軟體的主要架構——也需要許多不同的處理程序同時進行。神經網路的每個節點就像大腦裡的神經元——與鄰近的節點互動，了解收到的信號有什麼意義。要識別說出的詞，程式必須能聽見所有音位彼此的關聯；要辨認影像，必須能看到每一個畫素和周圍的其他畫素——都是深度平行的工作。但典型的電腦處理器一次只能偵測一個東西，到最近才有所改變。

變化約莫出現在 10 多年以前，叫做圖形處理器的新型晶片問世，能處理電玩遊戲極度視覺化——極度平行——的需求，因為遊戲中的影像有幾百萬個畫素，每秒要重新計算好多次，那就需要把特殊的平行處理晶片加到電腦的主機板上。平行圖形晶片效果驚人，電玩的普及度激增。到了 2005 年，圖形處理器的產量大到壓低了價格，基本上也算是商品了。2009年，吳恩達和史丹佛大學的團隊發覺圖形處理器可以平行執行神經網路。

他們的發現為神經網路開啟新的可能，例如節點間可以有上億個連結。如果神經網路裡有一億個參數，傳統的處理器要用幾個星期的時間來計算所有串聯的可能性。吳恩達發現,圖形處理器的叢集只要一天就能做完同樣的工作。目前使用雲端技術的公司會固定使用在圖形處理器上執行的神經網路,例如 Facebook,另外 Netflix 則用這種網路為 5,000 多萬名用戶提供可靠的建議。

2. 大數據

　　智能必須受教。人腦的基因天生就能分類,但仍需要在小時候多看一些範例,才能辨別貓和狗;人工智慧更需要訓練。就連設計一流的程式,也需要下至少上千盤圍棋,才能把棋下好。人工智慧得以突破,有一個因素便是關於這個世界的資料大量得到收集,多到令人難以置信,也提供了人工智慧需要的教育。巨型資料庫、自我追蹤、網路 cookie、線上足跡、萬億位元組的貯藏、數十年來的搜尋結果、維基百科及整個數位宇宙都變成人工智慧的老師,讓它變得更聰明。吳恩達解釋說:「人工智慧就像建造太空船。需要巨大的引擎及大量燃料。太空船引擎是學習演算法,燃料則是無比多的數據,可以餵進演算法。」

3. 更厲害的演算法

　　數位神經網路於 1950 年代發明,但電腦科學家又花了幾 10 年才學會制服百萬個——或上億個——神經元間多如牛毛的組合關係。關鍵在於將神經網路組織成堆疊在一起的分層。比方說，要認出一張臉是一張臉，算是很簡單的工作。神經網路中的一群位元若能觸發一個圖案——比方說眼睛的影像——結果（「是隻眼睛！」）會往上移到神經網路的另一層，進一步解析。到了下一個層次，或許會把兩隻眼睛放在一起，把這個有意義的集組移到階層結構的另一層，與鼻子的圖案建立關聯。可能要幾百萬個節點（每個都會產生計算結果給周圍的節點），堆到 15 層高，才能辨認人臉。2006 年，在多倫多大學任教的辛頓為這個方法加上重大的調整，他稱之為「深度學習」。他能透過數學善加利用每一層的結果，學習在堆疊中升級的同時，累積的速度也變快了。深度學習演算法，幾年後連上了圖形處理器，速度突飛猛進。深度學習的程式碼本身不足以產生複雜的邏輯思考，卻是目前所有人工智慧的基本要素，包括 IBM 的華生、Google 的搜尋引擎 DeepMind 及 Facebook 的演算法。

　　便宜的平行處理、更大量的數據和更深度的演算法形成完美的風暴，讓製造過程長達 60 年的人工智慧突然大放異彩。這種聚合的現象表示，只要這些科技趨勢不停歇——應該沒有停歇的理由——人工智慧便能繼續改善。

　　因此，這種雲端人工智慧會與我們的日常生活愈來愈緊密地結合，但需要付出代價。雲端運算會實現報酬遞增法則，也叫做網路效應，意思是網路長得更大，價值也增加得更快。網路愈大，愈能吸引新的使用者，除了拓展規模，吸引力也會增強，以此類推。供給人工智慧的雲端空間也遵循同樣的法則。使用人工智慧的人愈多，人工智慧就變得愈聰明。人工智慧變聰明，使用者也會增加。愈來愈多人使用，人工智慧還能變得更聰明。一家公司一旦進入了這個良性循環，就會快速成長，快到剛起步的競爭對手不知所措。因此，人工智慧的未來很有可能受控於兩、三種一般用途的大型雲端商業智慧。

1997 年，華生的前身，也就是 IBM 的「深藍」，在一場知名的人機大賽中，打敗當時的西洋棋棋王卡斯帕羅夫。電腦又贏了幾場比賽後，人類對此類競賽也意興闌珊。你或許覺得沒戲唱了（講難聽點，人類史結束了），但卡斯帕羅夫發覺，如果他和深藍一樣，能從巨大的資料庫裡立即找出之前所有的走法，應該能表現得比深藍更好。如果人工智慧利用資料庫仍屬公平，那人類為什麼不能用？資料庫能擴大深藍的智囊，人類也可以。為了實踐他的想法，卡斯帕羅夫率先倡導「人加機」的比賽概念，利用人工智慧增強西洋棋手，而不是互相對抗。

現在所謂的自由式西洋棋賽就像綜合格鬥比賽，參賽者想用什麼技巧都可以。你可以單槍匹馬上陣，也可以憑藉超級厲害的西洋棋電腦，你只是那隻移動棋子的手，或者你可以採取「半人馬」作戰模式，人類和人工智慧結合成生化人，也就是卡斯帕羅夫提倡的方法。半人馬棋手會按著人工智慧建議來下棋，但偶爾任憑己意──很像我們用車子裡衛星導航的方法。2014 年的自由棋冠軍賽，不拘參賽模式，純粹的西洋棋人工智慧引擎贏了 42 場，但半人馬贏了 53 場。今日仍在世的棋王就是半人馬，取名為 Intagrand，由幾個人和幾種不同的西洋棋程式組成。

　　但還有令人更驚奇的地方：人工智慧出現後，並未削弱純人類棋手的表現。正好相反。便宜、超級聰明的西洋棋程式，讓更多人有興趣下棋及參加錦標賽，棋手的表現也更好。自從深藍打敗卡斯帕羅夫後，特級大師的數目也加倍了。目前排名第一的棋手卡爾森，用人工智慧訓練自己，也是大家心目中最像電腦的棋手，他的特級大師評等也打破有史的紀錄。

　　如果人工智慧能幫助人類變成更棒的棋手，要說人工智慧能幫我們變成更好的領航員、更好的醫生、更好的裁判、更好的老師，倒也很合理。

　　但人工智慧成就的工作，多半仍由不像人類的程式完成。人工智慧有絕大部分是特殊用途的軟體腦，比方說能翻譯不同的語言，但除了翻譯外，沒有其他的功能。懂得開車，但不會對話。或能記憶 YouTube 上每部影片的每個畫素，但無法預料你的例行工作。在接下來的 10 年內，與人直接或間接互動的人工智慧，有 99％都像書呆子，雖然非常聰明，懂的東西很精，但懂的不多。

　　事實上，強健的智慧不一定是好事──尤其我們覺得「智慧」是人類特有的自我覺察、不斷狂亂地內省、一波波雜亂的自覺。我們希望自動駕駛的車子不帶人性，專心看路、不會反覆回顧它與車庫的爭論。醫院裡的人造華生醫師要瘋狂工作，不會胡思亂想，想著自己如果去念了財金學位該有多好。我們不要有意識的智慧，而是人造的智力。在人工智慧發展的同時，我們或許需要開發出方法，避免它們獲得意識。一流的人工智慧服務賣點，或許就是完全沒有意識。

非人類智慧不是程式錯誤，而是新功能。我們一定要明白，會思考的機器有什麼不一樣——它們的思考方式和人類不一樣。

由於演化史的巧合，在地球上巡遊的物種僅我們有自覺，引致錯誤的想法，讓我們認為人類智慧獨一無二。事實並非如此，我們的智慧是群體的結晶，這個系列在宇宙間可能存在的各種類型智慧和意識中只占了一個小角落。我們覺得人類智慧「萬能」，因為和其他的智能比起來，人類智慧可以解決更多種類的問題，但造出愈來愈多人造智能後，我們發現人類的想法一點也不萬能。只是一種想法而已。

今日新興人工智慧的思考類型和人類不一樣。人工智慧能完成我們本以為只有人類才能做到的工作——例如下棋、開車、描述照片的內容——但它們的作法不像人類。最近，我把13萬張照片——我全部的收藏——上傳到 Google 相片，新的 Google 人工智慧記住了我這一生所有相片裡的每一件物品。我要它顯示腳踏車、橋梁、我母親的相片，都能立刻找到。Facebook 也能逐步擴大人工智慧，看到地球上任何一個人的照片，就能從 30 億上網人口中找出他的身分。人腦無法擴大到這種規模，因此這種人造的能力一點也不像人。人類的統計思考能力糟透了，所以我們製造出來的智慧要有很棒的統計技巧，不要讓它們模仿我們的思考模式。讓人工智慧開車有一個優勢，人類太容易分心，但它們的駕駛方式和人類不一樣。

在超級緊密連接的世界裡，與眾不同的思考或許能帶來創新和財富。光是聰明還不夠。商業動機會讓超強的人工智慧普及化，將便宜的智慧嵌入所有產品。但開始發明新型的智慧和全新的思考方式時，才有更高的收益——就像計算機擅長算術一樣。計算只是百百種智慧中的一種。我們不知道現在的智慧可以分成多少類。人類思考的某些特質應該到處都看得到（就像生物學裡的左右對稱、細胞分裂和管狀腸一樣普通），但能存活的心智所具備的區位，有可能涵蓋某些特質，和演化出來的特質差了十萬八千里。這種思考類型不一定比人類快，也不一定更厲害或更深入。在某些情況下，可能會更簡單。

宇宙間有可能出現的智慧種類無窮無盡。最近，我們開始探索地球上的動物智慧，發現已經遇見了不少不同種類的智慧，崇敬之心也隨之增長。鯨和海豚的智慧複雜精細，讓人覺得驚奇，奇怪的是又很不一樣。很難想像另一種智慧和我們的有什麼不一樣，或者比我們高出多少。有一個方法可以幫我們想像，與我們不一樣但更偉大的智慧是什麼模樣，也就是將各種智慧分門別類。這個矩陣會包含動物智慧及機器智慧，還有其他可能性，尤其是超越人類的智慧，就像科幻小說作家想像出來的那樣。

做這件事感覺很不切實際，事實上很值得，因為我們製造出的東西必然都會加入智慧，但它們不一定要有個性，或者個性也不明顯。個性會決定它們的經濟價值，以及在文化中扮演的角色。扼要描述機器為什麼比我們更聰明（先提理論也好），能協助我們指揮這方面的發展，並善加管理。幾個真的很聰明的人，例如物理學家霍金和天才發明家馬斯克，都擔憂超級聰明的人工智慧製造出來後，人類再也不能繼續發明了，因為它們會取代我們（我不相信就是了），因此要謹慎，先探索有哪些可能的類型。

假設我們降落在另一個星球上，遇見新的智慧，要如何衡量他們有多聰明？這個問題很難回答，因為我們對自己的智慧都沒有實在的界定，而這也是因為我們到現在還不需要定義我們的智慧。

在真實世界中——即使對最強大的頭腦來說——有失必有得。一個人的頭腦無法把所有需要費心的事情做到完美無缺。頭腦的特定部位在某幾個方面表現比較好，但代價是在其他方面就沒那麼優秀。操作自動駕駛卡車的智慧，就和評估貸款的不同種。診斷疾病的人工智慧和幫你看家的人工智慧也大大不同。準確預測天氣的超級頭腦，完全不像織進衣服裡的智慧。智慧的分類一定要反映出每種腦袋在設計時考慮到的得失。下面的清單很簡短，我只納入大家覺得比人類優越的那幾種智慧：不怎麼強大的機器智慧，就能讓物聯網上大多數的東西享有認知能力，這種機器智慧有幾千種，我全省略了——比方說計算機裡的頭腦。

幾種可能出現的新智慧：

- 像人腦的智慧，只是回答速度更快（一般人最容易想到的人工智慧）。
- 很慢的頭腦，主要由大量的貯存容量和記憶體構成。

- 遍及全球的超級頭腦，包含幾百萬個行動一致的遲鈍頭腦。
- 蜂巢式意識，由許多非常聰明的意識組成，但自己感覺不到蜂巢式的組織。
- 半人半機器人的超級頭腦，由許多聰明的頭腦組成，也知道他們構成一個整體。
- 經過訓練的頭腦，專門用來強化你的頭腦，但對別人來說無用。
- 能夠想像出更屬害頭腦的智慧，但無法實際造出來。
- 能夠創造出更屬害頭腦的智慧，但自覺性不夠，想像不出來。
- 能夠成功造出更屬害頭腦的智慧，但就一次。
- 能創造出更屬害頭腦的智慧，成果又能創造出更屬害的頭腦，依此類推。
- 能存取操作自身程式碼的頭腦，因此能定期擾亂自己的程序。
- 邏輯超級好的頭腦，沒有情緒。
- 能解決一般問題的頭腦，但沒有自覺。
- 有自覺的頭腦，但不會解決簡單的問題。
- 發展需要很長時間的頭腦，而且在成熟前需要另一個頭腦的保護。
- 非常慢的頭腦，實際分布的距離很長，對速度快的頭腦來說「看不見」。
- 能精確快速自我複製的頭腦。

- 能自我複製的頭腦，並能和自己的複本形成一個整體。
- 能在平台間轉移的不死頭腦。
- 快速、有活力的頭腦，能改變自我認知的程序跟特質。
- 奈米頭腦，有自覺的頭腦中最小的一個（尺寸最小，能量分布最低）。
- 專門製作設想情況和預測的頭腦。
- 從不清除或遺忘事物的頭腦，錯誤或虛假的資訊也會留下。
- 半人半動物的共生頭腦。
- 半人半機器人的頭腦。
- 使用量子計算的頭腦，我們不懂其中的邏輯。

如果這些想像中的頭腦能夠成真，應該也是 20 年後的事情。我列出這些猜測，要強調所有的認知能力都很專門。我們現在製造出的人工腦及接下來 100 年內會造出的人工腦，都會設計成執行特定的工作，那些工作通常也非人能力所及。在人類發明的機器中，最重要的並不是能做人類做得更好的工作，而是能做我們完全做不到的事情。機器思考的事情，若是我們能想得更快更好，就不是最重要的思考機器，它們應該能想到我們想不到的東西。

目前有幾個大謎團，量子重力、暗能量及暗物質，要真正解決這些謎團，或許需要人類以外的智慧。這些艱難的問題解決後，還有難到極點的問題，需要更不親切、更複雜的智慧。的確，我們或許需要發明擔任中間人角色的智慧，可以幫我們設計人類無法獨立設計出的稀有智慧。我們要有方法來改變自己的思維。

目前許多科學發現，都需要數百個人來解決，但不久後，或許有的問題深奧到需要數百個不同種類的頭腦來解決。如此一來，人類還占了文化優勢，因為外星智慧提供的答案比較不容易為人接受。我們已經看到，人類不太願意認可電腦提出的數學證明。有些數學證明太複雜了，只有電腦能嚴格檢查每個步驟，但數學家不願接受這些證明就是「證明」。人類光靠自己的頭腦無法了解這些證明，只得信任一連串的演算法，因此需要新的技能，才能知道何時能夠信任這些產物。與外星智慧打交道，也需要類似的技能，而且要增廣自己的見聞。嵌入式人工智慧會改變我們研究科學的方法。真的很聰明的儀器能加速我們的測量，也能改變測量方式；大量的即時數據組也會加速跟改變我們的模型製作；真的很聰明的文件會加快和改變我們的領受，知道何時我們「知道了」某個東西。科學方法會讓你知道的更多，但科學方法的基礎也是人類學習新知的方式。一旦將另一種新的智慧加入科學方法，科學就會按著新型心智的準則來學習和進步。那時，一切也會改變。

人工智慧的英文縮寫 AI，或許也能代表「外星智慧」。太空中有 10 億個像地球的恆星，接下來 200 年內，誰也不知道人類能不能接觸到其中一個星球上的外星人，但我們能確定到那個時候就能製造出外星智慧。面對合成的外星人，我們期待與外星人接觸時所能得到的好處與挑戰也能實現。他們會逼得我們重新評估自己的角色、信念、目標和定位。人類有什麼用？我相信大家最先想到的答案時：人類會發明出生物學無法演化出來的新型智慧。我們的任務是製造出用不同方法思考的機器——來創造出外星智慧。我們應該把人工智慧改名為「人造外星人」，英文縮寫 AA。

人工智慧能用非人的角度來思考科學，和人類科學家大相逕庭，也能刺激人類用不同的方法思考科學。或用不同的方法思考製造材料、或衣服、或金融衍生物、或任何一種科學或藝術。與速度或力量相比，人工智慧的外星人特質，對我們來說更有價值。

人工智慧會幫我們更加了解智慧最起初的定義。以前我們說，只有超級聰明的人工智慧才能開車或在《危險邊緣》上打敗人類，或能認出 10 億張面孔。過去幾年內，這些事情電腦都做到了，我們才覺得那樣的成就顯然純屬機械，不值得標為真正的智慧，我們稱之為「機器學習」。人工智慧的每一項成就，都把該項成功的事蹟定義為「不是人工智慧」。

但是，我們不光重新定義人工智慧——我們也重新界定生而為人的意義。過去 60 年來，原以為是人類獨有的行為與才華都由機械程序複製出來，我們必須改變界定人機的看法。發明愈來愈多種人工智慧後，不得不承認有愈來愈多東西並非人類獨有。每一次讓步——承認除了我們之外，還有其他智慧懂得下西洋棋、開飛機、創作音樂或發明數學定律——感覺都很痛苦、很讓人難過。接下來 30 年內——應該說接下來 100 年內吧——我們一直脫離不了認同危機，一直問自己，人類有什麼優點。如果我們不是唯一的工具製造者、藝術家、倫理道德家，那我們還有什麼特別之處？最諷刺的是，普普通通、走實用路線的人工，最有益的地方並非更高的生產力，也不是富足經濟或新的科學研究方法──儘管這幾項都會實現。人工智慧到來，最大的利益在於人工智慧能幫我們定義人性。我們要靠人工智慧來指明我們的身分。

接下來幾年內，我們最在意的外星智慧則是那些被我們賦予形體的。我們叫它們機器人。它們也有各種形狀、大小和結構──可以說用多樣化的種類展現出來。有些像動物一樣來去自如，但很多種和植物一樣不能移動，或像珊瑚礁一樣能夠擴散。機器人已經來了，現在還很安靜，很快就會大聲喧嚷，一定還有更聰明的機器人會出現。它們引發的紛亂會擊中我們的命脈。

假設明天在上班的美國人，10 個裡面有 7 個被解雇。他們該怎麼辦？

如果受雇的人有一半以上被解雇，哪來的經濟體？但 19 世紀初，工業革命就讓一半以上的勞工失業──速度很緩慢。200 年前，70％的美國勞動人口住在農場裡。今日，自動化已經消除了所有的工作，只留下 1％，用機器取代人（和役畜）。但被取代的勞動人口沒有閒閒坐著，自動化在全新的領域創造出上億個工作機會。之前負責耕田的人，現在到工廠上班，製造出農業設備、汽車和其他工業產品。從那以後，一波又一波的新工作不斷出現──器具修復員、平版印刷工人、食品化學家、攝影師、網頁設計師──之前的自動化變成新工作的基礎。今日，我們大多數人做的工作，對 19 世紀的農夫來說，真是想也想不到。

或許很難相信，但在這個世紀結束前，現存的工作有 70％可能被自動化取代──包括你正在做的工作。也就是說，機器人一定會出現，早晚會取代人類的工作。第二波自動化引起這股動亂，重心放在人工認知、便宜的感測器、機器學習和分散式智慧上。這波自動化範圍廣泛，從體力勞動到知識工作，所有的工作都會受到影響。

首先，有些產業已經自動化，機器必須聯合這些產業中的收益。等機器人取代了裝配作業員，就會取代倉庫裡的工人。機器人動作快速，六、七十公斤的重量舉一整天也沒問題，可以取出箱子，分類好送上卡車。在 Amazon 的倉庫裡，已經有這樣的機器人在工作。機器人也會繼續負責採收水果、蔬菜，最後人力採收可能只限於特殊農場。藥房裡只有一個機器人在裡面配藥，藥劑師則專心指導病人用藥。事實上，加州的醫院裡已經有原型的配藥機器人。截至目前為止，它們還沒有搞錯處方，而人類藥劑師卻有可能出錯。接下來，打掃辦公室和學校等靈巧度較高的工作，也會由夜班機器人接手，從容易清潔的地板和窗戶開始，最後會進步到可以打掃廁所。長距離貨運路線的高速公路路段，由嵌入卡車駕駛室的機器人負責。到了 2050 年，卡車司機剩下沒幾人。由於開卡車是美國目前最常見的工作，這項改變不容小覷。

同時，機器人會繼續移轉到白領階級的工作。身旁的很多機器裡都已經加入人工智慧，只是我們不叫它們人工智慧。來看看 Google 最新的電腦，給它照片，它就能寫出正確的標題。從網路上選一張照片，電腦「仔細看」照片後，會給出完美的標題。它跟人類一樣，能正確描述一系列照片中的情境，但從不覺得疲倦。Google 的翻譯人工智慧能把電話轉成個人翻譯員。對著麥克風說英語，它會立刻用能聽得懂的中文重複你說的話，俄語、阿拉伯語或其他幾 10 種語言也可以。把電話給交談的對象，應用程式也會立刻翻譯他的回覆。機器翻譯員可以把土耳其語譯成北印度語、法語譯成韓語。文字當然也能翻譯。高階的外交翻譯員或許暫時還能保住飯碗，但日常業務的翻譯工作交給機器就夠了。事實上，機器人會接收所有需要大量文書的工作，尤其是醫學相關的工作。資訊量很大的死記硬背工作都可以自動化。不論你是醫生、翻譯員、編輯、律師、建築師、記者，甚至程式設計師，都一樣：工作一律由機器人接管。

我們已經來到轉折點。

對於聰明的機器人該長什麼樣、怎麼動作，我們已經有了先入為主的概念，很容易因此看不到眼前的景況。希望人工智慧像人，就是有瑕疵的邏輯，等於要求飛行機器要像鳥兒，會鼓動翅膀。機器人的思考方式當然也不一樣。

以巴克斯特為例，它是 Rethink Robotics 公司新推出的革命性作業機器人。設計師布魯克斯之前在麻省理工學院任教，他也發明了最暢銷的掃地機器人 Roomba 及後續的版本。巴克斯特是新一代工業機器人的早期版本，設計用來與人類一起工作。巴克斯特的長相不怎麼起眼；的確，手臂很粗壯，平板螢幕和其他工業機器人很像。巴克斯特可以用手執行反覆的手工作業，就和工廠的機器人一樣，但有三點非常特別。

第一，它可以東張西望，轉動頭上的卡通眼睛，告訴別人自己在看哪裡。它可以察覺到在附近工作的人，避免傷害到他們。工人也可以看見巴克斯特看不看得到他們。以前的工業機器人做不到，所以工作用機器人必須和人類隔開。今日工廠裡的典型機器人，被困在鐵絲網柵欄或關在玻璃箱裡。靠近它們太危險了，因為它們渾然不覺其他人的存在。為了隔絕，這種機器人就不能在無法提供隔離環境的小店鋪裡工作。在最佳情況下，工人應該能和機器人互相傳遞原料，或一整天都可以手動調整控制鈕；在隔離的狀況下自然行不通。然而，巴克斯特有知覺。使用力回饋技術來感覺是否撞上別人或另一台機器人，很懂禮貌。你可以把巴克斯特插入車庫牆上的插座裡，在它旁邊工作也無需擔心。

第二，任何人都可以訓練巴克斯特。它不像其他工業機器人那麼快、那麼強壯、那麼精確，但它比較聰明。抓住機器人的手臂，用正確的動作和順序引導，就可以訓練它。有點像「請你跟我這樣做」。巴克斯特學會程序後，就能重複。每一名工人都能展示與解說；不識字也沒關係。以前的工作機器人需要受過高等教育的工程師，和一流的程式設計師寫下（以及除錯）幾千行程式碼，才能指導機器人明白工作上最簡單的改變。程式碼必須批次載入──每次載入的量很大，但不常進行──因為機器人在工作時無法改寫程式。典型的工業機器人價格高昂，但成本主要不在硬體，而是運作。工業機器人購入價格起碼要 10 萬美金，但在使用期限內的程式設計、訓練和維護費用，可能要四、五倍。工業機器人從出廠到壽終正寢，平均要 50 萬美金以上的成本。

　　第三個差異，則是巴克斯特很便宜。定價 25,000 美元，遠勝過總成本 50 萬美元的前一代。使用已久的機器人需要批次更新程式，在機器人的世界裡，可以用大型主機電腦來比喻，而巴克斯特就像第一台個人電腦機器人。因為巴克斯特缺乏很關鍵的特質，例如精確到一公釐以下。或許有人會覺得只是玩家的玩具，但巴克斯特就像個人電腦，不像大型主機，使用者馬上可以和它直接溝通，不需要等專家來幫忙——也可以用在不正經、甚至無聊的事情上。價格夠便宜，小規模製造商也可以買一台，用來包裝製品、將產品塗上特定顏色，或負責操作 3D 列印機器。假如你有一間製造 iPhone 的工廠，員工也可以用巴克斯特來取代。

　　巴克斯特的發明地，是一棟百年磚造建築，在波士頓的查爾斯河畔。1895 年，這棟建築物成為新興製造業的中心，也是製造業的奇蹟，連電力都自行供給。100 年來，在磚樓內經營過的工廠改變了我們周圍的世界。現在，除了巴克斯特，還有更優秀的機器人勞工陸續現身，它們的能力促使發明家布魯克斯開始臆測，這些機器人會用什麼方式讓製造業分崩離析，比前一次革命更厲害。從他位於前工業區的辦公室窗戶看出去，他說：「我們現在以為製造業就是像中國那樣。但製造成本因為機器人而降低後，運輸成本就變成比製造成本更重要的因素；近一點比較便宜。每個地方都會出現很多家特許經銷工廠構成的網路，多數東西製造後，在方圓 5 英里內就賣出去了。」

或許製造業會變成這樣，但很多留給人類的工作屬服務性質。我要布魯克斯陪我去附近的麥當勞，指出哪些工作可以由他的機器人接手。他遲疑了一下，說可能還要 30 年，機器人才能煮東西給人類吃。「在速食店裡，你不會一直做同一件事。你忙忙碌碌，一直換任務，所以需要特別的解決方案。我們不想推銷具體的方案。我們要造出一般用途的機器，工人可以自行設定，與自己一起工作。」等我們能和身邊的機器人一起工作，雙方的任務會慢慢混合在一起，不久後，我們的工作就會變成它們的──新的工作則超出了我們的想像。

要了解機器人如何取代人類，最好能把我們跟機器人的關係分成四個類別。

1. 人類能做、但機器人能做得更好的工作

人類如果努力，可以織出棉布，但自動織布機織出完美的一匹布也只要幾分錢。現在買手織布只有一個理由，因為你想要人類造成的不完美。但說到買車，就沒有理由去買不完美的車子。在高速公路上開到時速 70 英里時，我們就不再尊重不合常規的事物──因此我們認為在製造過程中，愈少人碰過車子，車子就造得愈好。

但碰到更複雜的工作，我們仍誤以為不能信任電腦和機器人，這就錯了。那就是為什麼我們過了很久才承認它們已經精

熟某些概念性的例行工作，有時候甚至比其他實體的工作更加熟練。自動導航是一種電腦化的大腦，在典型的航程中，可以自行駕駛 787 噴射機約莫 7 分鐘的時間。機艙裡仍坐了人類飛行員，「預防萬一」，但需要人類機長投入的時間快速減少了。1990 年代，電腦化的貸款估價大規模取代人類估價師。稅款準備也大多交給電腦，其他工作包括例行的 X 光分析及審判前的證據收集──原本是聰明人才能做的工作，而他們也領取很高的薪水。我們認定機器人製造業的可靠性很高；不久我們也會接受，機器人從事服務工作和知識工作的表現也優於人類。

2. 人類不能做、但機器人可以做的工作

　　舉個小例子：人類無法獨立造出一個黃銅螺絲釘，但機器一小時可以造出 1,000 個一模一樣的。少了自動化，我們連一個晶片都做不出來──製作晶片需要高度精確、控制能力和堅定的專注力，而人類的身體缺乏這些特質。同樣地，沒有人──不管受過多少教育──能快速搜尋世界上所有的網頁，找出哪一頁告訴我們加德滿都昨天的蛋價。每次按下搜尋鈕，就是利用機器人來做我們人類獨力做不到的事情。

　　雖然報章頭條大肆報導人類的工作被機器取代，機器人和自動化最強的優點，在於它們能做人類做不到的工作。我們集中注意力的時間很短，不足以按著平方公釐來檢測電腦斷層掃描的結果，找出癌細胞。要把熔化的玻璃吹成瓶子，需要能在

毫秒內反應的能力，我們沒有。我們沒有絕對正確的記憶力，能記住大聯盟棒球賽每一次的投球，也無法立刻算出下一次投球的機率。

我們並沒有把「好工作」讓給機器人。在多數情況下，我們給它們的是人類做不到的工作。沒有機器人的話，這些工作永遠做不好。

3. 我們希望能做好的工作，但我們不知道是什麼

在機器人接管一切的時候，這才是影響力最強的一項：有了機器人的助力和電腦化智慧，我們現在可以做的事，在 150 年前可能想也想不到。今日，我們能經過肚臍移掉腸子裡的腫瘤、用婚禮照片製作有聲影片、在火星上開小車子，或者朋友把布料當成訊息透過無線網路傳送過來時，我們可以在上面印出圖案。現代的活動有上百萬種，若是讓 19 世紀的農夫看到，他們覺得很炫目也很震驚，而且有些事做了還可以得到報酬。這些現代的成就，不光是從前很難完成的雜務，而是夢想。因為有機器能做得到，才能有這些夢想。這些工作也源自機器。

汽車、空調、平面螢幕和動畫片發明前，住在古羅馬的人沒想過他們能邊看影片、邊坐在有空調的交通工具裡，舒舒服服前往雅典。我最近才剛有這樣的體驗。100 年前，住在中國的人都沒想到，家裡還沒有自來水，他們卻寧可買一塊小小的玻璃片，好跟遠處的朋友聊天。但是，在中國，每天都有農夫

買智慧型手機，可是家裡沒有自來水管線。第一人稱射擊遊戲
內嵌的靈巧人工智慧，讓數百萬青少年充滿熱情，想成為專業
的遊戲設計師——維多利亞時代的男孩就沒有這種夢想。就實
際層面而言，發明指派了工作給我們。自動化一成功，就產生
新的職業——沒有自動化的刺激，我們也想不到這些職業會出
現。

再說一次，某種自動化創造出的新工作，大多只有靠其他
類型的自動化來處理。現在有了像 Google 這樣的搜尋引擎，
我們可以靠它執行數千項新工作。Google，你知道我的電話在
哪裡嗎？Google，你可以把憂鬱症患者和賣藥丸的醫生配對
嗎？Google，你能預測什麼時候會因為病毒而再次爆發傳染病
嗎？從這個角度來看，科技對人類和機器一視同仁，為兩者累
積相同的潛力與選擇。

到了 2050 年，可以說收入最高的專業要依賴尚未發明的
自動化和機器。也就是說，我們現在還不知道是什麼工作，因
為我們不知道這些工作需要什麼樣的機器和技術。機器人創造
出我們希望能做好的事情，但之前我們根本不知道有這些工
作。

4. 一開始只有人類能做的工作

人類做得到而機器人做不到的事情，便是決定人類想做什
麼（起碼短期內機器人做不到）。這不是無聊的語意遊戲；發
明新的東西後，引發新的渴望，會不斷循環。

　　機器人和自動化接手最基本的工作後，相對來說，我們的食衣住行也變得更容易，因此就有時間問：「人類存在有什麼目的？」工業化不光延伸了人類的平均年齡，也讓更多人可以決定他或她想當芭蕾舞者、專業音樂家、數學家、運動員、時尚設計師、瑜伽大師、同人小說作者及名片上寫了獨一無二頭銜的人。在機器協助下，我們能從事這些工作──但是，隨著時間過去，當然也可能被機器取代。那時，我們也有能力去想出更多答案來回答這個問題，「我們該做什麼？」或許要過很多代，機器人才能提出解答。

　　後工業經濟會繼續擴張，因為每個人的工作（或多或少）都會發明新的工作，後來就變成機器人的重複作業。在接下來的幾年，到處都能看到機器人駕駛的汽車和卡車；自動駕駛會產生新的人類職業，負責設計最佳化的行程，調整行車演算法，讓能量與時間都能發揮到極致，給前任卡車司機改行的機會。例行的機器人手術就需要新的醫學技術，讓複雜的機器保持無菌。你所有的活動都納入自動追蹤的範圍，而當你也不覺得奇怪的時候，新的專業分析師就會出現，幫你分析數據。我們當然也需要各種機器人保母，來專職照顧你的個人機器人，它們才能保持運作。這些新的職業之後都會一一被自動化取代。

　　每個人都有個人工作機器人（巴克斯特的後代）聽命於己後，真正的革命就爆發了。假設你屬於那百分之零點一還在耕田的人。你有塊小小的有機農場，直接和顧客交易。你仍可以當農夫，但實際的工作多半交給機器人。你麾下的機器人工人在烈日下露天工作——除草、除害蟲及收成——土裡的探測器網路會引導它們。你身為農夫的新工作，則是監管耕作制度。有天，或許你要研究該種哪一種復古番茄；第二天則是找出顧客最想要的產品；再隔一天則該更新自家標籤上的資訊。其他可以度量的工作都交給機器人。

　　現在似乎難以想像：我們想不到機器人可以把一堆原料組合成禮物，或製造割草機的替換零件，或生產新廚房要用到的材料。我們無法想像下一代的姪甥，在車庫裡指揮十幾個工作機器人，大量生產轉換器賣給朋友開的電動車創投公司。我們想不到自己的孩子會成為設備設計師，接單製作液氮甜點機器，賣給中國的百萬富翁。但有了個人機器人自動化，這一切都有可能。

　　每個人都會有自己的機器人，但光有機器人不代表就能成功。能夠讓機器人和機器的工作過程達到最佳程度，才能享受成功。生產的地理聚集很重要，但理由不是勞動成本的差別，而是人類專業技術的差異。這是人類和機器人的共生關係。人類的任務就是繼續幫機器人製造工作——而這項任務永遠沒有終點。所以我們起碼總有這一份「工作」。

　　在接下來的幾年，我們和機器人的關係會變得更複雜，但循環的模式已經出現了。不論你目前做什麼工作、賺多少錢，你都會按照預期，不斷否認再否認。機器人取代人類有七個階段：

1. 機器人／電腦無法做到我目前的工作。

2. （過了一陣子）好吧，它能做的事情滿多的，但我的工作沒辦法全部交給它。

3. （過了一陣子）好吧，我能做的它也能做，只是它故障的時候就需要我了。它還滿常壞的。

4. （過了一陣子）好吧，例行工作都做得很完美，但我要訓練它才能做新的工作。

5. （過了一陣子）好好好，我以前那份無聊的工作就給它吧，看來人類不該做那種工作。

6. （過了一陣子）嘩，我以前的工作現在由機器人負責，我的新工作比較好玩，薪水也比較高！

7. （過了一陣子）還好，機器人／電腦應該沒辦法做我現在的工作。（反覆）

這不是跟機器人比賽。如果我們和機器比賽，我們一定會輸。這場比賽要和機器站在同一邊。你和機器人合作的融洽程度，決定你以後的報酬。你的同事有 90％是看不見的機器。沒有這些機器，你就無法完成工作。你做什麼，和它們做什麼，之間的界線很模糊。至少在一開始的時候，你會覺得自己沒工作了，只要覺得很單調沉悶的事情，會計師都會交給機器人。

我們必須讓機器人接手。政客努力不讓機器人搶走的工作，其實有很多都是大家早上醒來時覺得百無聊賴的工作。機器人會做我們現在的工作，也做得比我們更好。它們也會做我們做不到的工作。有些工作我們從未想過需要做好,它們也會做。它們也會幫人類發現更多新的工作,能擴展人類認同的新任務。它們能讓我們專心努力,變得比現在更有人性。

這是必然,讓機器人接手我們的工作,讓它們幫我們構想出真正重要的新工作。

第三章

流動ing

　　網際網路是全世界最大的影印機。就最基本的層次而言，這台機器可以複製每次行動、每個角色、我們上網時冒出的每一個念頭。為了把訊息從網際網路的這裡送到那裡，通訊協定規定，一路上整封訊息要複製好幾次。有些數據一天之內在記憶體、快取、伺服器、路由器之間來回穿梭時，可能會複製幾 10 次。科技公司製造很多賣錢的設備，能加快不停複製的過程。如果有必要複製──一首歌、一部電影、一本書──複製的本體也會接觸到網際網路，就需要複製。

　　在這條自由流動的複本長河上，產生了數位經濟。事實上，我們的數位溝通網路必須設計成讓複本流動時愈順利愈好。複本的流動自由到我們都覺得網際網路像個超導體，複本一上去就可以在網路上永久流動，跟超導線上的電流一樣。這就是所謂和病毒一樣快速傳播。複本一再複製，複製的結果如漣漪般向外擴散，啟動新的複本，形成無窮無盡、不斷蔓延的波浪。等複本上了網際網路，永遠不會離開。

　　這種超傳播系統變成經濟和財富的基礎。數據、想法和媒體都能立即複製，強化了 21 世紀經濟的主要部門。軟體、音樂、電影和遊戲等方便複製的產品，都是美國最有價值的出口物，源頭也是美國在世界舞台上最有競爭優勢的產業。因此美國的財富主要來自這個漫無目的、不斷複製的巨大裝置。

能複製就複製，規模廣大，停也停不住。要能停下複製的腳步，除非破壞創造財富的引擎，那麼網際網路也會停擺。自由流動的複本已經深深植入全球通訊系統的本質。網路的技術需要自由複製的權力。複本必然會不斷流動。

往昔人類文明的經濟奠基於裝滿固定資產的倉庫和貯藏乾貨的工廠。實實在在的存貨仍為我們所需，但無法滿足我們對財富與快樂的欲望。我們的注意力已經從貨物移到流動的無形資產上，例如複本。我們看重的除了物品裡的原子，還有物品無形的布置和設計，甚至也在意物品能否按著我們的需要來變化和流動。

之前用鋼鐵和皮件製成的固定產品，現在當成非固定服務來出售，而且會不斷更新。你停在車道上的車子已經轉成按個人需求提供的運輸服務，廠商包括 Uber、Lyft、Zip 和 Sidecar——他們改進的速度遠超過汽車。到超市購物不再漫無目的；家中需要補足的物品會源源不斷補充。每隔幾個月，你的手機就變得更棒，因為新的作業系統流進來，裝在你的智慧型手機上，加入新功能和新的好處，而之前可能要換硬體才能享受到更新。之後，等硬體真的換新了，服務會留下你熟悉的作業系統，讓個人設定流到新的裝置裡。不斷更新的整個過程不會停下來。人類一向貪得無厭，現在夢想成真了：不間斷的改善如河流般不停流動。

這項新制度的核心，便是不斷變動的少量計算，甚至比以前還小。我們要進入電腦計算的第三個階段，流動。

電腦最早出現的時代向工業時代借鏡。麥克魯漢觀察到，新媒體的第一個版本會模仿要取代的舊媒體。第一代的商業電腦就用了辦公室的比喻。螢幕上有「桌面」、「資料夾」和「檔案」，按階層排順序，很像被電腦顛覆的工業時代。

第二個數位時代推翻了辦公室的比喻，帶來網路的組織原則。基本單位不再是檔案，而是「網頁」。網頁不會組成資料夾，而是排成聯合在一起的網路。網路上有數十億個用超連結連在一起的網頁，無所不包，有貯存的資訊，也有主動知識。介面從桌面轉為「瀏覽器」，從這一個窗口看出去，可以看到所有的網頁。連結構成的網路是扁平的。

現在我們要轉移到電腦的第三個時代。網頁和瀏覽器沒那麼重要了。今日放在首位的單位是流動及串流。我們會一直檢查 Twitter 的串流和 Facebook 塗鴉牆上貼文的流動。我們會讓照片、影片和音樂流動。電視螢幕底部也有新聞橫幅流過。我們會訂閱 YouTube 上的串流，叫做頻道；也會訂閱部落格的 RSS 饋送。我們沉浸在流入的通知和更新裡。我們的應用程式隨著流動的更新，變得愈來愈好。標籤取代了連結。我們加標籤，將串流裡的時刻「按讚」和「標為最愛」。Snapchat、微信和 WhatsApp 等串流，完全只在當下運作，沒有過去或未來。就一直流動。如果你看到某個東西，很好，然後就不見了。

　　流動的時間也變了。在第一個年代，工作成批進行。每個月都會收到帳單，稅款在每年的同一天支付，電話服務的單位固定是 30 天。工作一項一項堆起，然後成批處理。到了第二個時代，網路出現，我們期待一件事能在一天內完成。從銀行提款，我們期望當天就能看到帳戶裡的款項減少，不需要等到月底。送出電子郵件，我們期待回覆稍後就到，不需要和一般郵件一樣要等兩個星期。循環時間從批次模式跳到每日模式。這可不得了。期望轉變的速度快到這種地步，許多機構措手不及。要填表格時，光等表格寄來，很多人就失去耐心了；如果不能在同一天填好，他們就不想管了。

　　現在到了第三個時代，我們從每日模式移到即時。傳訊息給別人的時候，我們期望他們會立刻回覆。錢一花掉，我們希望帳戶餘額立刻調整。醫學診斷結果為什麼要等好幾天，不能馬上提供？在課堂上考試，為什麼成績不能立刻出來？要看新聞，我們要看當下這一秒發生了什麼事，而不是一個小時前。若非即時，就不存在。我們可以推論──這一點很重要──為了即時運作，所有的東西都要流動。

　　比方說，想看什麼電影就選什麼電影，電影必須要流動。Netflix 的用戶大多只看即時可看的內容。除非能立刻播放，不然我們不想看。Netflix 的 DVD 目錄比串流目錄大上 10 倍，品質也比較高，但我們寧可看品質比較差的即時影片，也不想等兩天再看品質比較好的 DVD。等時性勝過了品質。

　　即時書籍，也一樣。在數位時代來到前，買了印刷書籍後，總等很久才會翻開。在書店裡看到喜歡的書，我就買下。網際網路出現後，待閱書籍愈來愈多，因為我在網路上看到愈來愈多推薦。電子書閱讀器 Kindle 上市後，我幾乎改成只買數位書籍，但舊習慣不改，碰到評語很好的書就買下。太簡單了！按一下，就買好了。然後我突然有個領悟，我猜其他人也一樣。如果我先買一本書來放著，那本書和我沒買的書一樣，留在同一個地方（在雲端），只是我付了錢，沒買的還未付錢。那乾脆不要付錢了，不是嗎？所以我現在不買書了，除非我會馬上打開來看。有了即時串流，自然就能想看再買。

在工業時代，企業盡其所能提高效率和生產力來節省時間。現在還不夠，組織需要幫客戶和市民節省時間。它們需要竭盡所能、即時互動。即時就是人類的時間。自動提款機給你現金的速度比銀行行員快多了──也更有效率──但我們要的是隨手可得的現金，例如 Square、PayPal、支付寶或 Apple Pay 等串流公司提供的即時款項。為了即時執行，科技的基礎架構要液化。名詞要變成動詞，固定的有形事物要變成服務。數據不能靜止不動，一切都要流進現在的串流裡。

不計其數的資訊流混在一起，彼此流通，聯合起來就是所謂的雲端。軟體從雲端流向用戶，更新一個接一個。你的文字串流先到雲端，然後才到朋友的螢幕上。你帳戶裡列隊的電影先歇息在雲端，等待你的召喚。雲端也是貯存歌曲的地方。Siri 的智慧便存放在雲端，和用戶對話時也不例外。雲端是一種新的組織說法，用來象徵電腦。第三代數位制度的基本單位，便是流動、標籤和雲端。

　　音樂產業第一個受不了壓力，轉移到即時供應，複本也上了雲端。或許因為音樂本身就在流動——由一串音符組成，音符在流動時，便能展現其美——因此率先被賦予流動性。即使百般不願，音樂產業還是開始改革，這種變化的模式也出現在其他的媒體上，涵蓋了書本、影片、遊戲和新聞。之後，從固定到流動的轉換，也顛覆了購物、運輸和教育。流動性變成無可避免的命運，社會的每個層面都跟著轉換。音樂升級到流動性的過程宛若傳奇，也說明了我們要往哪裡去。

　　100 多年來，科技一直在改變音樂。早期的留聲機設備能錄下的音樂，無法超過四分半鐘，因此音樂家縮短了蜿蜒曲折的作品，才能用留聲機錄製，今日流行歌曲的標準長度就是四分半鐘。50 年前，用工業方法再製留聲機錄音非常便宜，廉價且一模一樣的複製品，多到超乎想像——也讓人覺得音樂變成了消費品。

　　音樂界目前經歷的天翻地覆——線上音樂服務 Napster 和提供下載軟體的 BitTorrent 等先鋒，10 年前就已經示意，會有這樣的轉變——則是從類比複本換到數位複本。類比複本是工業時代的驅動力量——一模一樣，而且便宜。資訊時代的驅動力則來自數位複本——一模一樣，而且免費。

　　免費很難視而不見，把複製推動到前所未有的規模。排名前 10 的音樂影片（免費）觀看的次數已經超過 100 億。當然，能免費複製的不光是音樂。還有文字、圖片、影片、遊戲、整個網站、企業軟體、3D 列印檔案。在網路上的新世界，能複製的東西都能免費複製。

　　經濟學的普遍法則說，某樣東西變成免費且無所不在的那一刻，這樣東西在經濟學公式裡的位置會突然反轉。夜用的電燈剛出來時很稀少，只有窮人才點普通蠟燭。等電力普及，幾乎不要什麼錢的時候，我們的偏好反過來，晚餐時的燭光變成奢侈的象徵。在工業時代，一模一樣的複本比手工原版更有價值。大家都不想要發明家「原創」的冰箱原型，太笨重。大多數人想要運作完美的複製品。複製品愈普通，大家愈想要，附帶的還有服務網路及修整的店面。

　　現在價值的軸線又翻過來了。免費複本源源而來，腐蝕已經奠定的秩序。在這個已經過度飽和的數位新宇宙裡，免費的數位複製品無窮無盡，到處都是複本，很便宜──基本上等於免費──因此真的有價值的東西，就是不能複製的東西。科技告訴我們，複本再也不重要了。簡言之：複本過剩時，就沒有價值。相反地，不能複製的東西很稀少，也很貴重。

　　複本不要錢，你就得賣不能複製的東西。那麼，什麼不能複製？

　　舉例來說，信任。信任不能大量製造。你不能批發買進信任。你不能下載信任，存在資料庫裡或放進倉儲裡。你不能複製另一個人的信任。信任必須努力掙來，也要投入時間。不能偽造，不能假裝（裝也裝不久）。因為我們喜歡和信任的人打交道，有時候可能要多付一點錢才有特權，這叫做建立品牌。有品牌的公司儘管產品和服務與別家公司類似，卻能比沒有品牌的公司開出更高的價格，因為他們的承諾受人信任。因此在複本充斥的世界裡，信任這種無形資產的價值愈漲愈高。

　　在雲端經濟中，還有幾種特質很像信任，難以複製，因此很有價值。要明白這些特質是什麼，先問一個簡單的問題：如果可以免費得到，為什麼有人要付錢去買？付錢買可以免費拿到的東西時，他們買到了什麼？

　　其實，這些不能複製的價值就是「比免費更好」的東西。免費很好，但這些東西更好，所以你會付費。我把這些特質稱為「原生性」（generative）。原生性的價值是一種特質或屬性，一定要在交易時產生。原生的東西不能複製和貯存。原生性不能偽造或重製，必須在交易的同時以獨特的方式產生，而且就那一次。原生性的特質為免費複本添加了價值，因此可以定價出售。

　　下列 8 種原生性「比免費更好」。

立即性

　　不論想要什麼，早晚你都能找到免費的複本，但一發行，或甚至在一製作完成，創造者就把複本寄給你，那才有原生性。很多人會選首映當晚去看電影，票價高昂，但同樣的電影之後或許能免費租用或下載，要付費也只付一點點而已。事實上，他們不是付錢看電影（可以「免費」用其他方法看到）；他們付錢是為了馬上看到。精裝書因為比較早出版（編按：歐美出版界的習慣），價格也比較貴，硬殼書封只是偽裝。要買到同一個東西，排第一名的人通常要多付一點錢。立即性既然可以出售，也有很多等級，例如先拿到試用版。應用程式或軟體的試用版，本來不值什麼錢，因為還沒完成，但我們現在明白試用版具備立即性，就有價值了。立即性可能幾分鐘，可能幾個月，但幾乎每項產品跟服務都能具備。

個人化

　　音樂會現場錄音的一般版本或許不要錢，但如果你想要的版本經過調整，在你家客廳裡聽起來完美無瑕——彷彿就在你家裡表演——你或許會願意多付一點錢。你並不是付錢買音樂會的複本；而是買下原生性的個人化。書籍的免費版本可以由出版商按需要編輯，反映你之前的閱讀背景。你買下的免費電影可以按你給家人觀看的需要來剪接（沒有性愛情節，適合孩童觀看）。以上兩個例子都是免費的版本，但付費進行個人化。現在阿斯匹靈幾乎不用錢就可以買到，但按著你的 DNA 來訂做的阿斯匹靈藥物就很有價值，也很貴。個人化需要創造者和消費者、藝術家和粉絲、製作人和使用者持續交流。個人化的原生性很深刻，要反覆來回，非常花時間。行銷人員稱之為「黏著度」，因為有關係的雙方都黏在（投入）這項原生性資產裡，不願意切斷關係從頭來過。這種深度不能複製貼上。

詮釋

　　有個老笑話說：「軟體，免費。使用者手冊，10,000 美元。」但這不是開玩笑。Red Hat 和 Apache 這兩家知名的軟體公司及其他公司的收益，都來自販售免費軟體的說明及付費支援。程式碼的複本，就是位元，不用收費。一行行免費的程式碼，加上支援和指導，對你來說才有價值。未來幾 10 年內，許多醫學和基因資訊都會走這條路。現在，要完整複製你所有 DNA 非常昂貴，可能要 10,000 美元，但不久後就會降價了。降價的速度很快，一下就降到 100 美元，再隔一年，保險公司會免費提供定序。你的定序變成免費後，其中的意義、你可以怎麼辦、如何使用定序的結果，可謂是基因的使用說明書，相關的詮釋就很貴了。這種原生性可以套用到其他複雜的服務上，例如旅遊和醫療照護。

真實性

你或許能在暗網上不花一毛錢，取得熱門的軟體應用程式，但就算不需要使用手冊，你也不希望軟體裡出現錯誤、惡意程式或垃圾廣告。因此，你寧可去買原版程式。同樣的「免費」軟體，但還有無形的心安。你不是付錢買軟體，而是付錢買可靠。《死之華》樂團的即興演奏變化多端，有很多版本；向樂團買原版就能保證買到你想要的版本，也能保證一定出自《死之華》。藝術家從很久以前就要面對這個問題。相片和平版印刷等影像複製，多半會加上藝術家的真實性證明——簽名——來提高作品的價值。數位浮水印和其他簽名技術不能用來防止複製（還記得嗎？複本是超導液體），但對在意的人來說，可以當成真實性的原生性特質。

取用權

所有權有時很爛。你要把你的東西整理得乾乾淨淨，保持最新，數位素材還要備份。在行動世代裡，還要隨身攜帶。很多人都希望能有人來照管自己的「所有物」，包括我在內，那我們只要懶懶地從雲端訂閱就好。可能我有一本書，或已經付錢買了我珍愛的樂曲，但我會付錢給 Acme Digital Warehouse 來服務我，提供我要的東西，配合我訂定的時機與方式。多數材料都可以免費在其他地方取得，但沒有這麼方便。使用付費服務，我可以隨時取得免費材料，不管用哪一台裝置都可以，還有超級使用者的介面。某種程度上，這就是你用 iTunes 在雲端上拿到的東西。你付費購買方便存取的音樂，可以免費在別的地方下載。你不是付錢買素材；而是付錢買隨手取用的便利性，不需要負維護的義務。

具體化

數位複本其實沒有實體。我不在意讀書本的數位 PDF 版，但有時同樣的字印在亮白色的棉紙上，再用皮革裝訂成冊，真是一種享受，手感很好。遊戲玩家喜歡在線上和朋友對戰，但偶爾也希望大家在同一個房間一起打遊戲。有些人會花數千美元買票，參加網路上也會直播的活動。賦予實體來對抗無形的方式無窮無盡。總有新的展示科技厲害到瘋狂的地步，消費者在家無法享受，只得移駕到戲院或禮堂等地。戲院很有可能率先提供雷射投影、全像顯示和全像甲板。現場表演的音樂最有實體感，因為由真人表演。用這個算法，音樂不用錢，真人表演很貴。的確，現在很多樂團靠演唱會賺錢，而不是賣唱片。除了音樂家，這個慣例很快也能套用到其他人身上，連作者也是。書不用錢；真人談話很貴。像巡迴演唱會一樣，現場 TED 演講、直播電台節目、限時美食展，本來可以免費下載的東西，短暫有了形體，而且需要付費，都說明了具體化的力量與價值。

贊助

在內心深處，熱心的聽眾和粉絲都想付費給創作人。粉絲想用象徵感恩的東西來酬謝藝術家、音樂家、作家、演員和其他創作者，藉這個機會和崇拜的人打交道。但他們付費有四個條件，而且常常不符合：(1) 一定要很容易；(2) 費用要合理；(3) 付費有明顯的好處；以及 (4) 付出的費用顯而易見能讓創作人直接獲益。每隔一段時間，就有樂團或藝術家做實驗，讓粉絲自訂免費作品的價格。這個方案基本上可行，也完美展現出贊助的力量。粉絲與藝術家之間難以捉摸的關係，絕對有價值。率先讓粉絲可以選擇良心消費的樂團，包括電台司令。他們發現 2007 年的專輯《彩虹裡》每次下載可以賺大約 2.26 美元，超過之前唱片公司發行所有專輯的總和，也帶動 CD 賣了幾百萬張。粉絲付費的例子還有很多，因為他們從中得到難以言喻的喜悅。

可尋性

前面說過的原生性，都屬於創意成果。然而，可尋性這種資產適用於許多產品的集成。不論價格高低，除非有人看見，不然作品就沒有價值。沒被找出來的巨作一文不值。已經有幾百萬本書、幾百萬首歌、幾百萬部影片、幾百萬個應用程式，爭相贏取我們的注意——大多還不用錢——所以能被發現才有價值。每天創作出來的作品不計其數，要被人發現也愈來愈難。粉絲用了不少方法，在數以億計的作品中尋找好東西。他們看別人的批評或評論，也用品牌（出版商、唱片公司和製片廠），也靠其他粉絲和朋友來推薦好東西，依賴程度也愈來愈高。付費得到指引的意願也隨之升高。不久前，《電視指南》的訂戶高達百萬，他們付費給雜誌社，以便知道電視上有哪些好節目。但也要注意，這些節目都可以免費觀看。據說《電視指南》的收益比它「指引」的三家主要電視台加起來還高。Amazon 最珍貴的資產，不是高級會員送貨服務，而是 20 多年來累積的幾百萬筆讀者評論。即使可以在別處找到免費的電子書，讀者仍願意付費購買 Amazon 的 Kindle Unlimited，因其無限量的電子書供應服務，而 Amazon 的評論更可以幫他們找到自己想看的書。Netflix 也一樣。電影迷會付費給 Netflix，因為他們的推薦引擎能找到用戶找不到的珍寶。或許在其他地方不用錢，但基本上也浮不出水面。看完這些例子就知道，你買的不是複本，而是付費利用可尋性。

創作者要開發新的技能來配合這 8 種特質。能控制銷售量，不代表就能成功。銷售快要全自動了；都是串流。空中的偉大影印機負責分發。防複製的技術再也不管用，因為你不能阻止別人複製。法律嚇阻或特殊技術都無法禁止複製。囤積居奇也不管用了。這 8 種新的原生性需要的培育特質，無法按一按滑鼠就複製出來。在這個新領域要成功，需要新的流動性。

　　一旦像音樂這樣的東西數位化，就變成可以任意彎曲與連結的液態。起初，音樂剛剛數位化的時候，音樂製作人覺得聽眾很貪婪，為了免費音樂而上網。但事實上，免費只是其中一個吸引人的因素，還可能是最不重要的因素。很多人一開始下載音樂，或許只是因為不要錢，但他們突然發現更好的東西。免費的音樂沒有包袱；可以輕鬆移轉到新的媒體、新的用戶身分、聽眾生活裡的新角落。之後，歌迷繼續下載線上音樂，因為數位化聲音的流動能力比以前更強。

　　在液體化之前，音樂是固定的。30 年前的樂迷選擇不多。你可以在幾個廣播電台聽 DJ 選出播放的歌曲，順序不能改變；或者買專輯，按著唱片上的順序來聽歌。你也可以買樂器，在不知名的小店裡尋找喜愛歌曲的樂譜。差不多就這幾種選擇。

　　液態提供新的力量。電台 DJ 再也不能作威作福。有了液態的音樂，你可以重排一張或好幾張專輯上的歌曲順序。你可以縮短一首歌，或把播放時間拉成兩倍長。你可以從別人的歌裡抽一些音符出來用。你可以代換樂曲上的歌詞。你可以改造一首曲子，用車用低音喇叭播出時變得更好聽。你可以把同一首歌的兩千種版本混成一首合唱曲──已經有人試過了。數位化的超導性，將音樂得以脫離黑膠唱片和窄窄的磁帶。現在你可以讓一首歌從原本完整的 4 分鐘裡分離出來，過濾，折彎，存檔，重排，混音，任意為之。不光是價格上免費；也完全沒有限制。現在有上千種新方法來胡搞這些音符。

　　複本的數目不重要，我們在意的是用其他媒體連結、操

縱、加注解、加標籤、醒目標示、加書籤、翻譯及變得更生動
的方法有多少種。價值不在複本本身，而是收回、注解、個人
化、編輯、鑑定、限時、標記、傳輸和從事一項作品的各種方
法。最重要的是，成品流動的順利程度。

　　現在的音樂串流服務至少有 30 家，比最早的 Napster 精
細許多，提供聽眾各種方法來玩音樂無限自由的元素。我最喜
歡 Spotify，因為他們的服務涵蓋了液態服務能提供的許多選
擇。Spotify 是雲端服務，歌曲超過 3,000 萬種。我可以搜尋音
樂的汪洋大海，找到最特別、最奇怪、最深奧的曲目。播放時
按個鈕，就可以看到歌詞。Spotify 可以從我最喜歡的樂曲中，
打造個人的電台。我可以跳過幾首歌，或投票讓我不想再聽到
的歌排名往下移動，調整電台的播放清單。上個世代的歌迷看
到這種與音樂互動的深度，可能會大吃一驚。我真的很想聽的
音樂，是朋友克里斯在聽的音樂，很酷，因為他發掘音樂的態
度比我認真多了。我想分享他的播放清單，我可以訂閱──也
就是我真的可以聽到他播放清單上的音樂，甚至同時聽到他現
在正在聽的歌。如果我很喜歡他清單上的某首歌──比方說我
以前沒聽過的巴布狄倫老歌，他的私藏作品──我可以複製到
我自己的播放清單上，然後再和朋友分享。

　　這種串流服務自然免費。如果我不想要看到或聽見
Spotify 上的視覺或聽覺廣告（為了付費給創作者），我可以
付月費。使用付費版本後，我可以把數位檔案下載到我的電
腦，也可以混合不同的音軌。既然在流動的時代，我可以從任
何裝置打開我的播放清單與個人電台，用手機也可以，或者把

串流連到客廳或廚房的喇叭上。外號音樂界 YouTube 的 SoundCloud 和其他幾家串流服務一樣，鼓勵名下 2 億 5 千萬名粉絲集體上傳自己的音樂。

十幾二十年前的選擇有限，今日的流動性相較之下更令人滿意。難怪粉絲蜂擁衝向「免費」，即使音樂界威脅要採取法律行動。

未來的走向如何？目前在美國，串流模式的音樂銷售占了 27%，跟 CD 的銷售量一樣。Spotify 的訂閱收入有 70% 要付給藝術家的唱片公司。儘管一開始就很成功，但 Spotify 的音樂型錄還可以擴充，因為仍有不容忽視的抵抗力量，泰勒絲等歌手堅決反對串流。只是全球最大的唱片公司老闆也承認，串流「必然」會取代傳統音樂產業。隨著串流，音樂又要再度從名詞變成動詞。

流動性讓創作變得更容易。音樂的形式不再拘泥，鼓勵業餘音樂家創造歌曲上傳。為了發明新的格式，免費的新工具也在線上流通，讓音樂迷可以混和不同的音軌、採集聲音樣本、學習歌詞、用合成儀器指定節奏。非專業人士也可以製作音樂，就像作家精心編製文字──把找到的元素（作家的字詞，音樂家的和弦）按自己的想法來排列。

數位位元的超導性就像潤滑劑，為音樂提供更多尚未開發的選擇。音樂以數位頻率流進廣大的新領域。數位時代來臨前，音樂的利基很少。音樂在黑膠唱片上；在電台播放，在音樂會裡演奏，每年製作的一、兩百部電影裡都有音樂。數位後，音樂滲入生活的每個角落，想占據我們清醒的每分每秒。塞入雲端後，音樂如雨點般落下，運動時、在羅馬度假時、在機動車輛管理局等候時，透過耳機鑽入耳朵。音樂的利基已經爆發了。每年有數千部紀錄片重生，每一部都需要配樂。劇情片需要大量的原創樂曲，包括數千首流行歌。就連YouTube上的創作者也發覺短片加上配樂後，更能牽動情緒；儘管大多數 YouTube 用戶會重複使用之前的創作，不另外付費，但有一小群人看到自製音樂的價值，人數也不斷增長。大型電玩遊戲更需要數百個小時長度的音樂。數以萬計的廣告片需要容易記憶的韻律。現在最流行的媒體是 podcast，一種音訊紀錄片。每天新發行的 podcast 至少有 27 種。像樣的podcast 自然要有主題曲，從頭到尾的內容更需要配樂。我們的一生也可以有原聲帶。這些都是有潛力的市場，擴展速度和位元流動一樣快。

　　社群媒體原本以文字為主流。下一代的社群媒體則會經營影片和聲音。微信、WhatsApp、Vine、Meerkat、Periscope 等應用程式，讓你能即時與朋友網路及朋友的朋友分享影片和聲音。快速編曲、改編歌曲或用演算法產生音樂以便立刻分享的工具都快出現了。使用者自製的音樂會變成基準，也變成創作音樂的大宗。只要音樂能流動，就會擴展。

　　其他形式的藝術穩定走向大眾化，同樣地，不久後，不是音樂家也能創作音樂。100 年前，能製作相片的人不多，只有少數人專門投入這方面的實驗，因為相片製作精細無比，非常講究。需要強大的技術和無比的耐心，才能產生一張值得看的相片。專業攝影師一年可能只拍十幾張照片。今天只要有手機

——幾乎人手一支——就能立刻拍照，成品和一個世紀前的專業攝影師比起來，怎麼樣都好多了。我們都是攝影師。同樣地，印刷術原本是一門很神祕的行業。要有多年累積的專業知識，才能在頁面上放置活字，看起來乾淨又美觀，因為當時還沒有所見即所得的技術。大概只有 1,000 個人知道什麼是字距調整。現在上中學就能學到字距調整，就連新手用數位工具的排版結果，也比之前的排字工人漂亮許多。製圖也一樣。網路上的文青在地圖上玩的花樣，比過去的一流製圖專家不知多了多少。馬上就要輪到音樂。有了加速位元和複本流動的新工具，我們都可以當音樂家。

音樂是這樣，其他媒體也一樣，再延伸至其他產業。

電影重現了同樣的模式。以前的電影很稀奇，製作成本比什麼都高。就算是 B 級電影，也需要一群高薪專業人士。播放時需要昂貴的投影設備，要看某部電影就很麻煩，機會稍縱即逝。後來有了攝錄影機與分享檔案的網路，隨時想看什麼電影都可以。有些影片本來一輩子可能只能看一次，現在可以看幾百次來細細研究。上億人進入學校攻讀電影系，自製影片上傳到 YouTube，已經有幾 10 億部了。觀眾金字塔一樣反了過來。我們現在都是製片人。

從固定到流動的大躍進，用書本的狀態來說明就顯而易見。書本一開始就是充滿權威的固定式傑作，製作時小心翼翼帶著敬畏，精心製成才能代代相傳。厚厚的紙本書就是穩定的要素。放在書架上，動也不動，不會改變，一放可能就幾千年。愛書人卡爾也是一位批評家，列舉出書本代表固定性的四種方式。下面則是我的解讀，說明書本保持不變的方式：

書頁的固定性——頁面保持不變。不論何時拿起來，都不會改變，你可以放心。這表示你可以建立參照或引用，書頁上的東西不會變。

版本的固定性——不管買哪一本、什麼時候買、在哪裡買，同一版書的內容都一樣，因此每個人都看到同樣的文字。在討論一本書的時候，就能放心每個人都看到同樣的內容。

物體的固定性——好好照顧的話，紙本書可以放很久（幾百年，比數位格式長多了），放再久，文字也不會改變。

完成的固定性——紙本書有種終結與結束的感覺。寫完了、完成了，印出來的文學作品之所以吸引人，也是因為印到紙上，就像誓言。作者會信守誓言。

這4種穩定性都是很吸引人的特質，增添書本的重要性，讓人審慎對待。但喜愛紙本書的人也明白，和數位複本相比，印刷書籍成本愈來愈高；可以想像，以後說不定印出來的書沒有幾本了。今日大多數的書籍出品時，主要都是電子書。就連之前出的書都掃描起來，如疾風般吹到網際網路的每個角落，在網路的超導線路上自由流動。電子書沒有這四種固定性，起碼在目前的電子書上面看不到。儘管愛書人很想念書的固定性，但我們也要注意電子書的四種流動性：

書頁的流動性——頁面能靈活變動。內容配合空間大小而流動，從眼鏡上的小螢幕到一整面牆。可以適應你偏好的閱讀裝置或閱讀風格，頁面完全配合你。

版本的流動性——書本的素材可以個人化。如果你是學生，你看的版本或許會解釋新詞。如果原本有前面基本系列作品的簡介，因為你看過了，就可以省略。我最想要按自己的需要打造出「我的書」。

容器的流動性——書本可以放在雲端，費用很便宜，可以「免費」存放在無限多的書庫裡，不論何時何地都可以立即傳送給指定的對象。

成長的流動性——書本的素材可以持續修正或改進。（在理想情況下）電子書永不完稿的特性就像生物，具有生命力，這種有生命的流動性，讓我們既是讀者也是創作者。

固定性和流動性這兩組特質，目前看似對立，由當代的主要科技推動。紙張偏好固定性；電子偏好流動性。但我們當然也能發明第三種方法——嵌入紙張或其他材質的電子。假設一本書有 100 頁，每一頁都是薄薄的彈性數位螢幕，裝訂在一起——這也是電子書。幾乎所有固體的東西都能變得有一點點液體化，液態的東西也可以嵌入固體。

音樂、書籍和電影經歷過的衝擊，也會套用到遊戲、報紙和教育上。這個模式還會擴散到運輸、農業及醫療。車輛、土地和藥物等固定物品會開始流動。拖拉機會變成配備輪胎的高速電腦，土地會變成感測器網路的基質，藥物會變成分子資訊膠囊，在患者與醫生間來回流動。

　　流動有四個階段：

　　1. 固定；稀少。一開始的基準是精雕細琢的產品，需要投入不少專業技術。每一樣都是工匠的心血，完整，獨一無二，為酬報創作者，會賣出高品質的複製品。

　　2. 免費；無所不在。擾亂出現了，產品漫無目的地複製，持續再生，變成一種商品。便宜而完美的複本隨意浪費，有需求便傳播過去。過度散播下，動搖原本的經濟基礎。

　　3. 流動；分享。再度出現擾亂，產品拆分成部件，每個元素都在流動，找到新的用法，以及重新混合成新的組合。產品現在是服務的串流，從共用的雲端發出，變成財富跟創新的平台。

　　4. 開展；成形。前兩次擾亂造就了第三次。強大的服務串流和立即可用的部件，方便取得，成本低廉，沒什麼專才的業餘人士，也可以創造出新產品和全新的產品類別。創造的狀況反轉，觀眾現在反而是藝術家。產出，選擇，品質一飛沖天。

　　流動的這四個階段適用於所有媒體。所有的作品類型都展現出或高或低的流動性。但固定性還在。人類文明中大多數固定的東西（馬路、摩天大樓）都不會消失。我們會繼續製造類似的物品（椅子、盤子、鞋子），但它們也會得到數位的本質，嵌入晶片（除了少數高價的手工藝品）。液體串流愈來愈繁盛，與日俱增，不會縮減。舊有的媒體形式能持續，新的形式不斷疊上。重要的差異在於，固定性再也不是唯一的選擇。好東西不需要是靜態的，保持不變。換句話說，不穩定的方法對了，也能有好結果。從固定到流動，並不只為了拋下穩定性。而是要掌控完全開放的新領域，有許許多多因為多變而產生的附加選擇。我們要探索所有的方法，從無止境的變化及不斷變形的過程中找出成果。

　　在不久的將來，我會這麼過日子。我接上雲端，進入放了所有音樂、電影、書本、虛擬實境世界和遊戲的儲存庫。我選了音樂。除了歌曲外，我也可以拿到一小段歌曲，小到只有一個和弦。歌曲的各項特質一次分配到一個頻道，也就是說我可以只拿貝斯或鼓的音軌，或光是聲音。或者我只要曲調，不要人聲──正好拿來當伴唱帶。我可以用工具拉長或縮短歌曲長度，但不改變音調與旋律；我還可以用專業工具替換歌曲裡的樂器。我最喜歡的歌手發行了好幾個版本（要額外付費），甚至會公開創作期間每個版本的紀錄。電影也一樣。除了原聲帶，每部電影中的無數元素也可以分開發行。我可以拿到音效、每個場景的特效（套用前後）、不同的攝影機角度和旁白，全都可以按自己喜好使用。有些電影公司會發行整套的NG片段，可以重新編輯。業餘剪輯師利用這豐富的資產，發展出次文化，重新編輯已經上映的電影，希望成果勝過原本的導演。我在媒體課裡就試過。當然，並非每位導演都很樂意看到別人剪輯自己的影片，但需求甚高，未公開的片段可以賣得很好，所以電影公司也想多賺點。分級給成人看的電影可以重新剪輯為適合闔家觀賞，另外，在地下網路上，則把普通級電影剪輯成不合法的色情片。成千上萬部已經發行的紀錄片內容，能一直保持最新，因觀眾、熱心人士或導演不斷地更新素材。

　　我用行動裝置製作和分享的影片串流，原本就有頻道，朋友想改的話也很容易。去掉背景，把我的好友塞進異國場景，雖然是為了好玩而改動，但成果看起來很真實。放上網的影片，得到的回應都是相關影片。從朋友或專業人士那裡收到短片、歌曲或文字，當然不光看看就好，還要採取行動。添加、修剪、回覆、改動、亂拼、合併、翻譯、提升到另一個層次才能繼續流動，才能讓流動發揮最強的效益。我愛看的媒體可以當成片段的串流，有些我照原樣使用，大多數則會或多或少修改一下。

　　流動才開始。有些數位媒體開始了流動的四個階段，但大多數的媒體仍在第一個階段。例行工作和基礎架構還有不少需要液體化，但它們絕對會變成液態，進入串流。去實體化與去中心化的趨勢十分穩定，而且力不可擋，必然會擴大流動的範圍。現在似乎有股力量，在我們堆砌出來的環境中，最實在、最固定的儀器會轉換成飄渺的力量，軟體會勝過硬體。知識會統治原子，原生的無形物體會超越免費的事物，就把這世界看成不斷的流動吧。

第四章

屏讀ing

　　在古代，文化的演進總圍繞著口語。在用口語溝通的社會裡，記憶、背誦和修辭的口語技巧灌輸了一種觀念，讓人敬畏過去、模稜兩可、華麗文體及主觀。我們是字詞的子民。然後，大約 500 年前，口語被科技打倒了。古騰堡在 1450 年發明了活字印刷術，書寫的地位也提升到文化的核心。藉由便宜而完美的複本，印刷文字變成交流的引擎和穩定的基礎。有了印刷，才有新聞業、科學、圖書館和法律。印刷讓社會大眾尊崇精確（白紙上的黑字）、欣賞線性邏輯（句子一句接著一句）、熱愛客觀性（印出來的事實應該很客觀）及擁戴權威（透過作者），真實性就和書本一樣，已經確定了，不會改變。

　　大量製造的書本改變人類的思路。印刷科技讓可用的詞愈來愈多，古英文裡約有 5 萬字，現在則有上百萬。有更多字詞可以選擇，表示能溝通的想法也更多。可以選擇的媒體變多了，能寫的東西也跟著增加。作者不需要規定自己寫出學術性很高的巨作，可以把便宜的印刷書籍「浪費」在令人心碎的愛情故事上（羅曼史小說在 1740 年發明），出版回憶錄也不再是帝王的專利。每個人都可以寫小冊子來反對流行的輿論，因為印刷成本低廉的緣故，非正統的想法也可以凝聚一定的影響力來推倒帝王或教宗。最後，作者的力量讓他們得到敬畏，也有權威，孕育出專業的文化。「照章行事」就能成就完美。法律編纂成正式的法典，契約寫在紙上，除非白紙黑字，否則就不算數。繪畫、音樂、建築、舞蹈都很重要，但西方文化的動力來自書本裡的頁面。到了 1910 年，美國超過 2,500 名居民的小鎮裡，有四分之三都設了公共圖書館。美國的根基來自文件——憲法和獨立宣言，還有《聖經》恆遠的影響。美國的成功因素，包括高識字率、健全的自由媒體、擁護（書裡的）法律規定及全國使用同樣的語言。美國的繁盛和自由也來自讀寫文化。我們變成書本的子民。

但今日照亮人類生活的數位螢幕超過 50 億。數位顯示器的製造商每年要產出 38 億個新的螢幕，幾乎地球上每個人每年都可以分配到新螢幕。只要是平面，幾乎都會放上可以觀看的螢幕。字詞已經從紙漿上移到電腦、手機、筆記型電腦、遊戲機、電視、告示牌和平板電腦。字母不再是固定在紙上的黑色墨水，反而在玻璃平面上飛來飛去，七彩紛呈，和眨眼的速度一樣快。螢幕充斥我們的口袋、公事包、儀表板、客廳牆面及大樓外牆。工作時就在我們面前——不論我們做什麼工作。我們現在是螢幕的子民。

書本的子民與螢幕的子民，因此出現了文化衝突。今日的書本子民是認真工作的好人，產出的成品包括報紙、雜誌、法律學說、法規辦公室和財務規定。他們照章行事，遵循作者的權威，這種文化的基礎終究以文字為依歸。可以說他們的看法一致。

　　書本無邊無際的文化力量發自複製的機械。印刷機快速、便宜、忠實地複製出書本。屠夫也可以擁有歐幾里得的《幾何原本》或聖經，因此不只上流社會人士，印刷書籍也照亮了其他人的心靈。藝術和音樂在轉化時也經過同樣的複製機械，一樣令人興奮。版畫和木刻畫的印刷版本，讓大眾都能體驗高超的視覺藝術。複製成本低廉的圖表，加速科學的進展。最後，相片和錄製音樂的便宜複本，讓書本的繁殖規律繼續擴散。跟書本一樣，便宜的藝術和音樂也能快速大量生產。

　　過去 100 年來，這種重製文化產生了人類有史以來最快速開花結果的成就，創意作品來到輝煌的黃金時代。便宜的實體複本讓幾百萬人能直接把藝術作品銷售給大眾，以此維生，不需要找人贊助。這個模式不只讓作家和藝術家獲益，對聽眾和觀眾也有好處。這是史上第一遭，幾 10 億名老百姓能接觸到偉大的作品。在貝多芬的時代，聽過他交響樂的人寥寥無幾。有了便宜的錄音，遠在孟買的理髮師也能聽上一整天。

　　但到了現在，我們幾乎都變成螢幕的子民。螢幕的子民容易忽視書本的經典邏輯，也不敬畏複製品；他們偏好像素的動態流動。吸引他們的有電影銀幕、電視螢幕、電腦螢幕、iPhone 螢幕、虛擬實境眼鏡的螢幕、平板電腦的螢幕，不久後，還有巨大的幻彩螢光百萬像素的螢幕，只要是平面的地方都可以看到。螢幕文化就是不斷流動的世界，無窮無盡的插播、快速剪輯的影片及不成熟的想法。推文、頭條新聞、Instagram 的照片、隨便的文字和浮動的第一印象組成串流。概念不會獨立存在，而有錯綜複雜的關聯；傳達真相的不是作者和權威人士，而是即時由觀眾提供的片段組合出來。螢幕的子民自行製作內容，建構自己的真相。固定的複本不重要，流動的使用權才重要。螢幕文化非常快速，就像 30 秒的電影預告，和維基百科的頁面一樣是液態的，也是開放的。

在螢幕上，字會動來動去、結合成圖片、改變顏色，或許連意思都變了。有時沒有字，只有圖片、圖表或象形符號，可以解釋成好幾種意思。如果文明以文字邏輯為基礎，這種液體化就令人慌亂到了極點。在這個新的世界裡，快速移動的程式碼——例如電腦程式碼的更新版本——比固定的法律更重要。使用者會一直改動顯示在螢幕上的程式碼，刻進書裡的法律則不會改變。但程式碼對人類行為的塑形能力，可謂與法律不相上下。如果你要改變大家在網路上、在螢幕上的行為表現，把掌管此處的演算法換一換就好了，實際上，演算法可以監督群眾的行為，或把群眾推向想要的方向。

書本的子民偏好用法律解決一切，而螢幕的子民則偏好用科技解決所有的問題。事實上，我們正在經歷轉換，書本和螢幕的文化衝突也出現在個人的範疇中。如果你是個受過教育的現代人，這兩種模式已經讓你感受到衝突。這種緊張的狀態就是新的基準。50 年前，螢幕首度侵入人類的客廳，就造成了緊張：又大又重又溫暖的電視。這些發光的祭壇，讓我們閱讀的時間愈來愈少，少到似乎再過幾 10 年就沒有人會讀書寫字了。在上個世紀的下半，教育學家、知識份子、政客和父母都很擔憂，電視世代會失去寫字的能力。怪在螢幕頭上的社會禍害，多到令人咋舌。但我們當然沒放棄看電視。有一段時間，確實感覺大家都不寫字，或不會寫字，閱讀的分數幾 10 年來逐漸下滑。但在 21 世紀初期，顯示器上、新款電視上和平板電腦上能彼此連線，酷炫超薄的螢幕開啟了寫作的風氣，而且愈來愈興盛，大家都沒想到吧。自 1980 年以來，我們花在閱讀上的時間幾乎翻成 3 倍。到了 2015 年，全球資訊網上多了 60 多兆個網頁，總數每天都增加幾 10 億。每一頁都是某個人寫出來的。現在，普通人每天寫出 8,000 萬篇部落格文章。用拇指取代筆，世界各地的年輕人每天從手機送出的發文數目，超過 5 億則。螢幕愈來愈多，繼續擴展讀寫的總量。過去 20 年來，美國的識字率沒有多大改變，但有閱讀能力的人，讀寫的內容變多了。算算所有螢幕上的字詞，不論你住在哪裡，你每週寫出的字數絕對超過祖母那一輩。

　　除了讀書頁上的字，音樂錄影帶的歌詞裡非線性流動的文字，電影片尾製作人員名單裡捲動的文字，都在閱讀範圍內。在虛擬實境中，我們會讀化身講的話（寫在對話泡泡裡）；在電玩遊戲中，按過每個物品的標籤，或解讀線上圖表的字有什麼含義。這項新的活動應該稱為「屏讀」，而不是閱讀。屏讀包括文字閱讀，但也涵蓋看字和讀圖。新的活動也有新的特質。螢幕不會關掉；我們會一直盯著螢幕，跟看書的習慣不一樣。這種新平台完全屬於視覺，逐漸將字詞與活動的影

像結合。在螢幕上，字會繞著圖片或飄在圖片上，提供注腳或
注釋的功能，連結到其他字詞或影像。你可以把這種新媒介當
成我們注視的書本，或閱讀的電視節目。

　　儘管字詞再度興起，書本的子民仍有理由畏懼，書本這個
文化基準很快就要消失了，接著傳統的讀寫也會失傳。果真如
此，誰能遵守閱讀激發出的線性理性？如果再也沒有人尊重法
律書籍，法律書籍也被一行行程式碼取代，以便控制我們的行
為，誰又會服從規則呢？在閃爍的螢幕上，幾乎一切都是免費
的，誰要付錢請作者寫作？他們擔憂或許只剩下有錢人會讀紙
本書。或許只有少數幾個人會注意到書頁上的智慧。或許願意
付錢買書的人還要更少。在我們的文化裡，什麼能取代書本的
堅定不移？目前的文明以大量的文字為基礎，而我們會不會就
此放棄這個基礎？以前的閱讀方法──不是現在的新方法──
基本上也負責創造出我們鍾愛的現代社會：識字能力、理性思
考、科學、公正及法律規定。改成屏讀，這些要到哪裡去？書
本會怎麼樣？

　　書本的命運值得細細探討，因為在眾多媒體中，書本會率
先被屏讀轉換。屏讀會先改變書本，然後改變圖書館，接著修
改電影跟影片，也會干涉遊戲和教育，最後一切都變了。

　　書本的子民覺得他們知道什麼是書：就是一綑裝訂起來的
紙，可以從書脊拿起來。以前，有了封面封底、中間印出來的
內容就算是一本書。列出來的電話號碼也是一本書，即使沒有
合邏輯的啟承轉合。一堆釘在一起的空白頁叫做素描簿；大剌

剌地一片空白，但確實有封面封底，要稱作書也可以。一張張照片印在一疊書頁上，叫做精裝畫冊，但裡面一個字也沒有。

現在書的紙張也不見了，留下的是書的概念結構——按主題將一堆符號結合成一種體驗，要花一點時間來完成。

既然書的傳統外殼要消失了，難免會納悶書的組織只能算是化石吧。目前文字有許多其他的形式，相較之下，書本無實體的容器是否更占優勢？

有些文學學者宣稱，在閱讀時，書本基本上就是頭腦前往的虛擬所在。這種想像的概念狀態，可以稱為「文學空間」。根據這些學者的說法，進入閱讀空間後，你的大腦運作方法與屏讀時不一樣。神經學研究的結果顯示，學習閱讀會改變大腦的迴路。閱讀時，你不會隨意略過、心不在焉地收集位元，而是醉心其中、全神貫注。

你可以在網路上閱讀好幾個小時，仍碰不到這個文學空間。你會看到片段、討論串、一點點東西。這就是網路最迷人的地方：五花八門的碎片不嚴謹地連在一起。但不加以控制的話，這些鬆散的碎片一下就不見了，讀者的注意力又飄到別的地方，遠離最重要的敘述或論點。

獨立的閱讀裝置或許可以幫上忙。到目前為止，我們有平板電腦、Kindle 和智慧型手機。智慧型手機最出乎大家意料之外。長久以來，評論家一直認定沒有人想在幾英寸大、會發光的小螢幕上看書。他們錯了，錯得非常離譜。很多人喜歡在手機上看書，包括我在內。事實上，我們不知道讀書的螢幕可以有多小。有一種實驗性的閱讀方式，叫做快速連續視覺呈現，螢幕只有一個英文字那麼寬。就跟郵票一樣小。你的眼睛不動，只看一個字，這個字會被內文的下一個字取代，以此類推。所以你的眼睛讀到連續跟在前一個字「後面」的字，而不是一串文字。只有一個英文字那麼寬的小螢幕，要放哪裡都可以，讓我們可以讀書的地方擴大了。

使用電子紙的 Kindle 和電子書閱讀器，已經賣出 3,600 多萬台。電子書是一塊板子，上面只有一頁。按一下板子，就可以「翻頁」，這一頁消失變成另一頁。新一代 Kindle 的電子有背光，和傳統的白紙黑字一樣清晰好讀。但和印出來的字不一樣，有了電子書，你可以從頁面上剪下文字貼到別的地方，按下超連結，並與圖解互動。

但電子書不一定要是平板。電子紙可以用便宜柔韌的薄片製成，和紙一樣輕薄柔軟、造價低廉。100 多張薄片裝訂起來，加上書脊，包上美觀的封面、封底。現在電子書看起來簡直就是古老的紙本書，書頁厚厚的，但內容可以改變。這一分鐘，上面是一首詩；下一分鐘，變成食譜。但你仍可翻動薄薄的頁面（在文字中巡航的方法，很難改進）。等書看完了，用力一敲書脊，書頁上就出現了不同的著作。再也不是暢銷的推理小說，而是飼養水母的指南。電子書這種工藝品經過精心打造，拿起來很令人滿意。設計良好的電子書外殼也該訴諸感官，值得買一塊。外面覆著柔軟陳舊的摩洛哥皮革，拿在手上宛若無物，展現出如絲緞般的薄片。你或許會有好幾台不同大小、形狀不一的電子書閱讀器，用來看不同的內容。

我個人喜歡大一點的頁面。我想要跟摺紙一樣的電子書閱讀器，攤開來起碼和現代的報紙一樣大，或許頁數也和報紙一樣多。我不介意讀完後，花幾分鐘把閱讀器摺回口袋大小的一包。我想要在同一塊平面上，同時掃過長長的好幾欄，從一則頭條跳到另一則。有幾個研究實驗室正在實驗原型書本，可以透過雷射，從隨身裝置投影到附近的平面，看起來又寬又大。桌子或牆壁會變成書本的頁面，你用手勢就可以翻頁。你的眼睛瀏覽過好幾欄和很多列，享受舊時的興奮。

　　一問世就是數位的書籍可以隨時流到螢幕，這就是它們給人的第一眼印象。一召即至，要看書之前，再也不需要買書或藏書。書本不再是工藝品，而是從你眼前通過的串流。

　　除了看書有了流動性，寫書也一樣。把各個階段的書本當成過程，而不是藝品。不是名詞，而是動詞。書本比較像是「成書」，不光是紙張或文字。在形成，一本書是思考、寫字、研究、編輯、重寫、分享、社交、得到認知能力、拆分、行銷、繼續分享及在螢幕上閱讀的繼續流動──在流動中，產生了書本。書是成書過程的副產品，特別是電子書。成書的字詞和想法產生了錯綜複雜的關係，顯示在螢幕上的書，就是具體的呈現。讀者、作者、人物、想法、事實、概念和故事彼此連接在一起。新的屏讀方法會擴大、增強、拓展、加速、發揮功效和重新定義這些關係。

　　但書本與螢幕之間的拉鋸還沒結束。電子書目前的守護者有 Amazon 和 Google 等閱讀器公司，受限於紐約各出版社的命令，還有幾位暢銷作家的認可，都同意不讓讀者隨意剪下貼上內容、從書裡複製大段文字，或用其他方法嚴重改動文字，降低電子書的極端流動性。今日的電子書缺乏屏讀原作文字的替代性：維基百科。但不要多久，電子書的文字終究會解放，書本的真實本質將蓬勃發展。我們會發現書本從來不想變成紙本的電話簿或五金器具型錄，也不想當平裝的指南書。螢幕和位元比較適合，效果也更好，因為內容需要更新和搜尋，不適合紙張或敘事體。這種類型的書籍內容總需要注釋、畫線、加書籤、摘要、交互參照、加超連結、分享及對話。數位化可以賦予這些能力，並變得更有效益。

Kindle 閱讀器與 Fire 平板電腦，首先展示出書本新產生的自由。讀書時，我可以用螢光筆標示想記下的段落（雖然有些困難）。我可以抽取標示的地方（現在還是有點費力），重讀我選出最重要或最值得記下的段落。更重要的是，如果我願意，可以和別的讀者分享我標示的地方，也可以看到別的朋友、學者或批評家在哪裡畫了線。我們甚至可以篩選出最受讀者歡迎的段落，因此能用新的方法來讀書。另一名作者細讀過一本書後，在空白處留下的珍貴注解若能開放，就可以讓更多人看到，之前只有收藏珍本書的人才能享受這種恩賜。

閱讀也變成社交行為。在螢幕上，除了分享書本標題，也可以讓別人看到我們的反應和筆記。今天可以標記一個段落，明天就能把段落連在一起。在正在讀的書上面看到一個片語，或許會聯想到讀過的書裡有相反的片語，兩者可以連結在一起，也可以把段落裡的某個詞連結到沒沒無名的字典、把書裡的場景連到電影裡類似的場景（以上都需要工具來找到相關的章節）。對於尊重的人，可以訂閱他們的邊注，除了看到他們讀什麼書，也可以看到書裡的注釋──顯目標記、筆記、問題、想法。

　　分享書籍的網站 Goodreads 上會舉行智力橫溢的讀書會，這種討論也可以緊跟在書籍問世後，透過超連結更深刻嵌入書中。有人引用某一段時，雙向的連結會把評論連到內文，內文也能連到評論。不出名的好作品也能累積關鍵性的評論，排起來就像維基的頁面，與原本的文字緊密連結。

　　書本間密集的超連結，的確能讓每本書都變成網路型活動。一般我們認為書本一直是孤立的個體，彼此不相干，就這麼一本本放在公立圖書館的書架上。每本書渾然不覺旁邊擺了什麼書。作家完稿後，就固定了、完成了。讀者拿起這本書，用自己的想像力賦予生命，書才動了起來。按這種傳統的看法，即將出現的數位圖書館，最主要的優勢在於可攜性──將書本內文靈巧轉換成位元，不論螢幕在哪裡都可以閱讀。但這個願景沒想到掃描書籍帶來的主要革命：在通用的圖書館裡，沒有一本書是孤島，全都連結在一起。

　　把墨水寫成的字母轉成可在螢幕上閱讀的電子點點，基本上就是創造新圖書館的第一步。第二步才是魔法作用的時刻，每本書的每個詞都交互連結、聚集在一起、引用、提取、索引、分析、加注釋，比以前更加深入人類的文化。在電子書與電子文本的新世界裡，每個位元都會互通消息；每一頁都會閱讀其他頁面。

　　現在就相互連接而言，我們頂多能把某些文字連到書目或注腳的原始標題裡。更好的話，可以把某個段落連到另一部作品的章節裡，但目前的技術還做不到。但我們可以在解析一個句子時，更深入連結到文件裡，讓這些連結變成雙向，書本就網路化了。

到維基百科看看，就懂這是什麼。你可以把維基百科當成一本很大的書──一本百科全書──事實上也是。裡面的3,400 萬頁充斥著畫了藍色底線的文字，表示這些字可以連到百科全書內的其他條目。這種錯綜複雜的關係，正是維基百科──與網路──力量強大的的理由。維基百科是第一本網路書。終有一天，維基百科的每一頁滿是藍色的連結，因為每句陳述都能互相參照。會有這麼一天，所有的書都完全數位化了，每一本都會累積像藍色底線那樣的內容，因為書裡的每一條文學參照，都從網路上連到其他的書籍。書裡的每一頁都會發掘其他頁面和其他書籍。因此書本脫離了自身的裝訂，一同交織成一本書上之書，也就是世界的圖書館。這種接合在一起的圖書館，會產生集體智慧，讓我們可以看見在一本孤立書籍裡看不到的東西。

通用圖書館的夢想早就出現了：有一個地方彙集了所有的、過去與現在的知識。所有的書、所有的文件、所有的概念作品、不論什麼語言──都連在一起。這個希望似曾相識，因為很久以前這樣的圖書館曾曇花一現。埃及的亞歷山大圖書館於西元前 300 年建構，計畫收藏世界上所有正在流通的書卷。曾有一度，圖書館裡收藏的書卷約有 50 萬份，估計占了當時書籍的 30％到 70％。但在這座大圖書館消失前，早就過了能把所有知識儲藏在一棟建築物裡的時機。從那時開始，資訊量持續擴大，我們不知如何是好，無法控制。2,000 年來，通用圖書館和其他長久以來的渴望（例如隱形斗篷、抗重力鞋、無紙辦公室）變成一場虛構的夢，繼續退入沒有盡頭的未來。但是，能容納所有知識的大圖書館說了那麼久，是否真的能做到？

專業是管理檔案的卡利正在備分整個網際網路，他說，通用圖書館現在指日可待。「我們有機會贏過希臘人了！」他的語氣很開心。「靠著現代科技就有可能，不用等到未來。我們可以把人類所有的作品提供給全世界的人。這會變成名留青史的偉大成就，就像人類登上月球一樣。」不像以前的圖書館，只給菁英階級使用，這座圖書館屬於所有人，為地球上每一個人提供每一本書的所有語言版本。在理想的情況下，在這麼完整的圖書館裡，我們應該能讀到每一份報紙、雜誌或期刊裡的每一篇文章。通用圖書館應該也包含古往今來所有藝術家的畫作、照片、影片及音樂的複本。此外，也應該有所有電台和電視的節目。還有廣告。目前已經不存在的網頁可能超過數十億，大圖書館自然要保留複本，還有幾千萬已經消失的部落格文章——我們這個時代如電光火石般的文學。簡言之，人類的所有作品，從歷史有紀錄開始，所有的語言版本，所有人都可以隨時取用。

這座圖書館很大。從蘇美文化的泥板到今天，人類「出版了」至少 3 億 1,000 萬本書、14 億篇文章和論文、1 億 8,000 萬首歌、3 兆 5,000 億張圖片、33 萬部電影、10 億小時長的影片與電視節目和短片，以及 60 兆個公開網頁。這些材料目前都在全球所有的圖書館和檔案庫裡。完全數位化後，可以（用當前的技術比率）全部壓縮到 50 千兆位元組的硬碟上。10 年前，要放下 50 千兆，需要的建築物就和小鎮的圖書館差不多大。今天的通用圖書館大小，約莫是你的臥房。藉由未來的科技，可以裝進你的手機裡。到那時，這座偉大的圖書館就在你的皮包或皮夾裡──可能還不至於用白色的細線直接插進你的腦子。今日，有些人很希望他們死後這一天才會來到，但也有人等得焦急難耐，尤其是年輕一代。

能帶給我們地球上所有書面材料的技術同理可證，也能轉換現今所謂書本的本質，收藏書籍的圖書館也會改變。通用圖書館與「藏書」不像我們認知的書籍，因為我們不會讀這些書，而是在螢幕上看。維基百科的大量超連結十分成功，很多電腦迷相信集結 10 億名讀者的力量，就有可能把舊有書籍的頁面連結在一起，一次用一個超連結。如果你熱愛特殊的題材、名不見經傳的作者或自己最喜歡的書籍，久而久之就會把重要的地方都連結在一起。若有幾百萬讀者也一樣，做了這件很簡單的事，但願意分享，通用圖書館就會完全整合在一起，由書迷做到，為書迷成就。

連結把某個詞或某一句或一本書明確連到另一個地方，此外，讀者也能加上標籤。搜尋技術利用聰明的人工智慧，再也不需要過度調教的分類系統，光是使用者加上的標籤就足以找到目標。確實，人工智慧可以不眠不休，一下幫數以百萬計的文本和影像加上標籤，透過搜尋，整座通用圖書館就會奉上收藏的智慧。

　　過去 50 年來的種種重大發明中，少不了連結和標籤。你加上連結或標籤時，便默默提高了網路的價值，讓網路更有智慧。搜尋引擎和人工智慧會收集和分析這些大家有興趣的東西，來強化每個連結的終點和每個標籤推薦的連線間的關係。自網路誕生以來，就具備這種智慧，但之前一直與書本的世界無關。連結和標籤讓大家現在可以在螢幕上閱讀通用圖書館的內容，而且圖書館也因此更加強大。

　　這種效果在科學上最為明顯。長久以來，科學的目的就是要把世界上所有的知識帶入一個巨大、互相連結、加了注釋、經過同儕審核的真相網路。真相即使有意義，但與其他事物沒有關聯時，對科學來說就沒有價值（事實上，偽科學和超科學不外乎少量集合在一起的知識，未連到科學的大網路。在自己的網路裡才令人信服）。這麼說來，當新的觀察或少量數據進入科學的網路後，就能增強所有其他資料點的價值。

　　透過這種連結的方法，一本書整合到剛擴展的圖書館裡，裡面的文字和其他書裡的文字就合在一起了。比方說在現代，嚴肅的非小說書籍通常有數目及類似注腳的東西。書本間有了很深的連結後，按一下書目或注腳裡的標題，就能找到注腳提到的那本書。在書目裡提到的參考書也都隨手可得，你可以在圖書館裡自由跳躍，就跟在網上亂逛一樣，在注腳間移動，直到再也無法深入。

　　再來是字詞。比方說，一篇有關珊瑚礁的文章裡，有些詞連結到魚類術語的定義，數位化書籍的所有的字詞都能用超連結連到其他的書籍。包括小說在內，書會變成名字的網路和想法的社群（假設你在看小說，不想看到連結，當然也可以解除這項功能。但就已經寫成的內容來說，小說只是小小的一個分支）。

接下來 30 年內，學者和書迷在電腦演算法的協助下，會把全世界的書籍織成一部網路化的文學。針對圖書館裡的見解，讀者可以生出想法的社交圖譜、概念的時間軸或影響力的網路圖。我們會明白，任何作品或想法都無法獨立存在，但過去和現在所有美好、真實、美麗的事物都是生態系統，裡面的東西糾纏不清，每個實體都有關係。

即使文本的中心思想由某個作者獨力寫成（很多小說都是這樣），但與這本書有關的網路參照、討論、評論、書目和超連結都是合作的結果。未加入網路的書籍感覺就失去了確據。

同時，數位化以後的書籍就可以拆成一頁一頁，或者更縮小到頁面上的段落。這些片段會重新混合成重排順序的書籍和虛擬書櫃。就像聽音樂的人，現在把歌曲改編和調亂順序，放進新的專輯或歌單裡，通用的網路化圖書館也鼓勵讀者創造虛擬「書櫃」──文本的集合，有的就一段那麼短，有的像整本書一樣長──構成值得放入專業資訊的圖書館書櫃。這些「書櫃」也就是書本的播放清單，和音樂的歌單一樣，創造出來後就可以發行，在公眾領域中互相交換。確實，有些作者會開始寫書，可以當片段來閱讀，或一頁頁重新混合。購買、閱讀及操弄段落的能力，絕對會驅動未來的參考書（食譜、操作手冊、旅遊指南）。你可以調製出自己的「食譜書櫃」，或從許多地方收集美國南方料理（cajun）的食譜，集結成剪貼簿；來源包括網頁、雜誌上剪下來的食譜和一整本的美國南方料理烹飪書。現在已經有人這麼做了。網站 Pinterest 用公布欄讓使用者可以快速建立引言、影像、妙語及相片的剪貼簿。Amazon 目前也讓使用者有機會發布自己的書櫃（叫做「Listmanias」），你可以根據特定的深奧主題建議書籍，並加上注解。讀者也已經用 Google 圖書搜集特定主題的迷你圖書館——比方說，有關瑞典三溫暖的所有書籍，或介紹時鐘的最佳書籍。等書本的片段、文章和頁面無所不在，可以移來移去和轉移，使用者就能因為收藏好書而得到聲望，甚至賺取收入。

　　圖書館（以及很多人）並不急著放棄老派的白紙黑字，因為到目前為止，要長期儲存內容，最耐用、最可靠的技術就是印出來的書。紙本書不需要媒合裝置就可以讀，科技被淘汰也不受影響。跟硬碟比起來，紙張也非常可靠，甚至比 CD 還可靠。作者的原始想法被不變的版本固定住，沒有混搭和重新混合的干擾，這個版本通常也最有價值。因此，紙本書的穩定性與固定性真是幸事。恆久不變，不脫離原始的創作。但也獨立存在。

　　所以世界上所有的書變成一塊液體的結構，含有互相連接的字詞與想法，會怎麼樣？有四點：

　　第一，未稱得上受歡迎的作品，原本幾乎沒有讀者，但現在會有一小群讀者，比之前多很多。讀者更容易找到某位作者發自內心為印度南部僧侶的純素飲食寫出的傑作。在分布曲線長尾的最遠處——銷售量很低到銷售量等於零的末端,世界上大部分的書籍都落在這裡——不論這本書有多深奧,數位互連都可以幫忙提升讀者人數。

第二,通用圖書館能讓我們更了解歷史,因為在文明過程中的每一份原始文件都掃描成數位檔案,相互連結。發黃的報紙、沒用過的電話簿、堆滿灰塵的行政檔案和在地下室裡腐爛的舊帳本都包含在內。過去與現在的連結更加緊密,讓我們更了解現在、更感激過去。

第三,通用的網路化圖書館納入所有的書籍,能培養出新的權威感。如果真的能結合特定主題的所有文本——過去的和現在的,不論什麼語言——你就更能了解人類的文明或人類這個物種知道什麼,又有什麼還屬於未知。集體無知的空白之處凸顯出來,人類知識的黃金高峰得到完整。今日的學術界很難達到這麼高的權威度,但會變成一種慣例。

最後,第四,無所不包的完整通用圖書館,不光是更利於搜尋的圖書館。而是文化生活的平台,讓書本的知識回歸核心。現在,融合 Google 地圖與美國的求職網站 monster.com,產生出來的地圖可以按薪資顯示工作分布。同樣地,在這巨大的網路化圖書館裡,顯而易見的是,曾訴諸文字的事物都能呈現在眼前,例如你可以透過 Google 眼鏡之類的穿戴式裝置,看到倫敦的特拉法加廣場,就像你站在廣場上一樣。同理可證,不論什麼書、什麼語言、什麼時間寫成,地球上所有的物品、活動或地點都會「知道」每一本書裡對自身的描述。知識有了這樣的深層結構後,參與的文化隨之興起。你——全身都包括在內——會和這本通用書產生互動。

　　不久後，不在通用圖書館裡的書就像不在網路上的網頁，苦苦掙扎求生。的確，就書本的本質而言，在我們的文化裡要留住愈發衰弱的威信，只能把文字聯結到通用圖書館裡。新作品幾乎一出版就是數位化，也會流入通用圖書館，就像冗長的故事會變得更長。公眾領域裡的紙本書大陸，以及2,500 萬不屬於紙本也不在公眾領域、無人照管的作品，最後都會掃描成數位版本，放到網上。書本的傳統手法和螢幕的協定彼此衝突，最後勝出的還是螢幕。

　　網路化書籍有個奇怪的地方，就是永遠不算完稿，比較像字詞的串流，而不是遺跡。維基百科就是編輯的串流，想引證的人都會發覺內容不斷改變。書本在時間和空間中都會網路化。

　　但何必還是叫它們書籍呢？按定義來說，網路化書籍沒有中心點，反而不斷變動。通用圖書館的單位不再是書，那是句子、段落，還是一篇文章？都有可能。但長一點的形式才有勢力。一切完備的故事、自成一體的敘事和已成定局的論點非常有吸引力。自然的共振會形成一個系統。我們會把書拆解成構成要素，將零碎的片段織入網路，但書本更高層的組織才是我們注意的焦點——殘留在人類經濟中的珍品。一本書就是引人注意的一個單位。或許有件事很有趣、有個想法很重要，但只有一個故事、一個不錯的論點、技藝精巧的敘事才讓人覺得驚異，永遠不會遺忘。正如美國詩人洛基瑟所說，「宇宙由故事構成，而不是原子。」

這些故事會在不同的螢幕上播放。不論在哪裡，都能看到螢幕。有天，我去幫車子加油，就看到電影的片段。有天晚上，我在飛機上看電影。剛才，我才在手機上看了電影。不管在哪裡都可以看螢幕。無論何處。播放影片的螢幕有可能出現在大家都沒想到的地方——例如提款機和超市排隊結帳的出口。無所不在的螢幕，創造出極短影片的觀眾群，可能只有短短的 3 分鐘，而便宜的數位創作工具成就了新一代的製片人，迅速填滿這些螢幕。我們將來到處處是螢幕的時代。

螢幕不只要我們用眼睛看。讀書時，頂多動動手翻頁或把書頁摺角。但螢幕要我們全身都動起來。觸控式螢幕會回應手指不間斷的輕撫。任天堂 Wii 之類的遊戲機內有感測器，能追蹤雙手和手臂的動作。電玩螢幕的控制器能反應快速的抽動。最新的螢幕——在虛擬實境裝置和護目鏡內的螢幕——能引導全身的動作，引起互動。還有一些最新款的螢幕（例如三星 Galaxy 手機上的螢幕）能跟著眼睛移動，知道我們在看什麼。螢幕會知道我們注意什麼、看了多久。智慧軟體能依據情緒，改變我們接下來看到的東西。閱讀變成一種運動。500 年前，看到一個人默默讀書，會讓別人覺得很奇怪（當時識字的人很少，為了眾人的福利，文字都要大聲念出來），未來的人看著螢幕，身體卻不跟著內容反應，才讓人覺得奇怪。

書本有助於培養沉思的能力。螢幕則會促進功利主義的思維。看著螢幕時揭露的新想法或陌生論據，會誘導我們的反射起作用：研究術語、詢問螢幕上的「朋友」有什麼意見、尋找不同的看法、建立書籤、與人互動或發推文，而不是單單沉思而已。讀書能強化我們的分析技巧，鼓勵我們深入觀察，一路看到注腳的內容。屏讀則有助於快速的模式建立，聯繫起不同的想法，讓我們有能力處理每天表達出來的數千個新想法。屏讀可以立即培育思路；我們看電影時就會評論，在爭論時就提出模糊的論點，或者在購買器具前先閱讀使用說明書，而不是等買來了回到家才發現不符合需要。螢幕是當下的工具；螢幕會激發行動，而不是信念。在滿是螢幕的世界裡，宣傳的效力也降低了，因為，就算錯誤消息傳播的速度和電子一樣快，更正的訊息也跑得很快。維基百科這麼成功，便是因為按一下就能移掉錯誤，雖然一開始謬誤很容易刊到網上，但要消除謬誤卻更容易。在書裡我們會找到啟示的真理，在螢幕上我們則從片段組合出自己的傳奇。在聯網的螢幕上，所有的東西都彼此相連。新創造的作品問世後，批評家的評等無法決定其地位，而是取決於作品與世界的連結程度。人物、工藝品或論述沒有連結，就不「存在」。

　　螢幕可以透露事物內在的本質。拿智慧型手機的相機對著某樣產品揮舞，就能知道它的價格、原產地、成分，也能得知其他買過的人給什麼評價。有了適當的應用程式，例如Google翻譯，手機的螢幕可以立刻把外國的菜單或路標翻譯成你的母語，保留原來的字體。或許也有手機應用程式可以用只顯示在螢幕上的行為和互動，讓絨毛玩具更加生動。彷彿螢幕能展示物品無形的本質。

　　攜帶式螢幕更強大、更輕、面積更大後，就能更深入查看這個內在的世界。走在街上時，拿著電子平板——或戴著神奇的眼鏡或隱形眼鏡——就能看到透明的圖層，解釋前面那條街的模樣：乾淨的廁所在哪裡，你最喜歡的物品在哪幾家店裡，你的朋友在哪裡消磨時間。電腦晶片變小，螢幕變薄變便宜，以至於接下來的 30 年內，半透明的眼鏡會在現實上加上一層資訊。戴著眼鏡看東西時，隨手拿起物品，那東西（或地點）的基本資訊就用套疊的文字顯示。如此一來，我們在螢幕上可以「讀到」一切，不光是文字。

Google 眼鏡上市後，大家覺得這種眼鏡戴起來很呆。先確立造型規格；時髦的外觀與配戴的舒適度都需要再花點時間。但光在去年就有 50,000 兆個電晶體嵌入非電腦的物品中。不要多久，多數產品都會含有一小塊不怎麼聰明的智慧，透過螢幕，我們就能和無所不在的認知能力互動。我們想看著螢幕，但更重要的是，螢幕也會看著我們。它們就像鏡子，照了之後會讓人更了解自己。並不是拿來看自己的面孔，而是我們的自我。已經有幾百萬人用可以裝在口袋裡的螢幕輸入他們的地點、吃了什麼、體重若干、心情如何、睡眠模式及眼前看到的東西。少數先鋒開始了生活紀錄：記下每一條細節、對話、相片和活動。螢幕會記錄也會顯示這個活動的資料庫。持續自我最終的結果，就是個人生命無懈可擊的「回憶」，以出人意料的客觀和量化角度來展望自我，在書裡絕對找不到。螢幕也納入了個人的身分。

屏讀的規模大小兼容——大如 IMAX，小如 Apple 手表。不久後，我們身邊總有個像螢幕的東西。要找答案、找朋友、找新聞、找意義、尋找自我與自我突破，第一個就會想到用螢幕來找。

在不久的將來，我一天的生活會是這個樣子：

一大早還窩在床上，就開始看螢幕。腕上的螢幕叫醒我，告訴我現在幾點，捲動幾下就能看到重大新聞和天氣。床旁的小螢幕會顯示朋友傳來的訊息。拇指一掃，就把訊息消掉。我走進浴室，牆上的螢幕顯示出新的藝術作品——朋友拍的照片，很酷；比昨天的更歡樂、陽光更充足。我穿好衣服，用螢幕照出我的衣著。看來紅色的襪子和這件襯衫比較搭。

進了廚房，我在螢幕上讀完整的新聞。我喜歡把螢幕平放在桌上。我在桌上揮揮手，引導文字的流向。我打開櫃子上的螢幕，搜尋我最喜歡的早餐穀片；門上的螢幕會顯示裡面放了什麼。浮在冰箱門上的螢幕顯示裡面有鮮奶。我打開冰箱，拿出牛奶。牛奶紙盒邊上的螢幕要我玩遊戲，但我選擇略過。我用螢幕檢查空碗，確定從洗碗機拿出來是乾淨的。吃早餐穀片時，我查詢盒子上的螢幕，檢查是否新鮮，聽朋友說裡面有遺傳標記，不知道是不是真的。我對著桌子點點頭，新聞繼續捲動。我細看某則新聞，螢幕注意到了，新聞內容也更加詳細。加深屏讀程度時，文字會產生更多連結、更密集的插圖。我開始讀有關鎮長的調查文章，內容很長，但得趕快送兒子去學校了。

我趕快上了車。車上的新聞停在我剛才在廚房裡看到的地方。車子上的螢幕顯示出新聞，在我開車時大聲讀出來。高速公路兩旁的建築物也會屏讀。它們通常會顯示只給我看的廣告，因為它們認得我的車子。這些是雷射投影螢幕，也就是說它們可以按需求聚焦只有我能看到的影像；其他通勤的人在同一個螢幕上會看到不同的東西。我通常不予理會，除非它們配合車裡屏讀的新聞，顯示插圖或圖表。我在螢幕上檢查交通狀況，查看今天早上最順暢的路線。因為車子的導航會從其他駕駛人的路線學習，基本上會選擇最佳路線，但不是百分之百妥當，所以我也要自行查看車流的方向。

到了兒子的學校，我看看側邊走廊上的公共牆面。我舉起手，說出我的名字，螢幕從面孔、眼睛、指紋和聲音認出我是誰，切換到我個人的介面。如果不在意走廊上還有其他人，我可以在螢幕上讀我的訊息。我也可以用手腕上的小螢幕。我掃了一眼我想要細細屏讀的訊息，這些訊息就展開了。我揮手讓訊息捲動，有些訊息則嗖一聲丟進存檔裡。有一封很急迫。我一捏空氣，螢幕上出現虛擬會議。我的同事在印度對著我說話：她在班加羅爾的螢幕上看著我；她感覺很真實。

終於到了辦公室。我碰碰椅子，辦公室知道我來了，房間裡、桌子上所有的螢幕都準備好等著我，從我上次丟下的地方開始。螢幕的眼睛緊盯著我的一舉一動。螢幕最常看著我的手和雙眼。除了打字，我也已經習慣用新的手語指令。看我工作看了 16 年，這些螢幕大概可以猜到我接下來要做什麼。螢幕上的一連串符號對別人來說毫無意義，我看同事的符號也覺得一頭霧水。一起工作時，我們的屏讀環境完全不一樣。我們在辦公室裡蹦蹦跳跳，目光和雙手輪流移到不同的工具上。我有點老派，喜歡抓著小型的螢幕。大學時代用到現在、裝在皮套裡的螢幕仍是我的最愛（螢幕是新的；只是皮套是舊的）。畢業後，我拍了一部紀錄片，主角是睡在購物中心裡的移民，就用了這個螢幕。我很習慣用它，它也很習慣我的手勢。

　　下班後，我戴上擴增實境的眼鏡，出去跑步。跑步路線清楚呈現在眼前，上面套疊了運動的計量數字，心跳和新陳代謝統計數字即時顯示出來，我也可以在螢幕上看到經過的地方出現了最新的虛擬注解。在眼鏡上也有朋友留下的虛擬記事，一個小時前他跑了同樣的路線，指出可以繞另一條路，附近的歷史俱樂部也在兩、三個熟悉的地標上留下歷史紀錄（我是俱樂部的成員）。改天我想試試看辨識鳥類的應用程式，在公園裡跑步時，這個程式會把鳥名釘在鳥身上。

　　回到家吃晚飯，餐桌上我們不准使用個人的螢幕，但我們會在螢幕上顯示環境氛圍的色彩。吃完飯後，我會看螢幕放鬆一下。我戴上虛擬實境的裝置，探索新的陌生城市，我追蹤一個很厲害的人，他會創造出奇異的世界。或者我會跳進 3D 電影裡，或上 realie（編按：上傳 3D 作品的網站）看作品。我兒子和其他學生一樣，在螢幕上做作業，花最多時間的是教學程式。儘管他喜歡在螢幕上玩冒險遊戲，我們限制他在學期內一個星期只能玩一個小時。一個小時他就可以看完 realie 的更新，從頭快速捲到最後，同時在另外三個螢幕上看訊息和相片。我呢，則想慢慢來。有時候我會用腿上的平板看書，同時把存檔中感覺悠閒且放心的景色投在牆上。我的伴侶最喜歡躺在床上，把最喜歡的故事投在天花板的螢幕上，一直看到睡著

第五章

使用ing

　　新聞網站 TechCrunch 的記者最近觀察到，「全世界最大的出租車公司 Uber 名下一台車也沒有；全世界最受歡迎的媒體所有者 Facebook 從不創造內容；全世界市值最高的零售商阿里巴巴沒有庫存；全世界最大的住宿供應商 Airbnb 沒有任何房產。感覺很有趣。」

　　的確，數位媒體也展現出類似的空缺。全世界最大的影片中心 Netflix 可以給我看不在它名下的電影；全世界最大的音樂串流公司 Spotify 讓我聽我想聽的音樂，但它並不是音樂的所有人；Amazon 的 Kindle Unlimited 讓我可以從 80 萬本書裡面挑選想讀的，但我不需要買書。我用 PlayStation Now 玩遊戲，但不用購買。年復一年，我用的東西屬於我名下的愈來愈少。

　　所有權的重要性不如以往；使用權則愈來愈重要。

　　假設你住在全世界最大的租賃店裡。為什麼名下要有任何東西？一伸手就能借到你想要的東西。立即借用讓你享受做為擁有者的所有益處，卻不用擔心損失。你不需要負起清潔、修

理、儲存、分類、保險、升級、維修的責任。租賃店就像魔法
櫥櫃，或保母包萍*的地毯包，無窮無盡的各種工具裝進深不
可測的容器裡，那會怎樣呢？你只需要敲敲門，召喚想要的物
品，天靈靈地靈靈——來啦。

先進的科技讓這座魔法租賃店成為可能，也就是網際網路
／網路／電話的世界。虛擬櫥櫃沒有極限。在這座最大的租賃
店裡，只要裡面有某項商品或服務，普通老百姓也可以拿來
用。在某些情況下，去租可能比較快，不用在自己的「地下
室」翻找。商品的品質和你想買來的一模一樣。使用權和所有
權比起來，在各方面幾乎都更為優越，因此能驅動經濟開拓新
領域。

移向使用，放棄擁有，這種長期的活動在 5 種深刻的科技
趨勢推動下，持續加速。

去物質化

過去 30 年來有種趨勢，用更少的材料做出更好的東西。
啤酒罐就是經典的例子，基本的形狀、大小和功能已經 80 年
不變。1950 年的啤酒罐用鍍錫鋼製成，重 73 公克。1972 年，
造型俐落的鋁罐更輕、更薄，把重量減到 21 公克。更巧妙的

---

* 保母包萍：澳洲作家 P. L. 崔弗絲（P. L. Travers）的系列作品，
　主角是一位具備神奇力量的保母，她突然出現在主角的家門前，
　幫助陷入種種問題的孩子們解決困境。

摺線和曲線出現後，原料的重量減輕更多，因此今日的啤酒罐只有 13 公克，是最早的五分之一。新的啤酒罐也不需要開罐器。20%的重量，但更加方便。這就是去物質化。

　　一般而言，現代的產品幾乎都經過去物質化。自 1970 年代以來，普通車子的重量減少了 25％。器具按功能來算也更輕了。去物質化最明顯的領域，自然是通訊科技。巨大的個人電腦螢幕縮成薄薄的平面（但電視的寬度變大了）！桌子上笨重的電話變成可以裝進口袋裡。有時候產品加入了許多新的優勢，質量雖然不變，但一般的趨勢則是製造出原子數量更少的產品。我們或許不會注意到，因為個別的物品用的材料變少，而隨著經濟擴展，我們用的東西變多，累積的總數也增加了。但是，美國國內生產毛額每單位美元的材料量變少了，表示我們用更少的材料賺到更高的價值。產生一單位國內生產毛額所需的質量比率，150 年來持續下降，過去 20 年來甚至滑落得更快。在 1870 年，要用 4 公克的東西才能產生美國國內生產毛額的一個單位。到了 1930 年，只需要 1 公克。1977 年，每 1 公斤的物料可以產生的國內生產毛額為 1.64 美元，2000 年時為 3.58 美元──23 年內的去物質化已經加倍了。

　　數位科技加快把產品移轉到服務的速度，讓去物質化的速度愈來愈快。服務的液態本質，表示它們不會被材料綁住。但去物質化並不限於數位商品。就連固體的實際商品──例如汽水罐──雖然占用的材料變少，卻有更多優點，因為沉重的原子被沒有重量的位元取代了。有實體的東西被沒有實體的取代了──無形的東西喜歡更好的設計、創新的流程、智慧晶片，最後也要上網連線──成效超越原本數目更多的鋁原子。智力等軟性物品因此要嵌入硬性物品，例如鋁，讓硬性物品更像軟體。融合位元的有形材會愈來愈像無形的服務。名詞變形成動詞。硬體的行為就像軟體。在矽谷就有句話說：「軟體會吞噬世界。」

汽車用的鋼材變少，但增加了輕量的矽；今日的汽車其實是有車輪的電腦。有智慧的矽能強化汽車引擎的效能、煞車技能和安全性──電力車更是如此。這座在路上跑的電腦也要連線，變成能上網際網路的車子。這台車得意洋洋地享有無線連線，不需要駕駛人就能行進，也用網路來維修和保障安全，並提供最新、最好的高畫質 3D 影音娛樂。連線的車子也是未來的辦公室。在這私人空間裡，你不是在開車，就是在工作或享樂。我預測，在 2025 年以前，高階無人駕駛車使用的頻寬，會超越你家裡的頻寬。

車子變得更數位化，也更容易交換和分享，用法就和數位媒體一樣符合社群的屬性。嵌入家庭和辦公室的智慧愈來愈多，我們也傾向於把這些物品當成社群財產。我們會分享相關的資訊（例如製成材料、所在位置、它們會看到什麼），也就是說我們覺得我們在分享這些東西。

2007 年，Amazon 創辦人貝佐斯推出 Kindle 電子書閱讀器，他宣稱這不是一項產品。他說，Kindle 是一項服務，販售閱讀材料的使用權。7 年後，Amazon 推出暢讀訂閱圖書館，內含高達 100 萬本電子書，這種轉變更顯而易見。愛書人再也不需要一本一本買，而是買一台 Kindle，就可以購買目前已出

版的大部分書籍（最基本的入門款 Kindle 價格持續下降，馬
上就要變成免費）。產品助長所有權，但服務卻會加以阻擋，
因為服務剔除了所有權附帶的排外性、控制權和責任感。

　　從「你購買的所有權」到「使用你訂閱的東西」，顛覆了
不少常規。所有權不正式，容易變動。有更好的東西出現，就
轉移注意力。另一方面，訂閱會滔滔不絕送出更新、發行和新
版，永無止境，生產者和消費者不得不經常互動。不是一次就
完了；而是長久的關係。要使用服務，和購買比起來，顧客的
投入程度通常更強。訂閱常把人綁死（例如電信公司或有線電
視供應商），很難轉出去。使用服務愈久，服務也愈了解你，
更難離開並從頭開始。就像婚姻一樣。生產者當然很珍惜顧客
的忠誠，但顧客會得到（也應該得到）持續使用的許多優
勢：很好的服務應該要提供連續的高品質、持續改進及體貼的
個人化。

　　使用模式讓消費者更貼近生產者，事實上消費者常充當生
產者的角色，也就是未來學家托佛勒在 1980 年提出的「產消
合一者」。如果不擁有軟體，但可以使用、也可以分享軟體的
改進，這也表示你已經被吸收了。你是新的產消合一者，得到
鼓勵，要找到錯誤報出去（取代軟體公司昂貴的品質保證部
門），要在論壇裡向其他消費者尋求技術協助（減少公司昂貴
的志願服務），開發自己的附加程式和改進程式（取代公司昂
貴的開發部門）。使用權增強我們與服務所有部分的互動。

　　第一項變成「服務」的獨立產品是軟體。現在，軟體即服
務（SaaS）取代了產品，變成幾乎所有軟體的預設模式。

Adobe 就是軟體即服務的例子，再也不把版本老舊（7.0 什麼的）、要人蕭然起敬的 Photoshop 和設計工具當成獨立產品來賣。相反地，你可以定期付費使用 Photoshop、InDesign、Premiere 等等軟體，或整套服務，以及源源不斷的更新。加入後，只要按月付費，你的電腦就會操作最新最好的版本。在這種新的模式下，必須再教育喜歡永久擁有某樣東西的消費者。

電視、電話和軟體都變成服務後，只踏出了第一步。過去幾年來，也有飯店即服務（Airbnb）、工具即服務（TechShop）、衣物即服務（Stitch Fix、Bombfell）和玩具即服務（Nerd Block、Sparkbox）。最近興起的還有幾百家新創公司，想找方法做到食物即服務。每家都有自己的方法，讓你可以定期付費享用餐點，而不光是購買。舉例來說，選擇某個方案，你或許不會買特定的食品，而是看你需要或想要食物的哪些優點，制定使用權——比方說，蛋白質、營養素、烹調法、風味的特定程度及品質。

其他可能出現的新服務領域：家具即服務、健康即服務、庇護即服務、度假即服務、學校即服務。

當然，還是需要付費；有了服務，顧客和供應商之間應有的關係才能更深刻。

即時、隨選

有了使用權，新的事物也可以即時提供。除非能即時運作，不然就不算在內。比方說，計程車很方便，但還不夠即時。可能要等很久才能等到，就算叫車也可能等很久。最後的付款程序很累贅，也是個麻煩。還有，車資一般來說太貴了。

即時計程車服務 Uber 打亂了運輸業，因為它能改變時間差。叫車時，不需要告訴 Uber 你在哪裡：交給手機吧。最後不需要處理費用問題；交給手機吧。Uber 用駕駛的手機精確定出他們的位置，相差不到幾英寸，所以 Uber 可以幫你找到最靠近的司機。你可以掌控他們到達的時間，一分不差。要賺錢的人都可以開車，所以 Uber 的司機人數常超過計程車，尤其在需求達到最高峰的時候。為了大幅降低一般乘車的費用，如果你願意共乘，Uber 會讓兩、三位要到鄰近地點的乘客分攤車資。UberPool 的共乘費用可能只是計程車的四分之一。仰賴 Uber（或類似的競爭對手，例如 Lyft）再簡單也不過了。

儘管 Uber 很出名，但同樣的隨選「使用」模式卻一個接一個擾亂了幾 10 種產業。過去幾年來，幾千名尋求金主的企業家極力推銷「X Uber 化」給創投業者，X 代表顧客仍需花時間等待的業務。例如三種不同的花店 Uber 化（Florist Now、ProFlowers、BloomThat）、三種洗衣 Uber 化、兩種割草 Uber 化（Mowdo、Lawnly）、一種技術支援 Uber 化（Geekatoo）、一種醫生出診 Uber 化，以及三種合法大麻遞送 Uber 化（Eaze、Canary、Meadow），另外還有上百種。給顧客的承諾是，你不需要割草機或洗衣機，也不需要去花店取貨，因為有人會幫你做好這些事情——聽你指揮、配合你方便變化中還有變化。使用 Shuddle 的服務來接送另一個人，比方去上學的小孩，有些人叫它小孩的 Uber。Sidecar 和 Uber 很像，但是用反向拍賣。你訂下你願意付的價格，讓駕駛投票，贏的人可以來接你。現在有幾十家新興公司（例如 SherpaShare）服務的對象是駕駛，而不是乘客，幫他們管理眾多系統，規畫最佳路線。

這些新創公司想用全新的方法利用低效率。他們找到不常使用的資產（例如空置的臥房、停放的車子、不用的辦公室空間），匹配給此時此刻正在焦急等待的人。從分散各地的自由供應商找人，近乎即時便能送達。現在把同樣的實驗性業務模式套用到其他行業。遞送：讓一群自由業者把包裹送到家（快遞 Uber 化）。設計：讓一群設計師投交設計，只付費給第一名（CrowdSpring）。醫療：協調大家共用胰島素泵。地產：出租車庫給別人當儲藏室，或把無人使用的隔間租給新創公司當辦公室（WeWork）。

儘管想法會繼續成長，這些公司大多不會成功。分散式業務很容易開創，入行費用低廉。如果這些創新的業務模式能成功，老牌的公司就會採納。像赫茲這樣的租車公司，當然可以租賃自由業者的車子，計程車公司當然也可以實施 Uber 的概念。但重新混合優點的作法會繼續成長和擴展。

我們對即時的胃口愈來愈大。即時承諾的成本需要大量的協調和合作，幾年前根本沒人想得到。既然多數人的口袋裡都裝了超級電腦，全新的經濟力就釋放出來了。如果用聰明的方法連在一起，一群業餘人士也能和一位平均程度的專業人士差不多。如果用聰明的方法連在一起，現有產品的優點能夠鬆綁，用大家沒想到的方法重新組合，帶來愉快的結果。如果用聰明的方法連在一起，產品融合成可以持續使用的服務。如果用聰明的方法連在一起，使用權會變成基本的作法。

使用和租用其實差不多。在租賃關係裡，租用人享受擁有的眾多優點，但不需要購買或維護昂貴的資產。租用人當然也居於劣勢，因為他們享受不到傳統所有權的每一項好處，例如修改的權利、長期使用、增值。資產的概念發明後，租賃的概念也出現了，今時今日幾乎什麼都可以租。女士的提包？最高級的名牌包可能最少要 500 美元。既然提包必須搭配衣著或當季的流行，精選的亮眼提包可能一下子就變得很貴，因此相當大的提包出租公司出現了。按需求來看，租用的價錢可能一個星期最少 50 美元。應用程式和協調工作當然讓租賃更為平順、更不費力氣。租賃業愈來愈繁榮，因為很多使用者覺得買不如租。提包可以換成搭配衣著的款式，還回去後就不需要找地方放。就短期使用來說，分享所有權也很合理。在未來世界裡，許多我們會用到的東西應該都只用一下子。發明和製造的東西變多後——每天可以享用的時間依然差不多——每樣東西能花的時間愈來愈少。也就是說，現代生活裡的長期趨勢是，大多數商品與服務都只會短期使用。因此大多數商品與服務都是租賃和分享的好對象。

傳統租賃業有個不利的條件，就是實體商品的「競爭」本質。競爭表示這是一場零和遊戲*；只有一個競爭者能贏。如果我要租你的船，別人就不能租。如果我租一個提包給你，同一個包就不能租給別人。為了讓實物出租的業務成長，擁有者必須買更多船或更多提包。但是，無形的商品和服務當然不是這樣。它們「非競爭」，表示同一部電影可以同時租給現在想看的人，多少個都可以。無形物品的分享可以無限大。能夠大規模分享，並不縮減個別租用者的滿意度，就會造成改變。使用的整體成本陡然下降（幾百萬人分享，不光一個人使用）。突然間，消費者是否擁有物品沒那麼重要了。租用、租賃、授權、共用，就能享有同樣的即時效用，為什麼要擁有呢？

　　不論是好是壞，我們的生活都在加速，唯一夠快的速度就是即時。電子的速度就是未來的速度。你仍可以選擇暫時不要這樣的速度，但一般來說，通訊技術的走向，就是要讓所有的東西變成隨選即用。隨選的走向則會讓使用權勝過所有權。

去中心化

　　過去 50 年來，我們跌跌撞撞，不斷提高去中心化的程度，預計未來 50 年也是一樣。在大規模去中心化的同時，便宜、無所不在的通訊，讓體系和流程得以維持。一切都分散在網路上的時候，若無法保持連線，企業就會瓦解。說的沒錯，但也有點過時。更應該說，即時長途通訊的技術手法，便是去中心化的首要條件。也就是說，一旦全球布滿電線，穿越

＊　零和遊戲：指一項遊戲中有輸有贏，一方所贏正是另一方所輸，而遊戲的總成績永遠為零。

沙漠和海洋，去中心化不僅有可能，還是必然的結果。

　　拋棄集中的組織，來到更平的網路世界，結果不論有無形體，一切必須流動得更快，整體才不會崩解。流動很難占有；所有權似乎抓也抓不住。使用權則更適合掌控分散式裝置的液態關係。

　　現代文明的每個面向幾乎都變得扁平，除了金錢以外。中央政府只剩下幾項工作，其中一項就是鑄幣，多數政黨都同意這相當合理。偽幣和詐騙一再造成危害，必須靠中央銀行來對抗。要有人控制發行量、記錄序號、確保貨幣得到信任。強健的貨幣需要正確性、協調、保全、執法單位——也需要負責這些要素的機構。因此貨幣的基礎一定來自警惕性很高的銀行。

　　但如果金錢也能去中心化呢？要是你能創造出分散式貨幣，安全、精確、值得信任、不需要集中管理，那又怎麼樣？因為，如果金錢可以去中心化，那一切都能去中心化。但就算可以，為什麼要這麼做？

　　原來，你可以將金錢去中心化，利用的科技也有助於分散其他集中式機構。現代生活中，大多數集中的面向去中心化的方式，都可以套用到其他不相關的產業上。

　　先舉個例子，我可以付現金給你，而中央銀行看不到這筆非中心的交易。但經濟走向全球化，使用現鈔就不實際。PayPal 和其他點對點電子系統，能連接全球經濟體橫跨的地理位置，但每一筆點對點付費都要通過中央資料庫，確保一塊錢不會花兩次，也不是詐欺。行動電話和網際網路公司為貧窮的區域發明了很實用的付費方案，例如 M-Pesa 等手機應用程式。但一直到最近，就連最先進的電子錢包系統，仍需要中央銀行來保證誠實無欺。6 年前，想在網路上販賣毒品並收取無紀錄現金的罪犯希望有一種貨幣，不需要政府干預。也有些令人敬佩的人士支持人權，希望有一種金錢系統獨立於腐敗或專制的政府之外，或能用在無人統治的區域。結果，他們想到了比特幣。

比特幣是一種完全去中心化、分散式貨幣，不需要中央政府來保障正確度、執法單位或規章。自 2009 年發行以來，流通量已有 30 億，10 萬家供應商接受比特幣付費。比特幣最為出名的就是匿名性，以及它激起的黑市。但別管匿名性，那只是障眼法。比特幣最重要的創新在於「區塊鏈」，也就是它背後的數學科技。區塊鏈這種發明非常激進，可以讓許多系統放棄金錢，去中心化。

我透過信用卡或 PayPal 帳戶寄給你一塊美金，中央銀行必須確認這筆交易；起碼要確定我有一塊美金可以寄給你。我送給你一塊比特幣的時候，不需要中央的媒介。我們的交易發布在公開帳本上——就是區塊鏈——全世界其他的比特幣擁有人都會看到。這個共用資料庫裡的長「鏈」記錄所有現有比特幣的交易歷史，以及擁有比特幣的人。每筆交易都公開，每個人都可以查驗。那樣的完整度相當瘋狂；只要你有一塊錢，就能看到所有一塊錢紙鈔在世界上移動的完整紀錄。這個貨幣的開放型分散式資料庫，每個小時更新 6 次，加入比特幣所有新的交易紀錄；你我之間的新交易一定要讓其他數名擁有人用數學方式確認，才能視為正當。如此一來，利用相互的點對點區塊鏈結帳，建立起信任。系統本身在數萬台市民的電腦上執行，能保障貨幣的安全。擁護者覺得比特幣比政府更值得信任。

數家新創公司與創投業者正在天馬行空地想像，將區塊鏈技術用於通用的信任機制，不涉及金錢。陌生人之間需要高度信任的交易，例如房地產託管帳戶和貸款合約，之前都由專業經紀人負責確認。但與其付很多錢給傳統的產權調查公司來確認買賣房子等複雜的交易，線上的點對點區塊鏈系統就能執行同樣的交易，成本低得多，有可能根本不要錢。狂熱支持區塊鏈的人提議創造工具，只使用分散的自動化區塊鏈技術，執行需要確認的複雜階層式交易（例如進出口），許多仰賴經紀人的產業就此瓦解。不論比特幣本身能否成功，區塊鏈的創新都能在陌生人之間產生高度信任，進而分散機構和產業。

區塊鏈是個公眾領域，這一點很重要。沒有人能真正擁有區塊鏈，因為它不屬於任何人。創造出來的東西數位化後，通常會變成共用；眾人共用後，也就沒有擁有者。大家都能「擁有」時，就沒有人能夠擁有。通常所謂的公有財產或公眾領域就是這個意思。我會用不屬於我的馬路。全世界的道路和高速公路我想走就走（除了少數例外），因為它們是公眾領域。透過地方稅，我們都可以使用這條街道。就我能想到的目的而言，全世界的道路我都能用，就像我擁有這些路。這還比較好，因為我如果是路主，必須負責維修。許許多多公共基礎建設提供同樣的優點，「比擁有更好」。

分散式網路／網際網路現在就是位於中心的公眾領域。網路的好處在於我就像是網路的主人，但我不怎麼需要付出維修的精神。呼之即來，一打響指它就到。所有的好處任我享受——像天才一樣回答問題、像巫師一樣自由遨遊、像專業人士一樣提供娛樂——我只使用網路，不需負起擁有者的重擔（我付上網的費用，就是付網路的稅賦）。社會中去中心化的東西愈多，使用權也愈加重要。

平台協力

　　長久以來，有兩種基本的方法可以用來組織人類的工作：商號及市集。公司就是商號的一種，有明確的界線，必須有許可才能成立，讓人透過合作來提升效率，如果不在這家商號裡，效率可能不彰。市集的界線比較容易滲透，不需要許可就能參與，利用「無形的手」更有效率地分配資源。最近則出現了第三種組織工作的方法：平台。

　　平台是一家商號建立的基礎，讓其他商號能在上面建造產品和服務。平台不是市集也不是商號，而是新的東西。平台就像百貨公司，提供並非自己創造的事物。第一種非常成功的平台是微軟的作業系統。只要有抱負，任何人都可以造出軟體程式，能在微軟擁有的作業系統上執行，並銷售給大眾。有些大放異彩，例如最早的試算表程式 Lotus 1–2–3，也變成迷你平台，生出外掛程式，以及其他第三方的衍生產品。高度相互依賴的產品及服務有各種不同的程度，形成「生態系統」，駐留在平台上。「生態系統」這個說法不錯，就像在森林裡一樣，物種（產品）能否成功，要仰賴其他物種。平台內含深度的生態型相互依賴，阻擋擁有權，提倡使用權。

後來，第二代的平台有更多市集的屬性，有點像市集，有點像商號。最早出現的就是 iPhone 的應用程式 iTunes。Apple 這家商號擁有 iTunes，而這個平台也變成手機應用程式的市集。賣家竭力推銷自己的虛擬攤位，在 iTunes 上面販賣應用程式。Apple 管理市集，剔除品質差、有剝削性質、不能運作的應用程式。制定了規則和協定。監管財務交易。可以說 Apple 的新產品就是這個市集。iTunes 是完整的生態系統應用程式，建構基礎則是手機內建的能力，發展極為迅速。因為 Apple 不斷加入巧妙的新方法來與手機互動，包括新的感測器，例如相機、衛星定位系統和加速度計，幾千種創新讓 iPhone 生態學更為深遠。

第三代平台進一步擴展市集的力量。不像傳統的雙邊市場——例如有買家和賣家的農夫市集——平台生態系統變成多邊市場。Facebook 就是很好的例子。這家公司創造出規則和協定，形成市集，獨立賣家（大學生）建立個人簡介，在市集上與朋友的簡介配對。學生注目的焦點被賣給廣告商。遊戲公司賣產品給學生。第三方應用程式賣產品給廣告商。第三方應用程式賣產品給其他第三方應用程式。以此類推，還有不少多重的匹配。這個由相互依賴的物種組成的生態系統不斷擴張，只要 Facebook 能管理好規則和自家商號的成長，生態系統還會繼續擴張。

今日最有錢也最具破壞性的組織幾乎都是多邊平台——

Apple、微軟、Google 和 Facebook。這幾位巨人都利用第三方賣家來增加平台的價值。他們都大量使用 API，提供入口，讓其他公司也能參與。後來的 Uber、阿里巴巴、Airbnb、PayPal、Square、微信、Android 也是非常成功的多邊市場，由一家商號經營，發展出強健的生態系統，餵養不少衍生產品，以及相互依賴的產品和服務。生態系統的主導力量來自共同演化，這是一種生物共依存的關係，混合了競爭與合作。提供助力的供應商採取生態系的精神，即使在某方面互相合作，在其他方面卻變成競爭者。舉例來說，Amazon 會賣來自出版社的全新書籍，同時透過二手書商店的生態系統，賣出更便宜的二手書。二手書商彼此競爭，也跟出版社競爭。不論各方合作或競爭，平台都要確保自己能賺到錢（和增加價值！）。這點 Amazon 就做得很好。

在平台的每一層，幾乎都要共用——即使那只是競爭的規則。你的成功取決於其他人的成功。在平台內堅持所有權的想法會有問題，因為所有權要仰賴「私有財產」的概念；但在生態系統裡，「私有」或「財產」都沒有意義。共用的東西愈多，像財產的東西就更少。想當然耳，平台上的隱私一定愈來愈低（持續分享私底下的生活），剽竊則愈來愈多（漠視智慧財產權）。

然而，從所有權移到使用權必須要付出代價。有了所有權，你也擁有修改或控制財產使用的權利——及能力。在今日熱門的數位平台上，完全看不到修改的權利。它們的標準服務條款，不讓使用者修改。針對你使用的東西和你購買的東西，法律會限制你能做什麼（說老實話，傳統的零售購買行為也擠掉了修改的能力——看看那些用收縮膠膜包裝的保證書就知道了）。但在開源平台及工具上，就有修改和控制的權利與能力，例如 Linux 作業系統，或很多人用的 Arduino 硬體平台，就是因此而吸引人。改進、個人化或分配共用之物的能力及權利，則是下一輪平台的關鍵問題。

去物質化、去中心化及巨量通訊，都會讓平台的數目增長。平台像工廠般製造出服務；服務偏好使用權，讓所有權滿滿消失。

雲（譯註：「雲」用來指稱匯聚在一起提供服務的伺服器，要強調位置時則用「雲端」。）

你看的電影、聽的音樂、讀的書和玩的遊戲都在雲端。雲上有數百萬台電腦的殖民地，它們編織在一起，天衣無縫，表現宛若一台巨大的電腦。今日你在網路和手機上做什麼大都屬於雲端運算。儘管看不見，我們的數位生活都由雲來運作。

雲比傳統的超級電腦更加強大，因為雲的分布不斷變化。意思是其記憶體和作業分散在許多晶片上，資源非常豐富。假設你在網上看一部很長的電影，雲端上卻有十分之一的電腦被小行星擊中。你或許不會注意到電影中斷，因為電影的檔案不在特定的機器上，而是分布在許多台處理器上，幾乎可說是過剩了，因此，如果任何單位失效，雲可以自行重新配置。就像生物的自體修復。

網路是用超連結連在一起的文件；雲則是用超連結連在一

起的資料。說到底，把東西放上雲的主要理由，就是深度分享它們的資料。編織在一起後，位元比獨立存在更有智慧，也更加強大。雲沒有單一的架構，因此它們的特性仍在快速演化。但一般而言，非常巨大。大到一塊雲的基質就涵蓋好幾座足球場大的倉庫，這些倉庫裡裝滿了電腦，而且所在城市可能彼此相距數千英里。雲也很靈活，加入或減少網路裡的電腦，幾乎能即時放大或縮小雲的規模。由於天生豐盈的特質，又分布在不同的地方，也可謂是現存最可靠的機器。它們能提供近乎完美（99.999％）的服務效能。

雲最占優勢的地方在於，雲愈大，我們的裝置愈小愈薄。工作都交給雲吧，我們的裝置只是連到雲端的窗口。看著手機螢幕時，上面有直播的影音串流，就是在雲端。翻過平板電腦上的書頁，則是在雲端瀏覽。訊息來了，智慧型手表的表面亮起，也是來自雲端。翻開我的 Cloudbook 筆記型電腦，我操作的東西其實都不在電腦上，在雲端。

用 Google 上的文件當作例子，來釐清我的東西在哪裡，以及我的東西到底是不是「我的」。我常用 Google 雲端硬碟這個應用程式來寫行銷信。「我的」信會出現在我的筆記型電腦或手機上，但本體在 Google 的雲端，傳播到分布廣闊的許多台機器上。我用 Google 雲端硬碟，主要是因為協同合作很方便。十來個人可以在自己的平板電腦上看到這封信，一起編輯、刪減、加字、修改，就像這封是「他們的」信。複本上的改動同時──即時──出現在世界各地的其他複本上。很神奇，這種分散存在雲端上的實體。信件的每個實例不光是一份複本，因為複本感覺是沒有生命力的複製品。而分散式複本對使用者來說，在自己的裝置上就和原始那份一樣！十幾份複本就和我筆記型電腦上那份一樣真實可靠，真實性也分散了。集體的互動與分散的存在，讓這封信比較不像我的，像「我們的」。

因為在雲端上，未來 Google 要把雲端上的人工智慧套用到我們這封信上，也很容易。除了自動更正拼字和重要的文法，Google 也會用所謂知識基礎的信任、新開發出來的真相檢查程式，來驗證信裡的說法。Google 會把超連結加到適當的項目上，（經過我的同意）也會加上智慧補充，信件內容大大改善，也進一步削弱我做為擁有人的感覺。不論是正事還是消遣，都會離開個人所有權的孤立領域，移到雲端的共用世界裡，才能充分利用人工智慧和其他雲端上的力量。

我已經放棄記憶網址，直接用 Google 在雲端上搜尋答案，連比較難的字怎麼拼，也透過搜尋。如果我再度用 Google 搜尋自己（存放在雲端上）的電子郵件，找出我說過什麼話（我真的試過），或仰賴雲端來補足我的記憶力，那「我」與雲端的分際在哪裡？如果生命中所有的影像、喜愛事物的所有片段、所有的筆記、所有與朋友的閒聊、所有的推薦、所有的想法、所有的期望——假設都放在某個地方，但不是特定的地方，而這一切都會改變我對自己的想法。我比以前更大了，但變薄了。我速度更快了，但有時比較淺薄。我的思維比較像沒那麼多界線的雲，願意接納改變，充斥著矛盾。我就是一大群人！這混在一起的東西會由機器的智慧和人工智慧繼續補強。我不只是更厲害的我，而是更厲害的我們。

　　但要沒了，會怎麼樣？那個非常分散的我也不見了。朋友10多歲的女兒犯了嚴重的錯誤，被他們禁足。他們沒收她的手機。她病了，嘔吐不止，把他們嚇壞了。她彷彿失去了肢體。其實也真能這麼打比方，如果雲端公司限制或審查我們做的事，我們會覺得痛苦。雲端給我們的舒適和新身分一旦沒了，感覺很可怕，無法承受。如果麥克魯漢說的對，工具就是我們的延伸——車輪像接長了我們的腿，相機像能看更遠的眼睛——那麼雲端就是我們延伸出去的靈魂。或者，也可以說，延伸出去的自我。就某種程度而言，並非我們擁有的延伸自我，而是能取用的。

　　目前的雲幾乎都以營利為目的。有甲骨文公司的 Oracle Cloud、IBM 的 SmartCloud 及 Amazon 的 Elastic Compute Cloud。Google 和 Facebook 內部也使用巨大的雲端。我們離不開雲端，因為雲比我們更可靠。絕對比其他種類的機器更值得依賴。我的 Mac 很穩定，仍會當機，每個月需要重新開機一次。但在 2014 年，Google 的雲端平台只停機 14 分鐘，對經過雲端的巨大流量來說，簡直微乎其微。雲是獨一無二的備分，備分了我們的生活。

　　所有的企業都用電腦，社會上大多數人也是。雲提供的運算穩定得令人咋舌，速度飛快，能繼續擴展，對使用者來說沒有維修的負擔。有電腦的人就懂有什麼負擔：占空間、常需要專家檢查、很快就過時了。誰要買電腦呢？愈來愈多人不想擁有電腦喔。就像你寧可向發電廠買電，也不想擁有發電廠。有了雲，組織可以享有電腦的益處，但不需煩憂擁有電腦後的麻煩。可擴展的雲端運算價格打了折扣，要開創一家科技公司比從前容易多了。不需要建構複雜的運算架構，付費使用雲端的架構就行了。用行話來說，這叫做基礎架構即服務。電腦即服務，而不是電腦即產品：使用權，不是所有權。在雲端上運作，用便宜的價格使用最棒的基礎架構，正是過去 10 年來矽谷有許多新公司如雨後春筍般出現的主因。它們迅速成長，同時用更多不屬於自己的東西，輕輕鬆鬆就能成功擴大規模。雲端公司樂見這樣的成長和依賴，因為用雲端的人愈多，在使用服務的同時與人分享，它們的服務就會愈來愈聰明，也更強大。

　　一家公司的雲能有多大，仍有現實上的限制，因此在接下來幾 10 年內，在雲興起時，下一步則是把雲合併成網際雲。正如網際網路是網路組合成的網路，網際雲就是雲組成的雲。Amazon 的雲、Google 的雲、Facebook 的雲及所有其他的企業雲，即使速度很慢，但最後一定會纏繞在一起，變成巨大的雲，對一般的使用者或公司來說，感受不到分別。這樣的合併會碰到反對勢力，網際雲需要商業雲來分享資料（雲就是連結資料組成的網路），現在大家則把數據當金子般藏起來。資料貯藏算是競爭優勢，自由分享資料則受到法律限制，所以還要等很多年（說不定要好幾 10 年），各家公司才能想出有創意、有生產力、負責任的方法，來分享資料。

　　將使用權去中心化是勢不可擋的趨勢，還有最後一步。移向網際雲的同時，我們邁向的目標完全沒有中心，而是點對點連接。Amazon、Facebook 及 Google 的雲雖屬分散式，但並未去中心化。機器由超大型公司營運，而不是由你身邊稀奇古怪的一群人來操作稀奇古怪的電腦網路。但也有方法能讓雲在去中心化的硬體上執行。我們知道去中心化的雲可行，因為2014 年，香港學生上街抗議時，就用這種方法。為逃避中國政府對香港市民毫不放鬆的通訊監控，學生們發明了一種通訊方法，訊息不會送到集中的行動電話基地台，或微博（號稱中國的 Twitter）、微信（號稱中國的 Facebook）或電子郵件的伺服器。他們在手機上裝了一個很小的應用程式，叫做FireChat。兩部裝了 FireChat 的手機可以透過 Wi-Fi 無線電直接對話，不需要透過手機基地台。更重要的是，兩部手機都可以把訊息傳到其他裝了 FireChat 的手機上。繼續加有 FireChat的手機，不要多久就組合成手機的網路，但不需要基地台。接收到訊息的手機若不是最終的收件對象，訊息會轉送到另一台手機上，直到送給收件人。這種緊密的點對點網路（叫做網狀網路）效率不高，但能達成目的。拖拖拉拉地轉信，正是網際網路運作的方法，也因此非常強健。FireChat 網狀網路最後變成學生創造出來的無線電雲，不屬於任何人（因此難以鎮壓）。他們完全靠這個個人裝置的網狀網路，和中國政府對抗了好幾個月。同樣的架構可以擴大，來操作其他種類的雲。

　　不為革命，也有其他的好理由來建立這樣去中心化的通訊系統。發生大規模的緊急事件時，比方說斷電了，或許只有點對點的電話網狀網路能用。每個人的電話都可以用太陽能充電，因此沒有電網通訊系統也能運作。手機的範圍有限，但你可以在建築物頂上放置小型的手機中繼器，假設也能用太陽能充電。中繼器會重複訊息，傳送的距離也比手機遠；就像奈米基地台，但不屬於任何公司。屋頂中繼器構成的網路，加上幾百萬台手機，可以構成無主網路。目前已有不只一家新創公司的主要產品，就是這種類型的網狀網路服務。

目前的通訊基礎架構有許多管理和法律的框架，無主網路會造成混亂。雲不分地理位置。誰的法律占優勢呢？你所在地的法律？伺服器所在地的法律？還是國際市場的法律？如果工作都在雲上進行，誰能向你收稅？資料屬於你，還是屬於雲？如果你的電子郵件和語音來電都經過雲端，裡面的內容誰來負責？雲端提供前所未有的親暱，當你的想法還不成熟，滿腦子不可思議的想法，與你真正的信念比起來，是否該有不同的處理方法？你的思維屬於你，抑或你是只有權使用？這些問題不僅與雲和網狀網路有關，所有去中心化的系統都會碰到。

在未來 30 年內，趨勢仍是去物質化、去中心化，同時，平台主導，「雲」依舊勢不可擋。只要科技進步，讓通訊和運算的成本下滑，這些趨勢必然愈來愈強。通訊網路擴展，遍及全球，無所不在，便帶來這些趨勢。網路深化後，這些趨勢逐漸用智慧取代物質。不論在美國、中國或西非的廷巴克圖，不論在世界的哪一個角落，都會看到這些趨勢，非常盛大的轉變。基本的數學和物理學保持不變。去物質化、去中心化、同時性、平台和雲愈來愈盛行後——這幾項並不分先後，而使用權會繼續取代所有權。日常生活中大多數的東西都不在我們名下，卻可以取用。

但只有在科幻小說的世界裡，一個人才能一無所有。大多數人仍擁有幾項東西，同時取用其他東西；每個人擁有和使用的都不一樣。但在極端的案例中，一個人什麼都沒有，但也什麼都能用，就很值得探討，因為這就是科技的走向。來看看是什麼樣子：

我住在大樓裡。和很多朋友一樣，我選擇住在大樓裡，因為隨時都能得到服務。公寓裡的箱子每天清理 4 次，也就是說，可以清理的東西（比方說衣服）放進去，過幾個小時就補好乾淨的衣服。大樓也有自己的節點，每小時透過無人機、機器貨車和機器腳踏車，從附近的處理中心送包裹過來。我告訴我的裝置我需要什麼，然後不到兩個小時，東西就在（家裡或辦公室的）箱子裡了。大廳裡的節點也有很讚的 3D 列印廠，可以用金屬、化合物和薄紗印東西。還有一間很棒的貯藏室，裝滿器具和工具。有天我想要火雞炸鍋；不到一個小時，節點的庫房就送了一個到我的箱子裡。用完後當然不需要清理；放回箱子就好了。朋友來時，他想自己剪頭髮。30 分鐘內，箱子裡出現了剪髮器。我也訂了整套的露營用具。露營用具每年都飛快進步，我只用幾個星期或一個週末，希望箱子裡會出現最新、最好的用具。相機和電腦也一樣。一下就過時了，我寧可訂購最新、最好的。和大多數朋友一樣，衣服我也按期付費使用，價格很划算。想要的話，每天都能穿不一樣的衣服，穿完了就丟回箱子裡。衣服洗乾淨後再分配給別人，通常會做些改動，讓別人以為是新的。他們甚至提供不少其他公司沒有的古著 T 恤。我只有幾件特殊的智慧襯衫,上面有晶片標籤,丟進箱子後,第二天就會回來,且已經洗好燙好。

我也付費使用幾家食品公司。我向附近一名農夫直接購買新鮮產品,有家公司會把馬上可吃的熱騰騰食物送到家。節點知道我一天的規畫、通勤路上的位置、我的偏好,所以制定的送達時間非常準確。我想自己煮飯的時候,可以買到我想要的食材或菜餚。大樓安排讓所有不間斷的食物和清潔用的補充品,提早一天出現在冰箱或櫥櫃裡。我要是錢夠多,我就租價格最貴的公寓,但我住的價格也不錯,因為我不在家的話,公寓可以租給別人。我覺得沒關係,因為回家時,公寓還比之前更乾淨。

我從不買音樂、電影、遊戲、書籍、藝術品或 Realie 空間。我付費使用「通用東西」(Universal Stuff)就好了。牆上的藝術圖片不斷變化,不會看了就膩。我用特別的線上服務,用我在 Pinterest 上收集的圖片裝飾我的牆面。我爸媽付費使用博物館服務,會把真品輪流借給他們擺放,不過那對我來說太貴了。現在我正在試 3D 雕塑,每個月都會改變外型,吸引我的注意。就連我從小玩到大的玩具都來自「通用東西」。老媽總說:「你只玩幾個月——幹嘛買呢?」所以每隔幾個月,玩具就回到箱子裡,裡面又會出現新的玩具。

通用太聰明了,即使在尖峰時間,我等車通常不會超過30 秒。車子來了,因為它知道我的時間表,可以從簡訊、行事曆和通話推論我接下來要做什麼。我想省錢,所以有時候跟其他人共乘一部車去上班。車上的頻寬很大,每個人都可以屏讀。為了健身，我付費使用幾家健身房和自行車服務。我的自行車是最新款，已經調整好，也洗得乾乾淨淨，在出發點等我。如果要去很遠的地方，我喜歡搭乘新型的無人駕駛直升飛機。還很新，所以要搭的話也不容易，但比噴射客機方便多了。去其他城市時，如果暫住的大樓和我家有互惠服務，我不需要帶很多東西，因為當地的節點會提供我想要的東西──跟我平常用的一樣。

　　父親常問我，我名下什麼也沒有，會不會覺得不受限制、不用負責任。我說正好相反：我覺得和原始時代的連結很深刻。我覺得自己就像遠古的狩獵採集者，走過千變萬化的大自然，但身無長物，即時召喚出想要的工具來使用，然後丟下工具繼續前進。農夫才需要穀倉來堆放囤積的東西。數位時代的土著能隨意往前奔跑，探索未知的領域。用而不擁有讓我沒有包袱，精神奕奕，隨時都能迎接新的事物。

第六章

共享ing

　　微軟創辦人蓋茲曾嘲弄擁護免費軟體的人，用上了資本家能想到最糟糕的稱號。他說，這些要求軟體應該要免費的人就是「今日的某種共產黨」，一股惡勢力，一心想要毀滅幫忙撐起美國夢的壟斷優惠。蓋茲有幾點說錯了！首先，堅定支持免費開源軟體的人在政治上偏向自由論，而不是支持共產黨的左傾份子。不過他的主張也有道理，全球興起熱潮，要讓每個人隨時隨地都和其他人連接在一起，也默默激發了經過科技修訂的新版社會主義。

　　數位文化的社群觀念既深且廣。在新興的集體主義中，維基百科只是一個很亮眼的例子。的確，不光是維基百科，形形色色的 wiki 都包含在內。Wiki 是一組眾人協力產生的文件；任何人都可以輕鬆創作、增刪、改動文字。不同的 wiki 引擎在不同的平台和作業系統上運作，有各種格式設定。坎寧安在1994 年發明了第一種協作網頁，現在他追蹤的 wiki 引擎將近150 種，每一種都為無數的網站提供動力。創用 CC 是一種利於共享的著作授權同意書，廣為採納後，也鼓勵大眾透過法律，允許其他人使用自己的影像、文字或音樂，不需要額外提供許可。也就是說，共享和內容取樣變成最新的標準。2015年，創用 CC 許可的案例超過 10 億個。共享檔案的網站不斷出現，到處可見，例如 Tor，能複製的東西都能在這找到複本，也算又往協作前進了一步，因為利用已經創造出來的東西，就更容易幫助你開始創作。大家一起提供評論的網站有 Digg、StumbleUpon、Reddit、Pinterest 和 Tumblr，讓數億名普通人能從專業人士和朋友那裡找到相片、影像、新聞和想法，集體提供評等、評價、共享、轉送、加注解，並規畫到串流或集合裡。這些網站就像協力過濾器，用力推銷當下最好的東西。幾乎每天都有新創公司自豪地宣布，他們找到新的方法，能駕馭社群行動。從這些發展看來，趨勢正朝著某種數位的「社會主義」前進，這種社會主義特別經過調整，要適應網路化的世界。

這並不是祖父輩那一代有政治意涵的社會主義。事實上，這種新型的社會主義和過去許多運動都沒有關係。不是階級鬥爭。不是反美國；沒錯，數位社會主義或許是美國最新的一項創新。老派的政治社會主義或許是國家的臂膀，但數位社會主義則是沒有國家的社會主義。這種新型的社會主義，目前在文化和經濟的領域中運行，與政府無關——起碼現在還沒有關係。

蓋茲用老派的共產主義來羞辱 Linux 或 Apache 等共享軟體的創造者，那種共產主義誕生於集中通訊的時代，工業製程還不穩定，邊界要派重兵把守。那些限制來自 20 世紀初，促

使集體所有制興起，政治局裡全能的專家深思熟慮，制定科學
5 年計畫，想用集體所有制來取代自由市場的混亂與失敗。說
得委婉些，這種政府運作系統失敗了。在工業時代，組織嚴密
的社會主義跟不上民主自由市場所能提供的快速改動、一再出
現的創新及自生能量。社會主義的管制經濟及集中政權已被放
棄。然而，新的數位社會主義沒有紅旗社會主義的老舊負
擔，在無國界的網際網路上運行，透過網路通訊，在緊密融合
的全球經濟體裡產生無形的服務。數位社會主義的目的在於提
升個人自治權、破除極權。去中心化走到了極致。

　　我們集合的地方不再是集體農場，而是集體世界。桌面的
工廠取代了國家的工廠，連線到虛擬合作組織。我們不再共用
鎬鏟，但會分享腳本和 API。匿名的政治局消失了，現在有匿
名的菁英領導，只想把事情做好。同儕生產取代了國家生
產。免費的政府配給和津貼已經消失，免費的商品和服務倒很
豐富。

　　我承認，「社會主義」一詞絕對會讓很多讀者打個冷
顫。「社會主義」帶著驚人的文化包袱，「公有」、「共產社
會成員」和「集體」等相關說法也一樣。我用「社會主義」，
因為再沒有其他的詞能確切象徵這一系列的技術，需要仰賴社
會上的互動來得到力量。同理可證，社群媒體也和「社會」有
關：是一種社會行動。廣義來說，網站及連接到網路的應用程
式，能控制一大群消費者貢獻的資料時（也稱參與者或使用
者，有一度曾叫做觀眾），網站及應用程式產生的東西，就是
社會行動。把許多類型的組織一古腦兒歸到這麼一個煽動性的

標題下，當然怕是言過其實。但在這個共享的領域裡，沒有其他無瑕的說法，所以我們就找回最直接的說法：社交、社會行動、社群媒體、社會主義。擁有生產工具的人聯合起來，朝著共同的目標努力，分享共有的產品，當他們無償貢獻勞力、又能免費享受成果時，說這是新的社會主義也不為過。

共同之處在於「共享」這個動詞。事實上，有些未來主義者把新社會主義的經濟面稱為「共享經濟」，因為在這個領域中，主要的貨幣就是共享。

1990 年代末期，積極參與社會活動、善於煽動的老嬉皮巴洛，有點半開玩笑地幫這個趨勢取了一個名字，「網路共產主義」。他認為網路共產主義就是「完全是自由人組成的勞動力」，去中心化的禮物經濟或以物易物交易經濟，用不到錢，資產不屬於任何人，科技架構定義政治空間。虛擬金錢被他說對了，因為 Twitter 和 Facebook 傳播的內容，皆由不收報酬的人創造出來——也就是使用者。缺乏所有權也說對了，前一章我已經解釋過。Netflix 和 Spotify 等共享經濟服務，讓觀眾慢慢放棄所有權。但針對現況來說，「社會主義」其實不得體：我們看到一種意識形態，而不是「主義」。不需要僵化的教條，而是種種態度、技術和工具，能夠提升協作、共享、聚集、協調、應變，以及許許多多新型的社會合作方式。這是設計的新領域，特別富饒的創新空間。

媒體理論家薛基在 2008 年的著作《鄉民都來了：無組織的組織力量》（編按：中文版由貓頭鷹出版發行）中，提出很實用的等級制度，把這些社會安排分類，按協力的程度來評等。一開始的共享，可能不怎麼需要協調，然後晉級到合作，最後變成集體主義。在這個社會主義的每個步驟中，需要的額外協調愈來愈大。線上景觀的調查結果透露，這種現象確實存在。

1. 共享

　　線上群眾樂於共享的意願高到令人難以置信。Facebook、Flickr、Instagram 和其他網站上，刊登的私人照片數目高達每天 18 億張。這些數位照片中肯定有極高的比例用某種方法分享給別人。線上還有狀態更新、地圖位置、皮毛之見。此外，YouTube 提供的影片每天有數 10 億部，以及同人小說網站上幾百萬篇粉絲寫的故事。共享網站不勝枚舉：提供評論的 Yelp、提供地點的 Foursquare、像剪貼簿的 Pinterest，隨處可見共享的內容。

　　共享是數位社會主義最溫和的形式，但這個動詞為所有更高層級的共有事物奠定基礎，是整個網路世界的基本要素。

2. 合作

　　眾人為了大規模的目標而合作時，產生的就是團體的成果。業餘人士除了在 Flickr 和 Tumblr 上分享了數 10 億張照片，還加上了類別、分類和關鍵字的標籤。社群裡的其他人挑選照片，集結在一起或放上布告欄。創用 CC 大受歡迎，表示就某種程度而言，你的相片就是我的相片。任何人都可以用上傳的照片，就像公社成員可以使用共有的手推車。我不需要去拍艾菲爾鐵塔的照片，社群裡提供的可能比我拍的更好。也就是說，要做簡報、報告、剪貼簿或網站時，我可以做得更好，因為有人幫我。

幾千個彙整內容的網站，都用類似的社群動力來取得三重好處。第一，針對社交的科技直接提供協助給使用者，讓使用者找到某個東西後，可以自己貼標籤、評等和存檔，以便日後使用。社群成員管理規畫自己的收藏也更加容易。比方說在Pinterest 上，有充足的標籤和類別（「釘選」），使用者可以很快做出特定主題的剪貼簿，之後要找出來或增添內容也非常容易。第二，某個人的標籤、釘選和書籤也能讓其他使用者受益，更容易找到類似的素材。Pinterest 上的影像如果有更多標籤，就像 Facebook 上的讚或 Twitter 上的主題標籤，對別人來說就更實用。第三，集體行動可以創造出額外的價值，只有團體才能做到。比方說，有一疊遊客拍的艾菲爾鐵塔照片，每張都由不同的遊客從不同的角度在不同的時間拍攝，每張都加了很多標籤，（用類似 Microsoft Photosynth 的軟體）可以組合成驚人的 3D 整體結構圖，比個別的照片更複雜、更有價值。奇怪的是，這種命題遠超過社會主義承諾的「各盡其能、各取所需」，因為超越了你的貢獻，實現的成果也超乎你的需求。

社群共享能釋放無比的力量。Reddit 和 Twitter 等網站讓使用者可以投票選出或轉推最重要的項目（熱門新聞、網頁連結、評論），操縱公眾對話的能力不輸報紙或電視台，甚至更厲害。專職提供內容的人繼續供稿，也是因為這些工具能施加更強大的文化影響力。社群的集體影響力與投稿人的數目相比，早已不成比例。這就是社交體系的重點：整體的表現比個別更好。傳統的社會主義透過國家加速這股動力。現在，數位共享則脫離了政府，以全球的規模運作。

3. 協作

有組織的協作所產生的結果，遠超過臨時起意的合作。在數百個開源軟體計畫中，隨便挑個例子好了，比方說 Linux 作業系統，為大多數網站伺服器和智慧型手機提供基礎。在這些計畫裡，精密調校的公共工具，透過成千上萬名成員的協力合作，產生高品質的產品。和前面隨興的合作相反，複雜大型計畫的協作無法讓參與者得到直接的好處，因為團隊裡每位成員都只接觸到最終產品的一小部分。熱心人士或許會花好幾個月寫副程式的程式碼，而程式還要好幾年才能發揮完整的效用。事實上，從自由市場的角度來看，付出和回饋的比例一點也不平衡──勞動者沒有報酬，但做了很多高市值的工作──在資本主義中，這些協作案例根本不合理。

此外，還有其他不符合經濟學的地方，就像我們已經習慣免費享用這些協作的成果。今日世界上的網頁，有一半的主機（3,500 多萬台伺服器）執行免費的 Apache 軟體，也是社群創造的開源產品。免費的資訊交換所 3D Warehouse 提供好幾百萬個複雜的 3D 模型，從一隻靴子到一座橋，你能想到的形式裡面都有，創造者都是技術高超的熱心人士，使用者可以免費取得。學校和玩家建造了將近 100 萬個社群設計的 Arduino 控制器和 600 萬台 Raspberry Pi 電腦。使用者得到鼓勵，可以免費複製它們的設計，用來發展新的產品。創造這些產品和服務的製作人賺不到錢，但是能得到讚揚、地位、名聲、享受、滿意度和經驗。

當然，協作本身不是什麼特殊的新概念。但線上協作的新工具支持共有的製作過程，能避開資本主義的投資人，讓製作人留下所有權，而製作人通常也是消費者。

4. 集體主義

西方人大多被灌輸了一個概念，我也一樣，這個概念說，擴展個人的力量有其必要，因為可以消滅國家的力量，反之亦然。不過，實際上大多數政府會針對某些資源採取社會主義路線，有些走個人主義。在大多數自由市場的國民經濟中，教育和治安其實是社會主義的作法，然而，極端社會主義化的社會現在也允許少數私有財產。在世界各地，這兩者的程度或多或少，都不太一樣。

在自由市場個人主義和中央集權的零和抵換中，與其把科技社會主義看成其中一面，不如把技術共享看成新的政治作業系統，能一次提升個人與群體。共享技術的目標並未明確表達出來，但應該一看就懂：盡量提升個人的自主權，並讓一起工作的人發揮最大的力量。因此，數位共享可以看成中間路線，讓許多舊有的傳統觀念變得無關緊要。

　　《網路財富》的作者班科勒也支持中間路線的概念，就網路的政治學來說，他應該算是第一把交椅。「我看到社會生產及同儕生產興起，取代國家主導和市場主導的封閉專有系統。」他在書裡提到，指出這些活動「能夠強化創意、生產力和自由」。新的作業系統不是傳統的共產主義，去除私有財產的集中規畫，也不是自由市場純粹出於自私的混亂。反而是新興的設計空間，在其中，去中心化的公眾協調可以解決問題，創造出純粹共產主義和純粹資本主義無法帶來的成果。

　　融合市場機制和非市場機制的混合系統並非全新。幾 10 年來，研究人員鑽研過義大利北部和巴斯克的產業合作社，這些組織採用去中心化、社會化的生產方法，雇員就是擁有者，他們選出管理階層，限制利潤分配，不受政府控制。但等到低成本、即時、遍布各處的線上協作出現，才能把這些想法的核心遷移到多樣化的新領域中，例如寫企業軟體的程式碼，或寫參考書。更重要的是，共享的技術讓協作和集體主義的規模能擴大到前所未有的程度。

　　最終的夢想是把這條中間路線擴大到超越地區性的實驗。去中心化的協作能有多大？追蹤開源產業的開源軟體管理公司 Black Duck，列出大約有 65 萬人在進行 50 多萬項專案。通用汽車的員工只有 65 萬的三分之一。有這麼多人免費提供勞力，實在很驚人，即使他們可能只是兼差。想想看，要是通用汽車的員工都不拿薪水仍繼續製造汽車，有可能嗎？

　　到目前為止，網路上耗費最多人力的協作案就是開源軟體，最大的像 Apache，要管理數百名貢獻者——一個小村子也不過這麼多人。有項研究估計 Fedora Linux 9 前，注入了60,000 人的年工作量，因此我們有了證據，自行組裝和共享的動態，可以管理的專案規模像一個小鎮這麼大。

當然，線上集體作業的參與者總數不止這些。協同過濾網站 Reddit，每個月有 1 億 7,000 萬不重複的訪客、10,000 個每天都有活動的社群。YouTube 宣稱每個月的使用者有 10 億；網站上與電視競爭的影片就來自這些勞動力。為維基百科提供內容的註冊使用者將近 2,500 萬；其中有 13 萬算是活躍。Instagram 上有 3 億多名有效使用者上傳過照片，Facebook 上每個月更有 7 億多個活躍的社團。

屬於集體軟體農場或從事的專案，需要共同決策的人數仍不到一個國家那麼多。但社會化媒體上的居民數龐大，而且愈來愈多。Facebook 上的資訊社區內，自由分享個人生活的老百姓超過有 14 億人。如果 Facebook 是一個國家，會變成地球上最大的國家。但這個全球最大國的整體經濟，來自無償的勞力。有 10 億人一整天的時間都在免費創造內容，他們報告周遭的事件、寫出故事的綱要、提供意見、創作圖像、編寫笑話、上傳很棒的照片、細心製作影片。線上那 14 億真實用戶留下的訊息和建立的關係，就是他們的「薪水」。能留在社區裡，就是他們的報酬。

我們以為那些找方法取代有薪勞工的人，或許會大擺政治姿態。但寫程式碼的人、駭客和程式設計師在設計共享工具時，並不把自己當成革命者。根據一份對 2,784 位開源開發人員的調查，他們願意無償工作，最常見的動機就是「學習和發展新技能」。一位學者說（下面非直接引述）：「參與免費專案，最重要的理由就是改進我自己爛透的軟體。」基本上，公開的政治信條不夠實際。支配網際網路的力量不是經濟學，而是共享禮物。

然而，共享、合作、協作和集體主義水漲船高，市民無法自外於這樣的政治局面。協作給的好處愈多，我們愈能接受政府機構的社會化。控制北韓的高壓系統泯滅人心，除了國界便不復存；未來的混合系統可能會參考維基百科或類似瑞典的現代社會主義。偏離了常規後，會引發強烈的反對，但共享必然愈來愈盛行。正式的名稱也引起了爭議，但共享的技術才剛剛起頭。在我想像的共享指數計上，如果分成 10 級，我們現在只有 2。專家曾經列出一大串他們認為現代人不會共享的東西──財務狀況、健康問題、性生活、內心深處的恐懼──但看來只要在適當的狀況下，有正確的技術與正確的益處，什麼都可以分享。

這個運動能讓我們多貼近非資本主義的、開放源頭的、同儕生產的社會？每次問起這個問題，答案就是：比我們想的更近。拿 Craigslist 來說明吧，就是分類廣告，不是嗎？Craigslist 不光是分類廣告。這個網站擴大便利的社區以物易物布告欄，觸及鄰近區域的群眾，用圖片增強廣告效果。顧客負責放上自己的廣告，更重要的是即時更新，保持廣告的即時性，最重要的是，都是免費的。不要錢的全國性分類廣告！負債累累的企業報紙怎麼能爭得過？運作不需要國家的資金或控制，市民直接連接到市民，遍及全球，每天更新，可說是最自由的市集，達成社會公益的效率（在尖峰也只有 30 名員工）壓倒了政府或傳統的企業。P2P（對等式）的分類廣告自然會逐漸損害報社的經營模式，但同時也無可爭議地指出，共享模式確實可行，能取代營利企業和要納稅的政府機構。

公共保健專家都很有自信地宣稱，分享照片無礙，但沒有人願意分享病例。可是在 PatientsLikeMe 這個平台上，病患彙集了治療結果，來改善自己的醫療照護，證實集體行動能勝過醫生及對隱私的擔憂。愈來愈多人有同樣的習慣，分享想法（Twitter）、分享讀物（StumbleUpon）、財務狀況（Motley Fool Caps）、大小瑣事（Facebook），也變成新的文化基礎。共享的同時，橫跨不同大洲的群體也協力建構百科全書、新聞媒體、影片資料庫和軟體，合作對象彼此不認識，也無關階級——因此接下來採行政治社會主義也很合邏輯。

在上一個世紀，自由市場也出現類似的情況。每天都有人問：市場可以在哪些地方做得更好？我們寫下一大串問題，看似需要理性規畫或父權式政府，而不是用上商業的邏輯。舉例來說，傳統上通訊由政府管理，尤其是稀少的無線電頻道。但在市場上把通訊頻譜拍賣掉，讓頻寬能達到最佳利用度，加快創新和新興企業。派信不由政府獨占，也讓 DHL、FedEx 和 UPS 等企業參與。在很多案例中，改良後的市場方案顯然更有用。近幾 10 年來，釋放市場力量來解決社會問題，才能有興盛的榮景。

現在，我們想把同一招用在協作社交科技上：把數位社會主義套用到愈來愈長的欲望清單——偶爾也用在自由市場解決不了的問題上——看看行不行得通。到目前為止，結果挺驚人。我們很成功地用協作技術把醫療照顧帶給最窮的人、開發出免費的大學教科書，以及為罕見疾病的藥物提供資金。在幾乎每一個轉折點，共享、合作、協作、開放、自由定價和透明化的力量，已經證明自身的實用度超越了資本主義者想到的極限。每次嘗試都讓我們發現，共享的力量早已超乎想像。

共享的力量不限於非營利事業。過去 10 年來，Google、Facebook 和 Twitter 創造出的商業財富名列前三大，他們的價值來自大家不看好的共享，增值的方式也出人意料之外。

Google 最早的版本，利用業餘人士創造的網頁連結，一躍成為當時最主要的搜尋引擎。只要有人在網路上建立超連結，Google 就把那個連結算成網頁的信任票，用這一票增加網路上連結的權重。因此，如果連結到某個網頁的頁面，也連結到其他受信任網頁的連結上，這個網頁的可靠度在 Google 的搜尋結果裡就會往上提。這種循環證據很奇怪，但不是 Google 創造的，而是衍生自幾百萬個網頁分享的公開連結。Google 率先從顧客按下的共用搜尋結果中提取價值。一般的使用者每按一下滑鼠，就為該網頁的實用度投了一票。所以光透過使用Google，粉絲就讓Google變得更好、更有經濟價值。

Facebook 用了幾乎沒有人覺得有價值的朋友網路，並鼓勵我們分享朋友網路，同時簡化分享網誌的方法，讓我們能更輕鬆與剛搭上線的朋友圈閒聊。對個人來說，是個不起眼的好處——但要聚集起來，卻複雜到登天。分享朋友圈似乎得不到賞識，但沒有人想到會變得這麼強大。Facebook 最強的資產，原來是它需要為我們創造的線上身分（而且持續不變），共享計畫才能成功。透過 Second Life 的虛擬實境之類的未來派產品，可以輕鬆分享想像中的你，但 Facebook 讓你能輕鬆分享真實的你，因此賺了很多錢。

Twitter 採取類似的方針，光分享 140 個字元的「狀態更新」，似乎沒什麼力量，但推特拿來用了。光是讓人分享短短的妙語，找回不太熟的朋友，建立起的事業便非常驚人。之前大家都覺得這個程度的分享不值得花時間，遑論有價值。Twitter 證實了對個人來說，只是普通閃亮亮的東西收集起來，經過處理、組織並傳播回個人，把分析資料賣給企業，就是共有的金子了。

從階級到網路，從集中的頭腦到去中心化的網路，分享就是基本概念，這樣的變動是過去 30 年來的文化主幹——還沒走到結局。由下而上的力量，會讓我們繼續向前。然而，光靠這股力量還不夠。

要取得最好的成果，我們也需要由上往下的智力。既然現在最熱門的就是社交科技和共享應用程式，讓我再說一次：光是由下而上，還不足以得到我們真正想要的東西。我們需要一點點由上往下的力量。每間主要採取由下往上管理的組織，若能撐個幾年，都是因為混合了由下而上和一些由上而下。

透過個人的經驗，我得出以上結論。我和其他人一同創辦

《連線》雜誌，擔任編輯。編輯執行由上而下的職務——挑選、修整、徵集、定型和引導作者的成果。我們在1993年推出《連線》，那時網路還沒發明，所以我們享有特權，在網路出現時設計新聞報導的模樣。事實上，《連線》創造了最早出現的商業社論網站。我們在網上實驗新的方法，創造和傳播新聞，也有個沒有答案的重大問題：編輯該行使多大的影響力？顯然，新的線上工具對觀眾來說，不光是投稿更簡單，編輯內容也很容易。反覆出現的洞察力很簡單：顛覆舊的模式，讓觀眾／顧客來負責，會怎麼樣？他們會變成托佛勒的產消合一者——兼任製作者、消費者。創新專家基利就觀察到「一個人的智慧比不上所有人」。薛基也說過：「鄉民都來了！」我們該不該讓觀眾裡的「所有人」，自行創造出線上雜誌？編輯是否該退下，光批准群眾創造出來的智慧就好？

在《連線》問世前，瑞格德這位作家和編輯已經上網10年，他和許多行家都認為，現在可以不要編輯了。跟著人群走吧！瑞格德帶頭提出當時非常激進的宣言，內容完全可以從業餘人士和觀眾的集體行動中召集出來。瑞格德後來寫了一本書《聰明行動族：下一場社會革命》。我們找他來管《連線》的線上內容網站 HotWired。HotWired 一開始的想法很極端，想要控制讀者群寫出其他讀者會看的內容；但其實更激進。自認很酷的人聲浪愈來愈大，宣稱最後作家再也不需要編輯。想出版就出版，不需要許可。能連上網際網路的人，可以刊登自己的作品、召集觀眾；出版商再也不能把關。這是一場革命！因為是革命，《連線》刊出〈網際空間的獨立宣言〉，宣布舊的媒體走到盡頭了。新的媒體確實繁衍地很迅速，也包含彙整連結的網站，例如 Slashdot 和 Digg，後來還有 Reddit，可以讓使用者投票贊成或反對上面的項目，合力打造共識過濾器，根據「類似的連結」來互相推薦。

瑞格德相信《連線》去掉編輯的否決權，不再管束意見堅定、充滿熱情及寫作意願很高的人，就能迅速前進。今天我們稱這些貢獻者為「部落客」或「推特兒」。這方面瑞格德說對了。為 Facebook、Twitter 和其他社群媒體提供動力的內容，由使用者創造，而不是編輯。十來億個業餘的市民，每一秒都釋放出大量文字。事實上，網路使用者一年寫的字，平均下來遠超過過去的專業作家。這股力量未經編輯、管理，完全由下而上。產消合一者產生的大量內容也得到注目── 2015 年的廣告費用高達 240 億美元。

我站在起義活動的另一邊。那時我提出反駁的論點，多數業餘人士的作品未經編輯，基本上沒那麼有趣，通常也不可靠。有上百萬人每週寫上百萬字（也包括寫部落格或發文），很值得用才智來引導這股文字的洪流。一點點由上而下的選擇，只會提升價值，因為使用者產生的內容量愈來愈多。過了一段時間，提供使用者撰寫內容的公司開始編輯、挑選和策畫大量的資料，才能維護品質，不致流失讀者。除了底層的純粹無政府狀態，還得有點別的東西。

對其他類型的編輯來說，也是一樣。編輯是中間人──今日所謂的「管理者」──創作者和讀者之間的專業人員。中間人工作的場合，包括出版社、唱片公司、藝廊或電影製作公司。他們的角色或許會徹底改變，但對中間人的需求不會消失。群眾間沸沸揚揚的創作，需要某種類型的仲介來加以塑形。

　　但在 1994 年，誰知道呢？為了進行偉大的實驗，我們推出線上雜誌《HotWired》，內容主要由使用者提供；結果並不成功。不久就讓編輯負責監管，加入編輯找人撰寫的文章。使用者可以投稿，但出版前需要編修。從那之後，每個 10 年就有幾家商業新聞組織嘗試同樣的實驗。英國的《衛報》想在新聞部落格上利用讀者的報導，但兩年後銷聲匿跡。南韓的《OhMyNews》表現甚佳，由讀者投稿的新聞組織，經營了數年，2010 年才回到編輯手中。《Fast Company》是一本經驗豐富的財經雜誌，簽下了 2,000 名寫部落格的讀者來投稿，不經過編輯的監督，但一年後就結束實驗，現在則靠讀者提供想法，再由編輯來指派。使用者產生和編輯強化的混合模式很常見。Facebook 已經開始透過聰明的演算法，過濾由下而上的新聞洪流，最終的結果會出現在你的塗鴉牆上。這家公司的調停只會繼續增加，其他由下而上的服務也一樣。

　　老老實實地仔細看看，就連維基百科這種使用者投稿的模範，都不是純粹的由下而上，差得遠了。事實上，維基百科開放給所有人的流程，脫離不了私下的菁英制度。你編輯的文章愈多，你的編輯愈有可能留存下來，不會被還原，意思是過了一段時間後，經驗豐富的編者發現，要讓自己編輯的地方留下來，比以前更簡單，也就是說維基百科的流程，偏好這幾位多年來投入不少時間的編者。持續付出的老手就像管理階層，提供少許編輯上的判斷，延續這種開放性的臨時任務。其實這一小群自行投入的編輯，才能讓維基百科持續運作，即將邁入第三個 10 年。

社群合作撰寫像維基百科這樣的百科全書時，如果對某篇文章無法達成共識，沒有人需要負責。那個缺口就是不完美的地方，不一定能及時修好。但失敗對這樣的企業整體不會造成危害。另一方面，集體合作的目標，在於打造出一個系統，自我導向的參與者會負責照看複雜的流程，整理出優先順序等艱難的決策則由全體成員決定。在歷史上，無數的小規模集體主義團體，試過這種去中心化的營運模式，經營管理的職務並非在最上層。結果並不鼓舞人心；只有極少數的社群撐了短短幾年。

的確，細查維基百科、Linux 或 OpenOffice 的管理核心，這些事業不像外表看起來是純粹集體主義的天堂。維基百科有幾百萬個作者，但主要的編輯工作則由相對數目很少的編輯（約 1,500 人）來負責。寫程式碼的團體也一樣。一小群協調人員要管理一大群貢獻者。創辦 Mozilla 開源程式碼工廠的主席卡普爾發現，「無政府狀態若能行得通，裡面一定有校友關係網。」

這不一定是壞事。有了少許階級制度，有些類型的集體事業能獲益，有些卻會受到傷害。網際網路、Facebook 或民主制度之類的平台功能，就像競技場，可以生產貨物和履行服務。這些做為基礎架構的場地，沒有階級才好，縮小入門的阻礙，平均分配權利和責任。這些系統若被強大的參與者主導，整個構造都會受害。另一方面，組織建造起來，如果是為了創作產品，而不是平台，通常需要有力的領導與階級按著時間尺度來排班：低階的工作要看每小時的需求；下一級則是需要今天完成的工作。較高的階級專心處理每週或每月的例行工作，更高的階層（通常是執行長的等級）則需要展望未來 5 年的工作。很多公司都夢想能從製造產品逐漸演進到創造出平台。但真的成功了（像 Facebook），通常又還沒準備好新職務需要的轉換；為讓機會「扁平化」，公正分配，盡量縮小階級，必須表現得更像政府，不像公司。

從前，想要建構出有階級但又盡量放大集體主義的組織，幾乎不可能；要管理這麼多業務的成本太貴了。現在，數位網路以便宜的價格提供必要的點對點通訊。網路讓以產品為重心的組織維持階級制度，不會被完全接管，便能集體運作。比方說，MySQL 這個開源資料庫背後的組織，仍有一些階級制度，但集體主義的程度遠超過甲骨文這家巨型資料庫公司。同樣地，維基百科並不全力捍衛評等，但和《大英百科全書》比起來，就更偏向集體主義制度。這種新的團體是混合式組織，但比大多數傳統企業更偏向無階級那一邊。

雖然花了一點時間，但我們學到了，我們需要由上而下的管理，但不需要太多。集體心智缺乏理性的愚蠢，像是生食原料。推動智慧的設計，編輯工作和專業知識，就像食物裡的維生素。不需要太多，體形魁梧的人也只需要微量。太多了會中毒，或直接排出身體。適當的階級劑量，正好足以供給大團體生命力。

　　要混合大量的失控與少量的由上而下控制元素，有無數的方法，正是今日令人振奮的新領域。在這個時代來臨前，科技主要就是控制、就是由上而下。現在可以同時容納受控和混亂。之前建立的系統就無法含有這麼多亂七八糟的準控制。我們正衝進不斷擴張的空間，裡面能去中心化的東西有無限可能，之前因為技術做不到而無法取用的東西，現在也可以共享。在網際網路出現前，就是沒有辦法即時協調上百萬人，或讓 10 萬人花一個禮拜的時間合作一個專案。現在可以了，所以我們要快速探索所有的方法，來結合控制跟群眾，可能的排列應該數也數不清。

　　然而，大型的由下往上企畫，無法把我們帶到想要的目的地，只能走一半。在生活中的各個面向，我們都想要專業知識。但沒有專家，很難達到我們想要的專業程度。

　　因此，看到維基百科的流程繼續演化，也無須驚訝。每年都會疊上更多結構。頂級的編輯可以「凍結」具爭議性的文章，就不能隨便任人更改，只有特定的編輯可以更動內容。許可內容的規定變多了，需要的格式變多了，需要的批准也變多了。但品質也變得更好。據我猜測，在未來 50 年內，維基百科的文章有絕大部分要經過受控制的編輯、同儕審查、驗證鎖、鑑別憑證等等。對讀者來說都很好。每一個步驟都是少量的由上而下智慧，抵銷大規模由下而上系統的愚蠢。

　　但如果集體心智這麼蠢，幹嘛費心呢？

　　因為就算蠢，也聰明到能做好很多工作。

　　有兩種方法：第一，由下而上的集體心智，比我們想像的更厲害。維基百科雖然不完美，但比眾人認定的好得多。就這一點而言，常常超乎我們的想像。Netflix 的個人推薦，來自幾百萬人觀看的結果，成功的程度超越大多數專家的期望。就評論、深度和可靠性的幅度來說，比一般影評人的說法更有用。eBay 上與虛擬陌生人的舊貨交換，本來無人看好，但雖然不完美，依然遠超過大多數零售商的預期。Uber 的 P2P 隨選計程車服務很成功，就連創辦人也有幾個都深表驚訝。假以時日，去中心化的蠢東西互連起來，會變得比我們想像的更有智慧。

　　第二，就算純粹去中心化的勢力也無法帶我們達成目標，但卻是最恰當的起點。因為這股力量很快、很便宜、不受控制。要開始以群眾力量為基礎的新服務，不像以前有那麼多障礙。集體心智的規模要放大，順利得不得了。那就是為什麼 2015 年有 9,000 家新創公司，想利用去中心化點對點網路的共享力量。隨著時間轉變也沒有關係。或許 100 年後，這些共享的流程，例如維基百科，會疊上不少管理階層，變得很像老派的極權企業。即使如此，由下往上還是最好的起點。

　　我們正在黃金時代。接下來 10 年內的創作量，會讓過去 50 年來的成果看起來微不足道。更多藝術家、作家和音樂家出現，每年創作出更大量的書籍、歌曲、電影、紀錄片、相片、藝術品、歌劇和專輯。今日的書籍比以前更多、更便宜。音樂、電影、遊戲和各種可以用數位方式複製的創意內容也一樣；創意作品的數量和種類猛然上漲。愈來愈多古老的文明成果──不論什麼語言──再也不隱身在收藏珍品書的房間裡或鎖在檔案櫃裡，而是不管你住在哪裡，只要按一下滑鼠就能取得。利用推薦和搜尋的技術，很輕鬆就能找到最隱匿的作品。如果你想要 6,000 年前的巴比倫頌歌與歌詞，就在這裡。

同時，數位創作工具也到處可見，需要的資源很少，也不太需要特殊技能，就能做出一本書、一首歌、一個遊戲，甚至一部影片。最近有家廣告商為了證實這一點，用智慧型手機拍了電視廣告，成果看起來很圓熟。傳奇畫家霍克尼用 iPad 創作了一組畫作，大受歡迎。知名的音樂家用售價百元美金的現成鍵盤，錄製暢銷歌曲。十幾名不知名的作家自費出版電子書，工具只是便宜的筆記型電腦，就賣了幾百萬本。遍布全球的高速連線，帶來史上最大群的觀眾和聽眾。在網際網路上，最成功的作品變得愈發成功。韓國的流行舞影片《江南Style》，觀賞次數高達 24 億，而且會繼續增加。之前在地球上從未見過數目高到這種程度的觀眾群。

自製的暢銷作品站上頭條，但真正的新聞卻在另一個方向。數位時代屬於非暢銷作品──不受賞識、遭到遺忘。因為共享的技術，最隱晦的興趣再也不隱晦了；按一下就出現在眼前。網際網路快速流動，深入每家每戶，最近則透過手機進入每個人的口袋，大群觀眾的支配優勢也消失了。對大多數創作來說，這個世界基本上就是利基的實現。左撇子刺青藝術家可以找到同類，分享心得和深奧的技術。覺得低聲說話很性感的人其實不在少數，他們可以看其他一樣喜歡低語的人創作分享的影片。

　　這些微小的利基都小得不得了，但利基高達幾千萬個。在這無數的利基利益中，就算一個只能吸引一、兩百個粉絲，有可能成為新粉絲的人，只要用 Google 搜尋就能找到這群人。換句話說，要找到特殊的利基利益和找到暢銷作品一樣簡單。今天看到有奇特興趣的小群落，我們都不覺得驚訝；要沒有才奇怪。我們可以朝著 Amazon、Netflix、Spotify 或 Google 內的荒野前進，很有自信能找到某個人料到我們最古怪的興趣，提供成品或論壇。每樣利基與暢銷利基都只有一步之隔。

　　今日的觀眾就是國王。那創作者呢？在共享經濟中誰付錢給他們？要沒有中間人，誰來資助他們的創作活動？答案也出乎意料之外：另一種新的共享科技。群眾募資給創作者的好處，遠超過所有的方法。群眾募資，表示聽眾或觀眾提供資金給作品。粉絲集合起來資助最喜歡的人。透過共享科技，一位粉絲若是願意預付款項給藝術家或作者，（很輕鬆）就能聚集幾百名粉絲來籌措一大筆錢。

　　最有名的群眾募資網站就是 Kickstarter，2009 年成立後，在本書寫成時，已經讓 900 萬名粉絲提供資金給 88,000 個專案。全世界約有 450 個群眾募資平台，Kickstarter 就是其中之一；其他的還有 Indiegogo，也一樣多產。集合起來，群眾募資網站每年的專案募集，超過 340 億美元，若用其他的方法，這些專案就找不到金主。

　　2013 年，Kickstarter 有 20,000 人籌資，包括我在內。我和幾個朋友創作了一本全彩繪畫小說——以前也叫做大人的漫畫書。我們估計，需要 40,000 美元來付給作家、藝術家創作和印刷第二集作品《銀鏈》。所以我們上了 Kickstarter，製作簡短的推銷影片，說明資金的用途。

Kickstarter 採用很巧妙的第三方保管服務，所以補助的總額（比方說我們的 40,000 美元）要等到湊足金額，才會交給創作人。期限結束前，就算只少一塊錢，也會立刻退給投資人，籌資人（我們）什麼都拿不到。粉絲因此受到保護，因為資金不足的專案注定會失敗；他們也採用經典的網路經濟學，把粉絲轉為主要的行銷人，因為他們貢獻後，就很有動力要幫你達成目標，召集朋友一同參與。

在未預料到的情況下，有些熱門的粉絲募資 Kickstarter 專案籌措的款項，可能比目標高出 100 萬美元。最知名的 Kickstarter 募款，從未來的粉絲身上集資 2,000 萬美元，產品則是數位手表。約莫有 40% 的專案，成功達到募款目標。

450 個由粉絲出資的平台都會稍微調整規則，配合不同的創造小組或凸顯不同的結果。群眾募資網站可以全力支持音樂家（PledgeMusic、SellaBand）、非營利組織（Fundly、FundRazr）、醫療急診（GoFundMe、Rally），甚至也以科學為主題（Petri Dish、Experiment）。有幾個網站（Patreon、Subbable）的目的是為了持續支持長久的專案，例如雜誌或影片頻道。有兩個平台（Flattr、Unglue）透過粉絲提供資金給已經發行的作品。

但到目前為止，群眾共享未來最具影響力的作用，在於粉絲群的股權。支持者投資的不是產品，而是公司。某家公司的粉絲可以購買這家公司的股份，就像在股市購買股票一樣。你

與其他人共享群眾外包的所有權。你持有的每一股，都是整個
企業的一小部分，公開股票匯集的資金，用以扶植企業。在理
想的情況下，公司從自己的顧客身上籌款，即使在現實中，高
額退休金和避險基金才是大戶。嚴厲的規章加上政府對上市公
司的管束，普通的散戶才能得到保障，只要有銀行帳戶就可以
買股票。但高風險的新創公司、獨自作業的創作者、瘋狂的藝
術家，或在車庫裡發明新產品的二人組，都受不了上市公司需
要承擔的文書工作和重重的財務繁文縟節。每年都有幾家極少
見的公司因為資金充足會試圖公開上市，但收費高昂的律師和
會計師會先做實質審查，狠狠敲他們一大筆費用。開放的 P2P
體系，讓任何人都能賣出公司的公開所有權股份（當然也有相
關的規章），徹底改革經營模式。我們看到數萬種新產品，因
為眾籌而問世，新的股權共享方法，則會讓數萬家不存在的企
業藉此誕生。共享經濟，現在也包括所有權的共享。

　　優勢一看便知。有想法的話，就可以找人來投資，他們和
你一樣看到產品的潛力。你不需要得到銀行業者或富豪的許
可。如果你夠努力，也成功了，支持者與你共榮。藝術家可以
利用粉絲的投資來成立公司，長期販售自己的作品。在車庫裡
發明出新奇小玩意的一對好友可以運用成果，制定企業流
程，創造出更多小玩意，不需要把每一樣都放上 Kickstarter。
缺點也很明顯。沒有檢查、守衛和執法，P2P 投資會吸引很多
詐欺客和騙子，行騙高手會把收益講得天花亂墜，拿走你的
錢，還申辯自己無罪。老奶奶一輩子的存款可能就泡湯了。但
就像 eBay 用過創新的科技，解決古老的詐騙問題，因為買賣

雙方都是隱形的陌生人，所以股權眾籌的危險透過保險集團、代管帳戶及其他類型利用科技保障信用的創新技術，就可以降到最低。美國最早出現的兩種股權眾籌服務 SeedInvest 和 FundersClub，仍要仰賴有錢的「合格投資人」，2016 年初，美國的法律改變，讓一般民眾也能合法參與股權眾籌。

這樣就夠了嗎？貧窮的農夫能從地球另一端的陌生人處借到 100 美元，還順利還債，誰會相信呢？這就是 Kiva 提出的 P2P 借貸。幾 10 年前，國際銀行發現把小額款項借給窮人，還款率比借一大筆錢給有錢的州政府更高。把錢借給玻利維亞的農民，比借給玻利維亞政府更安全。幾百美元的微型貸款申請了數萬次後，發展中的經濟就能從谷底加速躍起。借 95 塊美金給一位貧窮的婦女，她可以開路邊攤賣食物，穩定的收入帶來的益處能影響她的小孩，影響當地的經濟，快速建立起基礎，為更複雜的新創公司奠定根基。在人類發明的發展策略中，這是最有效率的一種。Kiva 踏出共用的下一步，把微型貸款轉為 P2P 借貸，不論你是誰、在什麼地方，都可以借出微型貸款。所以你可以坐在星巴克裡，借 120 塊美金給玻利維亞的某位女性，她計畫要買羊毛來織布，做小生意。你可以追蹤她的進展，一直到她還錢為止，那時你可以把這筆錢再借給另外一個人。Kiva 從 2005 年推出以來，有 200 多萬人透過共用平台，借了超過 7 億 2,500 萬美元的微型貸款。還款率約莫 99%。借貸者會很高興再把錢借出去。

如果 Kiva 的作法在開發中國家可行，那已開發國家能不能採行 P2P 借貸呢？現在有兩家網路公司 Prosper 和 Lending

Club 提供這種服務。他們配對貸款人與借款人，雙方都是平民老百姓，願意以還不錯的利率借錢。到了 2015 年，這兩家最大的 P2P 借貸公司已經成交了 20 多萬筆貸款，價值超過 100 億美元。

創新本身也可以外包給群眾。名列《財星雜誌》全球前 500 大企業的奇異公司，擔憂內部的工程師跟不上新發明的快速步調，便推出 Quirky 平台。只要你想到奇異公司可以推出什麼樣的新產品，都可以在線上提交想法。奇異公司的員工每個星期投一次票，選出最棒的想法，並加以實現。如果想法變成產品，發想人還可以賺錢。到目前為止，透過這個群眾外包的方法，奇異公司推出了 400 多項新產品。「雞蛋保母」就是一個例子，把這個雞蛋盒放在冰箱裡，它會傳訊息給你，告訴你該去買雞蛋了。

一開始還有另一種很受歡迎的群眾外包模式，比較不強調協作，而是以競爭為重點。有商業廣告的需求，就可能促使競爭，找到最佳方案。一群參賽者提出方案，企業提供獎金給最棒的提案。比方說，Netflix 宣布要發 100 萬美元給程式設計師，只要他們發明的演算法推薦的電影能比原來的演算法好上 10%。40,000 組人提交了很棒的方案，都能提高效能，但只有一組達到目標贏得獎金。其他人就等於做白工了。99Designs、TopCode 或 Threadless 等網站會幫忙舉辦競賽。假設你需要商標，願意付費給最佳設計。費用愈高，就有愈多設計師參加。在 100 份投稿的設計草稿中，你選出你最喜歡的，付錢給設計師。但開放式平台表示每個人的作品都公開，每位參賽者都可以拿別人的創意當基礎，想辦法勝過他們。對客戶來說，用同樣的價格，群眾產生的設計或許比單一位設計師還要好得多。

群眾可以造出車子嗎？當然。位於美國鳳凰城的 Local Motors 利用開源方法，設計製造低量產訂做性能車（高速車輛）。15 萬名汽車迷為拉力賽車需要的幾千個零件提供規畫。有些是現成的，從目前已經有的車子上劫來；有些特別打造，在美國各地的幾家微型工廠製造；有些零件則設計成可以在任何一家 3D 列印店印出來。Local Motors 最新款的汽車，是完全用 3D 列印的電動車，也由群眾設計製造。

當然，有很多東西要讓潛在客戶來提供資金或創造，可能太複雜、太陌生，需要期限太長，而且風險也太高。比方說，前往火星的客運火箭、橫跨阿拉斯加和俄羅斯的大橋，或以 Twitter 為基礎寫成的小說，或許在可預見的未來，都不是眾籌的範圍。

但社群媒體的課題又重演了：掌控群眾的共用通常會讓你超越所想，基本上也是最佳起點。

我們才剛開始探索群眾能有什麼樣的驚人成就。群眾提供資金給想法、共同組織、共同製造，一定有 200 萬種不同的方法。用想不到的方法來分享想不到的事物，絕對也有上百萬種方法。

在接下來的 30 年內，最高額的財富──最有趣的文化創新──就在這個方向。今日我們還看不見共享有哪些好處，或者不夠看重共享，但 2050 年最大、發展最快、利潤最高的企業已經找到了掌控的方法。可以共用的東西——想法、情緒、金錢、健康、時間——都可以在恰當的狀況下共享，帶來恰當的好處。能共享的東西共用起來也更好、更快、更簡單、更長久，共用的方式也比我們現在能想到的多出許多。在歷史上的這一刻，共享前所未享，或用新的方法共享，才是增值的作法。

　　不久後，我的一天會這麼過：我是工程師，在合作性組織工作，合作的工程師來自世界各地。投資人或股東不是老闆也不是管理人，而是 1,200 名工程師共同管理。我調校程式碼，就能賺到錢。最近我設計了一種方法來改善飛輪的效能，可以用在電動車的再生煞車上。如果我的設計最終用於製造，我會得到一筆費用。事實上，不論我的設計用在哪裡，就算複製後用於不同的車款或另一個目的，款項還是會自動流回我這裡。車子賣得愈好，我累積的小額款項愈高。如果我的成果像病毒般傳播開來，那就太棒了。愈多人分享愈好，相片現在就走這個模式。我把相片傳上網，我的資歷都加密在影像裡，利於網路追蹤，其他轉發的用戶要付給我很小的一筆費用。不論相片複製了多少次，帳款和讚揚都屬於我。與上個世紀比起來，要做什麼都簡單多了，比方說教學影片，因為你可以從其他優秀的創作人那邊取得零件（影像、場景，甚至連版面也可以）組合起來，他們這些作品的小額費用會自動進入他們的帳戶。我們造的電動車會外包給群眾，不過和幾 10 年前不一樣，每位對車子有貢獻的工程師，不論貢獻大小，都能按比例得到報酬。

　　我可以貢獻的合作性組織有 10,000 家（在我這一代，到企業上班的人不多）。這些組織提供不同的費率，福利也不一樣，但最重要的是合作的人也會不一樣。我盡量把時間留給我最喜歡的組織，並不是因為他們付的錢多，而是因為我真的很喜歡與優秀的同事合作——儘管我們在現實生活裡從未謀面。有時候，其實很難讓高品質的合作性組織接受你的作品。之前的貢獻——在網路上當然都能找到——一定要是頂尖的。他們偏好過去幾年來參與過好幾個計畫的活躍執行者，自動付費的來源有好幾種，表示你在共享經濟中表現得很好。

　　沒有工作時，我在極度虛擬的世界中遊戲。這個世界完全由使用者建構，也由使用者控制。我花了 6 年的時間在山頂建造村落，堆起每一道石牆，把每塊布滿青苔的瓦片鋪在屋頂上正確的地方。這個白雪覆蓋的角落幫我賺了不少點數，但我覺得更重要的是要讓它完全融入我們建造的虛擬世界。30,000 多種不同類型的遊戲（暴力／非暴力、戰略／射擊）都在這個全球性平台上執行，不受干擾。就面積來說，平台幾乎和月球一樣大。建構遊戲的人目前有 2 億 5,000 萬，在這個廣大的世界裡，每個人負責一塊，在自家連上線的晶片上處理。我的村子在我的智慧房屋螢幕上運作。以前我用過託管公司，那家公司倒閉，我的成果也沒了，所以現在我（和其他幾百萬人一樣）只在我能控制的領域跟晶片上工作。每個人都貢獻少量的處理器時脈與貯存空間給共享的大世界，屋頂上中繼天線構成的網狀網路，把大家的處理器連結起來。我家屋頂上有個太陽能迷你中繼天線，會與附近屋頂上的中繼天線通訊，所以建造大世界的人一定不能斷線。我們合力經營網路，這個網路不屬於任何人，但同時也屬於所有人。我們的貢獻不能賣錢，在這互連的空間裡做遊戲、玩遊戲的時候也不需要行銷。大世界是史上最大的合作性組織，我們也是第一次藉此品味到行星這麼大的治理規模。遊戲世界的政策和預算，由電子投票一條條決定，需要不少解釋和教學，甚至要用到人工智慧。現在有很多人不明白，他們為什麼不能用這個方法投票決定國家預算，人數絕對超過 2 億 5,000 萬。

在大世界裡，我們成立團隊和合作社，好在現實世界中製造東西，結果奇怪的循環出現了。我們發現協作工具在虛擬空間中進步比較快。我加入一場黑客松＊，要與大家一起設計出送到火星的回力鏢探測器，並籌募資金，目標是要第一個把火星的石頭帶回地球。貢獻者形形色色，有地質學家，也有繪圖師。高科技的合作性組織幾乎都會貢獻資源，人力也算在內，因為很久以前他們就發覺，要在這樣大規模協作的活動裡，最新最好的工具才會發明出來。

我們共享成果已經幾 10 年了──相片、影片和認真擬出的推文。本質上來說，就是分享成功的果實。但只有在過去 10 年間，我們才發覺共享失敗的經驗，才能學得更快、做得更好。所以在協作企畫中，我們保留和分享所有的電子郵件、所

＊ 黑客松：hackathon 是 hack 和 marathon 的組合字，一群人在一段時間內，以協力的方式完成想做的事。

有的對話紀錄、所有的通訊、所有中間的版本、所有的草稿，紀錄完全開放。除了最終的成果，也共享流程。不成熟的想法、死胡同、搞砸的東西及重工對我和其他人其實都很寶貴，因為我們希望做得更好。開放整個流程後，更難欺騙自己，更容易看到哪邊做對了。連科學界也接納這個想法。實驗不成功的時候，科學家必須分享負面的結果。我也學會，在協同合作時，早點分享，學習和成功也會更早來到，現在我幾乎隨時連線。我共享的東西及別人與我共享的東西正在遞增──持續的微型更新、微微改善的版本、細微的調整──但不斷向前，就是我的動力。現在不可能放棄共享了，就連靜悄無聲，也可以當作共享的目標。

第七章

過濾ing

當個讀者或觀賞者，或表達想法，再沒有比現在更好的時候。每年創作出的新東西不勝枚舉，令人欣喜。每 12 個月，人類就創作出 800 萬首新歌、200 萬本新書、16,000 部新電影、300 億篇部落格文章、1,820 億篇推文、40 萬種新產品。不需要費什麼力氣，可能就手腕一動，一般人也能叫出萬物圖書館。想要的話，你可以盡情閱讀原用希臘文寫成的作品，古典時代頗有聲望的希臘貴族或許都沒有這麼多讀物。這種王室才能享受的自在，也能套用到古代中國的經卷上；你在家能看到的文字比中國古代的帝王還多。文藝復興時代的蝕刻版畫、現場直播的莫札特協奏曲，在它們的時代屬於很難得的機會，現在卻唾手可得。不論在哪一方面，今日的媒體來到前所未有的高峰，豐富到燦爛光輝。

按照我能找到的最新數據，地球上錄製的歌曲數約為 1 億 8,000 萬首。用標準的 MP3 壓縮，人類錄製音樂的總量，可以裝進 20 兆位元組的硬碟。現在一個 20 兆位元組的硬碟要賣 2,000 美元。再過 5 年只要 60 美元，還可以裝進口袋裡。不久後，你可以把人類所有的音樂帶著走。另一方面，如果這座圖書館這麼小，幹嘛帶著走呢？全世界的音樂可以按著你的心意，隨時從雲端取用。

可以應用在音樂上的道理，也適合其他能轉成位元的東西。在我們這一代，所有書籍、遊戲、電影、曾印出來的文字都納入一座圖書館，隨時隨地可以在同一個螢幕或同一個雲端執行緒上享用。這座圖書館也會一天一天變得愈來愈大。人口增加擴展了可能性，再由科技進一步擴展，簡化創造的過程。我生於1952年，而現在地球上的人口已經是當時的3倍。接下來10年又會增加10億。從我出生以來增加的五、六十億人中，會有愈來愈高比例的人口，因為現代發展的物資過剩和安逸而得到解放，有閒暇時間來發想新事物、創造新藝術品和製造新東西。現在要做簡單的影片，比10年前容易10倍。跟1世紀前比起來，要創造小小的機械零件也簡單了100倍。要寫一本書並出版則比1,000年前容易1,000倍。

結果則是無窮無盡的選擇。不論往哪個方向去，選擇都愈來愈多。現在沒有人製造發射機天線，這種行業已經消失了，但能選擇的職業比以前多。度假或用餐地點，或甚至食物的種類，也變得更多。投資的機會迅速擴大。能上的課程、能學的東西、娛樂的方法多到不計其數。活一輩子也沒有足夠的時間來一一思考每個選項的潛力。光是看看過去24小時發明或創造了哪些新東西，可能就要用掉一整年份的注意力。

萬物圖書館如此巨大，立刻顛覆了我們狹隘的消費習慣。我們需要協助，才能穿過這一大片荒野。人生苦短，卻有那麼多書要讀。某人或某物必須做出選擇，或在耳邊低語，幫我們做決定。我們需要鑑別的方法。我們只有一個選擇，就是取得協助來幫我們做出決策。我們利用各種過濾的方法來區別令人困惑的選擇。很多過濾的方法都很傳統，但仍有效用：

用守門人過濾：當權者、父母、神職人員和老師擋開壞東西，有選擇地傳遞「好東西」。

用中間人過濾：出版社、唱片公司和電影公司辦公室裡被拒絕的企畫書堆得滿坑滿谷。被拒絕了，表示也不會廣為傳播。報紙上的頭條也是過濾器，代表重要的資訊，其他都可以忽略。

用管理者過濾：零售商不是什麼都賣、博物館不是什麼都展示、公共圖書館不會每本書都買。這些管理人選擇貨品，擔任過濾的角色。

用品牌過濾：面對一整架類似的貨品，第一次來買東西的人會退縮，選擇熟悉的品牌，因為這樣可以比較不費力地降低購買的風險。品牌會過濾雜亂無章。

靠政府過濾：打壓禁忌。去掉仇恨言語、對領袖或宗教的批評。提倡與國家主義有關的言論。

用文化環境過濾：依著學校、家庭和社會的期望，小孩會接收到不同的訊息、內容和選擇。

用朋友過濾：同儕的影響力很大，能左右我們的選擇。我們很有可能會跟著朋友選。

自行過濾：我們按著自己的偏好和判斷來選擇。傳統而言，這種過濾法最為少見。

在資源愈來愈多的世界裡，這些方法依然存在。但在接下來十幾年內，要應付逐漸增加的選項，我們會發明更多種過濾器。

假設在這個世界上，每部偉大的電影、每本書和每首歌問世後，想要的話就有，宛若「免費」，精密的過濾系統已經去掉蹩腳的、沒用的及你應該沒有興趣的。作品再叫好，對你個人沒有意義的話，就全部放棄吧。你只要專心挑選真能讓你覺得很興奮的東西。你能選擇的絕對是精華中的精華，最好的朋友也會推薦，包括幾個「隨機」選項，給你一些驚喜。也就是說，你只會看到此刻與你完全匹配的東西。不過，你這輩子還是看不完。

比方說，只讀最好的書，可以篩選出你要看的書。讀了很多書的專家挑選出的書籍才需要注意，讓專家引導你找出西方文明中最偉大的 60 部作品——稱作「西方世界鉅著」的權威集合。一般的讀者要花 2,000 個小時才能看完全部的 2,900 萬個字。這只是西方世界。大多數人還需要進一步過濾。

問題是，一開始就這麼多選項，就算 100 萬個裡面只挑一個，剩下來的還是太多了。為你精選的五星級好電影，你到進棺材也看不完。完美適合你的工具多到你根本沒時間一一精通。有好多很酷的網站可以逛，但你的精力有限。事實上，根據你的喜好來量身打造的樂團、書籍、小玩意太多了，你吸收不了，就算當成正職也一樣。

　　然而，我們要把這過剩的情況縮減到讓自己覺得滿意為止，來看看理想的情況吧。我會用自己當例子，我想怎麼選出接下來要看要聽要玩的東西？

　　首先，我希望送過來的遠超過我知道自己會喜歡的。這種個人過濾器現在已經出現了，叫做推薦引擎。在整合網站中，Amazon、Netflix、Twitter、LinkedIn、Spotify、Beats 和 Pandora 早已用在很多地方。Twitter 用推薦系統，根據我已經追蹤的對象，建議我可以追蹤其他用戶。Pandora 的系統很類似，根據我已經按喜歡的音樂來推薦新曲給我。LinkedIn 上的關係網有一半來自追蹤者的推薦。Amazon 利用推薦引擎，讓使用者看到廣為人知的橫幅「喜歡這個品項的人也喜歡下面這些品項」。Netflix 用同樣的方法推薦電影給我。聰明的演算法徹底翻過每個人的行為紀錄，才能精確預測我的行為。猜測的結果有一部分根據我過去的行為，所以 Amazon 的橫幅其實該說：「根據你的紀錄，以及其他同類人士的紀錄，你應該會喜歡這個。」我買過的東西，甚至只是想過要買的東西（他們會追蹤我在頁面上停留多久，即使到最後我沒有買），都用來調整建議。計算了過去 10 億筆消費的類似程度，最終的預測真的讓人覺得很有見識。

　　這些推薦過濾器，便是我主要的發掘機制。我覺得一般來說，比專家或朋友的推薦可靠多了。事實上，很多人覺得這些篩選過的推薦很有用，這種「類似品項」的提議占了 Amazon 三分之一的銷售額──在 2014 年，這裡的差額約有 300 億美元，太有價值了。因此 Netflix 找了 300 人來研究推薦系統，預算為 1 億 5,000 萬美元。等過濾器上線，當然沒有人負責引導。只有不需要睡眠、專心一致的機器，才會注意到我和其他人的行為中有哪些微妙的細節，這就是認知能力的源頭。

但是，你已經表明喜歡某物，推薦系統又給你同樣的東西，就有風險了。你會陷入自我本位的迴旋，看不到其他稍有不同的東西，這些東西說不定也能引起你的興趣。這叫做過濾泡泡，術語則是「過度擬合」。你卡住了，上不了高峰，因為你表現得就像你已經登頂了，看不到周圍的環境。在政治領域裡，也有不少這方面的證據：某種政治類型的讀者只依賴簡單的「更多類似作品」來篩選，其他類型的書幾乎不碰。這種過度擬合，會讓他們的想法變得很頑固。在科學、藝術和文化等方面，也看得到這種因為篩選而引發的個人強化。「更多類似的好東西」過濾器有效的話，就一定要與其他類型的過濾器混合在一起。比方說，雅虎的幾位研究人員設計出一個方法，會自動對應個人在虛擬世界中的選擇範圍，讓泡泡顯示出來，陷在泡泡裡的人只要稍微調整某些方向，就能脫身。

第二，就理想而言，朋友喜歡什麼，我可能不知道，我想要收到這方面的訊息。Twitter 和 Facebook 提供此類過濾器的方法已經有很多種。追蹤朋友的訊息，你不費吹灰之力，就知道他們覺得哪些東西很酷，要分享給別人。用手機透過文字或相片，就能喊出要推薦的東西，太簡單了，所以如果有人喜歡某個新東西卻不分享出來，我們會覺得很驚訝。但朋友如果跟你很像，也會變成過濾泡泡。好朋友會變成回音室，強化同樣的選擇。研究顯示，進入下一個階段，也就是朋友的朋友，有時便足以放大選擇範圍，超越原本的預期。

　　理想過濾器的第三個要素則是串流，會推薦我不喜歡、但有可能喜歡上的東西。有點像不時要我試吃最不喜歡的乳酪或蔬菜，看看口味是否變了。我向來不喜歡歌劇，但幾年前我又試了一次──大都會劇院上演的《卡門》──即時轉播到電影院裡，大螢幕上打出顯眼的字幕，我看得很高興。專門探測使用者不喜歡事物的過濾器要小心處理，但也能利用大型協作資料庫的力量，因為「不喜歡這些東西的人，後來也變得喜歡上這個」。按著同樣的心情，有時我也想要一點點不喜歡的東西，因為我應該學著發現它們的好處。我的例子包括營養補充品、政治法規的細節或嘻哈音樂。偉大的教師都有一種本領，能把討厭的東西傳授給心不甘情不願接受的人，而且不會把他們嚇跑；偉大的過濾器也做得到。但誰會登記使用這種過濾器呢？

　　現在，沒有人用得到，因為過濾器主要由平台安裝。Facebook 上的用戶平均一個人有 200 個朋友，他們的更新源源不絕，已經讓 Facebook 覺得應該要修剪、編輯、削減和過濾你的動態更新，提高控制度。你不會看到朋友的每一則貼文。哪些被過濾掉了？按什麼準則？只有 Facebook 知道，而且 Facebook 把公式當成商業機密。要改善什麼，用戶甚至沒聽說。這家公司老說要提高用戶的滿意度，但我們可以猜測，他們篩選你的動態消息，好讓你花更多時間在 Facebook 上──衡量用戶逗留時間，比衡量用戶快樂度簡單多了。不過，你應該不希望 Facebook 朝著這個方向走。

　　Amazon 用過濾器提高銷售量，所以會篩選網頁上看得到的內容。除了推薦的商品外，網頁上出現的優惠、特價、訊息和建議都算。跟 Facebook 一樣，Amazon 每天執行好幾千種實驗，改變過濾器來測試 B 上面的 A，想按幾百萬名顧客的實際使用方式，來提供個人化內容。他們會調整細部，但規模很大（一次 10 萬個物件），所以結果非常有用。我也是 Amazon 的顧客，而且會一直回去買東西，因為他們的目標和我一樣：輕鬆找到我想要的東西。或許無法每次都猜對，但只要猜對一次，顧客就會回購。

　　Google 是全世界首屈一指的過濾器公司，對你看到的搜尋結果做出各種複雜精密的判斷。除了過濾網路，每天還要處理 350 億封郵件，高效過濾出垃圾郵件、指派標籤和優先順序。Google 是全世界最大的協作過濾器，有幾千個相互依賴的動態篩。你願意加入的話，Google 會提供個人化的搜尋結果，按著你的確切位置和查詢時間來修改。Google 使用已經得到證實的協作過濾原則：覺得這個答案有價值的人，覺得下一個答案也不錯（實際上的說法不是這樣）。Google 會過濾六兆個網頁的內容，頻率為每分鐘 200 萬次，但我們很少質疑 Google 提出建議的方法。輸入詢問時，它應該給我最受歡迎、最受信任、最獨特，還是最有可能討我歡心的答案？我不知道。我對自己說，或許我希望能有選擇，個別評等這四種方法的結果，但 Google 知道我只會看頭幾個結果就按下滑鼠。所以他們說：「根據我們每天回答 30 億個問題的深厚經驗，我們猜這幾個答案最好。」我就按下去了。Google 也想提高讓我再回來問問題的可能性。

　　過濾系統愈來愈成熟，就會從媒體擴展到其他去中心化的系統，比方說 Uber 和 Airbnb 等服務。系統把你和威尼斯的房間配對時，你個人對飯店風格、狀態和服務的偏好可以轉移到另一個系統，來提高滿意度。具有高度認知能力、聰明得不得了的過濾器，可以套用到每一個選擇很多的領域裡——領域的數目持續增加。在想要個人化的地方，就要加上過濾。

　　20 年前，很多權威大師預測，大規模的個人化即將來到。1992 年，派恩寫的《大量客製化》就提出計畫。量身打造的作品，以前曾是富人的權限，有了恰當的技術後，擴展到中產階級身上，似乎也很合理。比方說，有個巧妙的系統，結合數位掃描和機器人靈活製造，就能為中產階級提供合身的襯衫，不光是貴族才能享受訂製的衣服。1990 年代末期，幾家新創公司想用「大量客製化」來製造牛仔褲、襯衫和洋娃娃，卻跟不上流行。選顏色或長度等還算小事，但是要奪得或生產獨一無二的感覺，價格卻不能抬高到奢侈品的等級，那就很難了，這也是最主要的障礙。當時的科技追不上這樣的願景，但現在追上了。最新一代的機器人能從事敏捷製造，先進的 3D 列印機器能快速生產單一的單位。無處不在的追蹤、互動和過濾，表示我們能用很便宜的成本組成自己的多維度個人檔案，想要量身打造的服務時，就用個人檔案提供指引。

　　來看看這股力量會把我們帶到哪裡去。不久後的未來，我的一天會這麼過：廚房裡有台藥丸製造機，比烤土司機小一點。裡面裝了幾 10 個小瓶子，放了粉狀的處方藥或營養補給品。每天，這台機器都會把正確劑量的粉末混成一顆（或兩顆）專門給我服用的藥丸。我穿戴的感測器，一整天都在追蹤我的生理數據，因此藥效每個小時度量一次，送到雲端分析。第二天，劑量會按過去 24 小時的結果調整，製造出新的專屬藥丸。每天都一樣。這部大量生產的器具，會製造出極為個人化的藥物。

我個人的化身存在網路上，零售商都可以看到。化身全身上下的尺寸和曲線，與我本人一模一樣。就算去真正的零售店，我仍會先在虛擬更衣室裡試過所有的衣物，因為店裡只有最基本的顏色和款式。透過虛擬鏡子，我可以先看看衣服穿起來是什麼樣子，寫實到令人咋舌；事實上，因為我可以把穿好衣服的模擬我轉來轉去，比更衣室裡真正的鏡子更貼近真相（但只有我能更準確告訴我自己，新衣服有多舒適）。我的衣物根據化身的規格，為我量身打造（每隔一陣子就稍微調整一下）。我的衣物服務會根據我以前穿過的衣服，或我花最長時間打量的衣服，或好友穿過的衣服，來變化風格。這就是過濾風格。多年來，我已經訓練出個人行為的深度檔案，可以套用到我想要的東西上。

我的個人檔案和化身一樣，由「全量自我*」管理。它知道我去度假時，喜歡訂便宜的旅舍，但要有自己的浴缸、最高的頻寬，而且一定要在鎮上最古老的區域，可是不要靠近公車站。它利用人工智慧，配對、排程和預約最佳的價格。

＊ 全量自我：Universal You，這是 KK 假設的產品名稱。

Universal You 不光是存在網路上的個人檔案；而是持續變化的過濾器，配合我去過的地方、我過去旅行時拍過的照片和發過的推文不斷變化，也會權衡我新近喜歡的書籍和電影，因為書和電影常會激發旅行的欲望。它很注意我的好友及他們的朋友去哪裡玩了，從巨量的資料集區中推薦餐廳和旅舍。它的建議，我通常都很喜歡。

因為我的朋友讓「全量自我」追蹤他們的購物、外食、參與的俱樂部、電影串流、新聞屏讀、運動習慣及週末遊玩，Universal You 可以給我很詳細的推薦——朋友不需要費什麼力氣。早上起來時，「全量自我」過濾我要看的更新，根據我早上愛看的新聞類型，把最重要的新聞秀給我看。過濾會根據我會把什麼文章轉寄給別人、在哪裡加書籤或發表回應。我在櫃子裡找到新上市的早餐穀片，營養非常豐富，朋友這個星期也開始試吃，所以「全量自我」昨天幫我訂了。還不錯。我的汽車服務注意到今天早上哪裡塞車，根據幾位同事稍早的通勤狀態，把我的車子排到晚一點的時段，也會走和平常不一樣的路線，把我送到今天工作的地方。我向來搞不清楚我的辦公室在哪裡，因為我們開的新創公司會看今天哪邊有空，就到哪裡會合。我的個人裝置把辦公室的螢幕轉成我的螢幕。今天我要調整幾種人工智慧，幫客戶配對醫生及醫療風格。我負責讓人工智慧了解幾種離群的案例（例如有些人偏好用信仰治病），人工智慧的診斷與建議才能更有效率。

回到家後，我非常期待亞伯特幫我排好的一連串有趣 3D影片及好玩的遊戲。這是我給「全量自我」化身的名稱，它負責過濾我的媒體。亞伯特總能找到最酷的玩意，因為我把它訓練得很好。從高中以來，我每天都至少花 10 分鐘糾正它選出來的東西，加入含糊的影響，把過濾器調整得很好，所以到了現在，新的演算法不斷出現，還有朋友的朋友的朋友的給分，我的頻道讚透了。有不少人每天都會看亞伯特的更新。在虛擬實境世界的過濾器上，我在排行榜上拔得頭籌。我挑的東西很受歡迎，所以也能從「全量自我」賺錢──也不多，起碼夠付所有的訂閱費用。

過濾的方式與內容才剛起步。這些強大的運算技術，可以套用到物聯網上──也是必然。想要的話，最普通的產品或服務也可以個人化（但我們通常也不想）。在接下來的30年內，整塊雲都會過濾，提升個人化的程度。

但每種過濾器都會丟掉好東西。過濾就是一種審查，反之亦然。政府可以實行全國的過濾器，去掉不想要的政治意見，限制言論。就像 Facebook 或 Google，不會透露什麼被過濾掉了。但政府和社群媒體不一樣，公民沒辦法換到另一個政府。但就算只是很溫和的過濾，按著設計，我們只會看到整體的一小部分。這就是後匱乏世界的詛咒：我們只能連接到窄窄的討論緒，其他的都連不到。每天，3D 列印、手機應用程式和雲端服務等對製造者來說很方便的技術，又添加了新的可能。所以，每天都需要張得更開的過濾器，才能讓人類享受這麼大量的資源。過濾只會愈來愈多，無法撤回。過濾器如果不完全，無法藉由消除過濾器來彌補。只能套用抗衡的過濾器來補足。

從人類的角度來看，過濾器的焦點是內容。但從內容的角度反過來看，過濾器的焦點是人類的注意力。內容繼續擴展，人就愈需要專注。早在 1971 年，贏得諾貝爾獎的社會科學家司馬賀就發現，「在資訊豐富的世界裡，資訊的豐足表示另一種東西的不足：匱乏那種資訊消耗的東西。資訊消耗什麼，也很明顯：資訊會消耗接收者的注意力。」司馬賀的深刻見解常被簡化為「在過剩的世界中，匱乏的只有人類的注意力」。

我們的注意力是我們身上唯一有價值的資源，不經訓練即可產生。注意力供不應求，大家都想分一杯羹。你可以完全不睡覺，一天仍最多只有 24 小時的注意力。金錢或科技都無法擴大那個數字，其他的方法也不存在。你能產生的注意力最多就那麼多。注意力天生就有限，不像其他的東西都會變得過剩。既然如此匱乏，注意力流到哪裡，金錢就跟著過去。

雖然可貴，相較之下，注意力挺便宜。廉價的一個理由，是我們每天不得不花掉注意力。不能存起來，不能囤積，就這麼一秒一秒立刻用掉了。

在美國，得到人類大部分注意力的仍是電視，接下來是廣播，再來是網際網路。這三者占了大多的注意力，其他的東西如書籍、報紙、雜誌、音樂、自製影片、遊戲都只能分到一小塊。

但注意力並非均等。在廣告界，注意力的品質計量常用千人成本來反映。指看了 1,000 次，或有 1,000 名讀者或聽眾。

各種媒體平台估計的平均千人成本變化很大。便宜的戶外廣告牌平均3.5美元，電視7美元，雜誌14美元，報紙是32.5美元。

還有另外一個方法，可以算出注意力的價值。我們可以統計每一種主要媒體產業的年收入，花在每種媒體上的時間總數，算出一個小時的注意力，每小時可以產生多少收入。結果挺讓我驚訝。

第一，數字很低。產業賺的錢和消費者每小時的注意力算出比率後，看來注意力對媒體來說也沒什麼價值。每年（在美國）花在看電視上的時間，高達 5,000 億個小時，對內容所有者而言，平均每小時只有 20 美分的收入。如果有人用這種費率請你看電視，你的時薪只有第三世界的水準。看電視等於做苦力。報紙占的注意力更少，但每小時的收入比較高，有 93 美分。值得注意的是，網際網路比起來貴多了，每年的注意力品質都會增加，每小時的注意力平均可以獲得 3.6 美元。

看電視的人每花一小時的注意力，可以為電視公司「賺進」不怎麼樣的 20 美分，高檔報紙就算一美元好了，反映出我所謂「商品注意力」的價值。我們用在娛樂商品上的注意力很容易複製、很容易傳送、隨處可見、隨時都在，沒什麼價值。思考我們要付多少錢才能買到商品時——都是很容易複製的內容，例如書籍、電影、音樂、新聞等等——費率比較高，但並未反映出我們的注意力是終極的匱乏。用書做例子好了，普通的精裝書要用 4.3 個小時讀完，價格約為 23 美元。因此，一般消費者用於讀這本書的平均成本，是每個小時 5.34 美元。音樂 CD 一般在壞掉前會聽個幾 10 次，所以把零售價除以聆聽的總時間數，就得出每小時的費率。電影院裡兩小時長的電影只會看一次，所以每小時的費率是票價的一半。這些費率可以用來反映出我們給注意力的估價。

1995 年，我算過各種媒體平台的每小時平均成本，包括音樂、書籍、報紙和電影。不同的媒體間有些差異，但價格差不多，都在同一個級數，趨近於平均每小時 2 美元。所以，在 1995 年，我們平均會花每小時 2 美元在媒體上。

15 年後，到了 2010 年，以及在 2015 年，我又用同樣的方法，再度計算媒體的價值，組合和前面很類似。加入通貨膨脹與幣值改變的因素，1995 年、2010 年和 2015 年消費一小時媒體的平均成本分別是美金 3.08、2.69 和 3.37 元。那表示我們的注意力這 20 多年來的價值都很平穩。看來，我們有種直覺，媒體體驗「應該」要多少錢，實際上也不會偏離太多。也意謂著從人類注意力賺錢的公司（例如許多備受矚目的科技公司），每小時只能賺平均 3 美元——而且要提供高品質的內容。

接下來的 20 年內有項挑戰，要駕馭過濾技術，大規模培養出高品質的注意力，而這也是機會。今日，網際網路經濟的動力，大多來自幾萬億個小時的劣等商品注意力。一小時本身沒什麼價值，但合在一起就有移山之力。商品注意力就像一陣風，或海上的浪潮：散布各處的力量，要用大型器械才能留住。

Google、Facebook 和其他網際網路平台繁榮無比，背後的才智來自浩瀚的基礎架構，能過濾商品注意力。平台用不容小覷的運算力量，配對愈來愈多的廣告商和愈來愈多的消費者。他們的人工智慧追求最好的廣告在最好的時間出現在最好的地方，有最好的頻率，也有最好的回應方式。有些人稱之為個人化廣告，其實複雜多了，不只是針對個人的廣告而已。這是一種過濾的生態系統，結果已經超越了廣告。

在線上填表格，就可以在 Google 上打廣告（廣告大多是文字，像分類廣告）。也就是說有可能放廣告的人多達幾十億。你可能是小生意人，推銷食譜給吃純素的背包客，或你發明的新型棒球手套。在等式的另一邊，只要你有網頁，不管是什麼目的，都可以讓廣告商把廣告放上來，說不定可以靠賣廣告賺錢。網頁可能是個人部落格或公司的首頁。我在個人部落格上就放了 Google AdSense 的廣告，已經 8 年了。每個月展示廣告可賺幾百塊美元，和數 10 億資本額的公司比起來，自然微不足道，但 Google 不在意交易量這麼小，因為全部都自動化了，微量的金額加起來也不少。AdSense 網路歡迎所有人，多小都沒關係，所以能放廣告的地方，漲大到幾 10 億個。用數學方式配對幾 10 億個可能性──幾 10 億個想登廣告的人及幾 10 億個可以放廣告的地方──需要的解決方案簡直是天文數字。此外，最好的方案也會按著時區或地點改變──因此 Google（及其他的搜尋公司，例如微軟和雅虎）需要巨大的雲端電腦來詳盡分類。

Google 的電腦一天 24 小時都在網路上漫遊，收集網路上 60 兆個網頁的所有內容，把資訊存在巨大的資料庫裡，來配對廣告商和讀者。不論什麼時候，只要輸入搜尋字眼，Google 就是用這種方法立刻把答案送給你。網路上每個字、每個片語、每件事實的位置都已經加入索引。因此有網頁的人，如果想讓小小的 AdSense 廣告出現在自己的部落格頁面上，Google 會叫出紀錄，看那一頁上有什麼素材，然後用它的超級腦即刻找到一個人，他想登的廣告就和這一頁有關係。媒合成功，網頁上的廣告會反映頁面上的文字內容。假設網站屬於小鎮的壘球隊；新款棒球手套的廣告就很適合。讀者看了就很有可能按下去，但若是放了浮潛裝備，就不保證他們有興趣了。因此 Google 用內容當作指引，在壘球網站上刊登手套的廣告。

　　但這裡才開始複雜，因為 Google 想要做出三方配對。在理想的情況下，廣告不僅配合網頁的內容，也會配合來訪讀者的興趣。假設你進了一般的新聞網站，比方說 CNN 好了，它知道你參加了壘球社，你看到的運動用品廣告應該比家具廣告多。它怎麼知道？大多數人都不曉得，你上一個網站時，脖子上掛了不少隱形的標牌，指出你剛去了哪裡。你剛進的網站會讀這些標牌（術語叫做 cookie），大型平台也會，例如在網路上無孔不入的 Google。幾乎所有的商業性網站都會用到 Google 的產品，所以 Google 也能追蹤你在網路上亂逛的紀錄。當然，如果你用 Google 搜尋任何東西，它也會跟著你。Google 不知道你的姓名、地址或電子郵件（以後可能會知道），但會記得你在網路上的行為。因此，如果你看過壘球隊的網頁，或用 Google 搜尋「壘球手套」，然後打開新聞網站，它就會做出假設。把所有的猜測綜合在一起，算出要在你剛打開的這個網站上放什麼廣告。很神奇，但你今天在網站上看到的廣告原本不在哪裡，等你來了才加上去。因此 Google 與新聞網站立刻選出你看到的廣告，所以你看到的廣告和我看到的不一樣。如果過濾的整個生態系統運作起來，你看到的廣告會反映你最近的上網紀錄，也會迎合你的興趣。

等等——還有呢！在這個多邊市場裡，Google 本身變成第四方。除了滿足廣告商、網頁發行者和讀者的需求，Google 也想提高自己的分數。有些觀眾的注意力對廣告商來說，比其他人更重要。健康網站的讀者很有價值，因為他們有可能花很多錢買藥丸與療法，一買就是很長的時間，而走路論壇的讀者可能久久才買一雙新鞋。因此在每次放置的背後，都有一場非常複雜的拍賣會，把關鍵的內容字詞（「氣喘病」的成本比「走路」高很多）配上廣告商願意付的價格，以及會按下廣告的讀者有什麼樣的績效水準。如果有人按下廣告，廣告商就要付幾分美金給網頁所有人（和 Google），所以演算法要盡可能把廣告擺在最好的地方，提升收取的費率及互動率。5 分錢的壘球手套廣告如果按了 12 次，價值就超過按了一次的 65 分錢氣喘吸入器廣告。但如果第二天壘球隊的部落格刊登警告，今年春天的花粉量很高，在壘球部落格上登廣告的費用，突然就值 85 美分。Google 一次要耍弄上億個因素，即時決定此時此刻放什麼廣告最好。在這種流動性很高的四方配對中，一切都順利了，Google 的收入也來到高點。2014 年，Google 總收入的 21％來自 AdSense 的廣告系統，高達 140 億美元。

形形色色的互動所需的注意力，複雜而混亂，在西元2000 年以前根本無法想像。要追蹤、分類和過濾各種動力，需要的認知能力和運算，在現實中還做不到。但因為追蹤、認知和過濾的系統繼續成長，給予和接收注意力的方式，從可能變成可行。這個時期就像演化的寒武紀，生物才剛長成多細胞。在很短的時間內（從地質學的角度而言），生命體現了不少之前未曾嘗試的可能性。許多新的生活方式快速出現，有時候甚至很古怪，快到我們要把這個生物創新的歷史時期，稱為寒武紀大爆發。就注意力科技而言，我們在寒武紀大爆發的開端，新型的、古怪的注意力類型和過濾，都有機會上場。

例如，要是廣告和其他商業部門一樣，遵循同樣的去中心化趨勢呢？要是廣告由顧客來創造、放置和付費呢？

有個方法可以思考這種奇怪的安排。靠廣告支持的企業——目前大多數的網際網路公司——尤其需要說服廣告商透過他們放置廣告。出版者、會議、部落格或平台對公司提出的論點是，其他人不能像他們一樣觸及特定的觀眾，或沒有那麼良好的關係。廣告商有錢，所以可以挑剔負責放廣告的人。出版物或許能勸信最炙手可熱的廣告商，但無法選擇會顯示哪些廣告。廣告商和代理人才有選擇權。充斥廣告的雜誌或插滿廣告的電視節目通常算很幸運，能擔任廣告的傳播媒介。

但握有觀眾，就能選擇要顯示的特定廣告，不需要取得許可，對嗎？假設你看到超級酷的跑鞋廣告，想放在自己的串流裡——而且和電視台一樣，向廣告商收費。平台就是能選自己喜歡的最佳廣告，放上去後有人看，便按照流量的質和量來收費，可以嗎？視訊、靜態影像、音頻檔案的廣告裡面嵌入程式碼，可以追蹤它們顯示在哪裡、觀賞了幾次，因此，不論複製幾次，當時搭載的主機都會收到費用。廣告如病毒般傳播，等於中了頭獎，出現在一大堆平台上，不斷重播。因為在你的網站上播放的廣告，可以幫你帶來收入，你會很關心能不能放上有名的廣告。就像收集廣告的 Pinterest 版面，集合裡的廣告播放過或由讀者看過，收集的人就可以收到錢。做得好的話，觀眾或許除了受到內容吸引，也想來看很酷的廣告——就像幾百萬觀眾會看電視上的超級盃轉播，主要是為了看廣告。結果會創造出一個除了策畫內容、也會策畫廣告的平台。編輯會費心尋找未知、少見、吸引注意力的廣告，和尋找新文章一樣。然而，大受歡迎的廣告或許付出的費用不如利基廣告。令人不快的廣告或許付費比幽默的廣告多。所以，看起來很酷但不賺錢的廣告，跟守舊卻有利的廣告之間有某種平衡。當然，好玩、高付費的廣告很有可能常常出現，結果變得愈來愈不酷，價格說不定也降低了。或許有些雜誌／出版物／網站什麼都沒有，只有排列得很巧妙的廣告——也能賺錢。現在有些網站，上面只有電影預告片或很棒的廣告片，但放了廣告並不代表能賺錢。應該過一陣子就可以了。

這種安排完全顛覆了既有廣告業的權力走勢。如同 Uber 和其他去中心化的系統，從前由少數專業人士從事的高度精密工作，現在分散到業餘人士組成的 P2P 網路。在 2016 年，廣告專業人士不信這一套能成功，就連明理的人也覺得太瘋狂了，但過去 30 年來，我們學到一件事，一群業餘人士以智慧方式連結起來後，就能成就看似不可能的任務。

2016 年，幾家特立獨行的新創公司，想打破當前的注意力系統，但要先試幾次，激進的新模式或許能留下幾種。幻想與現實之間缺了一角，也就是相關的技術，能追蹤造訪次數或來源、清除詐騙，以及量化複製的廣告能獲得的注意力，然後安全地交換資料，才能正確付款。這種運算工作要交給Google 或 Facebook 等大型的多邊平台。也需要不少規章，因為金錢會吸引騙子和創意高超的垃圾郵件發送者。但等系統上線後，廣告商發出的廣告會如病毒般快速傳遍網路。你可以抓一個來嵌入網站，如果讀者點擊廣告，你就可以收錢。

這種新制度讓廣告商的地位變得很獨特。創造廣告的人再也不能控制廣告會在哪裡出現。這種不確定性，需要用廣告的構造以某種方式來補足。有些廣告設計成會快速複製，誘導觀看的人採取行動（購買）。有些廣告則設計成像紀念碑一樣靜止不動，慢慢引入品牌印象。既然廣告理論上可以當編輯資料使用，或許看起來就像編輯資料。並非所有的廣告都會野放。有幾個或許會留起來，使用傳統的定向布局（因此很少見）。這種系統要成功，必須以傳統的廣告模式為基礎，另外附加上去。

去中心化的潮流淹沒了每個角落。如果業餘人士可以放廣告，顧客和粉絲為什麼不能自己創作廣告？科技或許也能撐起P2P 廣告創作網路。

有幾家公司實驗過使用者創作的限量廣告。2006 年舉辦超級盃時，多力多滋徵求使用者製作的廣告片。他們收到2,000 部影片，200 多萬人投票選出最棒的在電視上播放。之後，這家公司每年平均收到 5,000 部使用者製作的影片。多力多滋發給第一名 100 萬美元，比專業廣告的成本便宜多了。2006 年，通用汽車徵求使用者幫他們的 Chevy Tahoe 休旅車製作廣告，收到了 21,000 份投稿（4,000 份是負面廣告，抱怨休旅車的壞處）。能舉的例子並不多，因為要播放的廣告必須經過企業高層認可，並非真的 P2P。

完全去中心化、P2P、使用者產生的群眾外包廣告網路，可以讓使用者創作廣告，負責發行的使用者則可選擇要把什麼廣告放在自己的網站上。這些使用者產生的廣告，倘若真的有人點擊，便會留下來和／或分享出去。沒有效用的廣告就撤下。使用者扮演類似廣告代理商的角色，就像他們已經接下的各種工作。業餘人士謀生的方式有拍攝圖庫相片，或在 eBay 拍賣上處理細微的價格調整，同樣地，一定有很多人靠著大量生產各種貸款廣告來賺錢。

說真的，你會找誰幫你做廣告？僱用價格高昂的專業人士，他們推敲哪種作法最好，製造出一種版本，還是要從上千個很有創意的年輕人裡面挑選，他們一天到晚都在調整、測試幫你做的廣告？同樣地，這也是群眾的兩難：這東西保證能暢銷，要努力創作單一的廣告——亦要勝過另外 1,000 個有相同想法的人——還是要追求長尾，要猜對了，那個未知的產品就只屬於你一個人，怎麼選呢？產品的粉絲會很樂意幫產品創作廣告。他們自然相信沒有人像他們這麼懂產品，目前的廣告（如果已經做了）也很差勁，所以他們很有信心，願意做出比別人好的成果。

期望大公司對廣告放手，符合現實嗎？不太可能。大公司不想當先鋒。草率的新創公司廣告預算少得可憐，或根本沒有，先讓他們試個幾年，看看結果怎樣。但用 AdSense 的話，公司規模並不重要。這個新的廣告空間反而釋放了小型和中型企業──有數 10 億家公司，從未想過自己能發展出很酷的廣告計畫，甚至根本沒有機會。有了 P2P 系統，這些廣告可以由熱情（且貪婪）的使用者創作，像病毒般釋入部落格裡尚未開發的空間，最棒的廣告經由測試和重新設計，而不斷演化，直到產生效用。

追蹤注意力的種種路線，我們發現注意力還有很多未開發的型態。早期的網際網路先鋒和投資者戴森，一直在抱怨電子郵件中注意力的不對稱。她與眾人一同制定網際網路的治理，也提供資金給許多創新的新創公司，所以收件匣裡滿是陌生人寄來的信件。她說：「電子郵件這種系統，讓別人加長了我的待辦事項清單。」目前，要把電子郵件加入別人的待辦事項，不需要成本。20 年前，她提出一種系統，收件人讀了電子郵件，就可以向寄件人收費。也就是說，你要付錢給戴森，她才會讀你寄給她的電子郵件。有些寄件人可能只要 25 美分──比方說學生──公關公司的新聞稿可能多一點（比方說要 2 美元）。朋友和家人或許不需要付錢，但創業家很複雜的自我推銷可能要 5 美元。讀了信之後，也能回溯豁免費用。也沒錯，因為戴森是很吃香的投資人，所以她的基本過濾器可以設得很高──例如讀一封信就收 3 美元。一般人不能要那麼高的價格，但收費就有過濾器的效果。更重要的是，足夠的讀取費用就像一個信號，告訴收件人這封信「很重要」。

　　收件人就算不像戴森那麼有名，也可以收取讀信的費用；不很成功的影響者也可以。可以解開誰追蹤誰的紊亂網路，就是雲端極為強大的用途。大量認知能力，能追蹤誰能影響誰的每一組排列。假設甲能影響一小群人，這群人又會影響別人，而乙能影響很多人，但這些人不會影響別人，甲和乙的評等就不一樣。狀態依地區而有差別，非常獨特。倘若一名青少女有不少忠心的朋友，都會追隨她的時尚風格，她的影響力評等或許高過科技公司的執行長。運算複雜度爆發起來，關係網路的分析能到第三層和第四層（朋友的朋友的朋友）。從錯綜複雜中，不同類型的分數可以分派給影響力和注意力的不同程度。得高分的人，讀電子郵件可以收比較多錢，但也可以根據寄件人的分數來選擇收費多寡──因此計算費用總數的複雜度和成本更高了。

　　群眾付出注意力，便直接付費給他們，這個原則也可以擴展到廣告上。我們注意看廣告，一毛不收。為何不向企業收取看廣告的費用？正如戴森的規畫，根據廣告來源，不同的人可以收取不同的費用。不同的人對供應商來說，有利條件的商數也不一樣。有些觀看者或許值不少錢。零售商會提到顧客一生的總花費；一名顧客若預期這輩子會在某家店花超過 10,000 美元，就可以提早拿到 200 美元的折扣津貼。顧客說不定也有一生的總影響力，他們的影響力擴及追蹤他們的人，以及追蹤者的追蹤者，以此類推。可以統計和預估一生的總數。提供注意力的人，一生預估的影響力如果很高，企業說不定直接付費給他們，比付費給廣告商更值得。企業提供的報酬包括現金、有價值的商品和服務。基本上，就是奧斯卡獎頒獎典禮提供的禮品袋。2015 年獲提名的人，拿到的禮品袋裡面塞了價值 16 萬 8 千美元的商品，包括唇蜜、棒棒糖、旅行用枕頭等商品，還有豪華飯店住宿及旅遊行程的兌換券。供應商的推測很合理，被提名奧斯卡獎的人影響力都很強。收到禮品袋的人不需要這些東西，但他們可能會和粉絲談起裡面有什麼。

奧斯卡獎或許遙不可及。但縮小規模來看，某地的知名人物可以匯集相當忠誠的追隨者，一生的影響力分數自然很高。但一直以來在幾億人當中，我們都無法精準界定形形色色的小圈圈名人。現在，過濾技術和共享媒體進步後，可以發現與接觸這些專家，而且為數眾多。零售商不需要透過奧斯卡，把一大群影響力沒那麼高的人當成目標即可。會使用廣告的公司不需要廣告了。上百萬美元的廣告預算直接付給成千上萬名有小小影響力的人，賺取他們的注意力。

我們還沒探索所有可以用來交換和管理注意力及影響力的方法。這塊空白的大陸正待開創。利用注意力或影響力收費很值得玩味，可能的模式有許多都還未開發出來。流動的影響力形成連續的舞步，從中浮現未來的注意力形式，能夠追蹤、過濾、共享和重新混合。用來協調這場注意力之舞的資料規模，會將複雜度往上推到新高。

我們的生活顯然已經比 5 年前複雜多了。我們需要把注意力放在更多地方，才能做好工作、學習、當父母，甚至連接收娛樂也需要。我們要注意的因素和可能性逐年增加，而且每年都暴漲許多。因此我們看起來一直心不在焉，不斷轉移注意

力，但這並不代表失敗，而是為了適應當前的環境。Google
不會讓我們變笨。但我們需要上網來保持機敏，能立刻注意到
新的東西。人腦並未演化到能處理不計其數的東西。天生的能
力有限，我們只能仰賴機器當作介面。我們需要能立刻過濾再
過濾的系統，才能應付人類創造出的大量選擇。

　　過剩的選項劇增──過剩就需要不斷增加過濾──東西愈
來愈便宜，也是主要的加速動力。一般來說，過了一段時
間，科技基本上都趨近於免費，也就讓東西愈來愈過剩。一開
始很難相信科技要變成免費的，但大多數人造的東西其實都是
如此。過了一段時間，如果科技夠耐久，成本就開始趨近於零
（但不會真的變成零）。時機一到，特定的技術功能看起來就
像免費的。趨於免費的走勢，似乎也適用於食品和原料（所謂
的日用品），以及儀器等複雜的東西，還有服務和無形的事
物。這些東西的成本（固定的單位）隨著時間而下滑，尤其在
工業革命以後。國際貨幣基金組織在 2002 年出版的文章指
出，「過去 140 年來，實體貨品的價格每年約減少一個百分
比。」在這一個半世紀內，價格一直朝著「零」前進。

　　除了電腦晶片和高科技配備外，我們做的每樣東西，不論
什麼產業，都走向同樣的經濟方向，一天天變得愈來愈便
宜。舉個例子吧！不斷下滑的銅價。按長期的圖形來看（從
19 世紀開始），價格一直往下。趨近於零的時候（仍有些上
上下下），價格永遠不會來到完全免費，而是穩定蔓延到理想
的限度，不斷縮小間隙。這種平行於極限但用不超過極限的模

式，叫做靠近漸近線。價格不是零，但實際上等於零。用行話說，則是「便宜到可以忽略不計」——太靠近零，以至於無法保存。

在物資充裕很便宜的時代，也該問：什麼才真的有價值？矛盾的是，我們給商品的注意力不值幾個錢。我們靈長類的頭腦，用一點點錢就可以劫持。在豐足的社會裡，不來自商品、不放在商品上的注意力，才是剩餘的匱乏。一切都要變成免費的時候，唯一成本上漲的東西是人類的體驗——無法複製。其餘一切都會商品化，可以加以過濾。

體驗的價值正在升高。奢侈娛樂每年上升 6.5％。光在 2015 年，餐廳和酒吧的花費就增加了 9％。演唱會的平均票價從 1981 年到 2012 年增加了將近 400％。美國的醫療費用也一樣，從 1982 年到 2014 年升高了 400％。美國的保母費用平均一小時 15 美元，是最低薪資的兩倍。在美國的大城市裡，晚上出門一趟，就要花 100 美元找人來照顧孩子，算是家常便飯。私人教練名列最快速成長的行業，他們把個人的注意力完全集中在身體的體驗上。以安寧照護的費用來說，藥物和治療的成本下滑，但家庭訪視——和體驗有關——的成本則提高了。婚禮的成本變得無上限。這些都不是商品，而是體驗。我們把珍貴、稀少、純粹的注意力放在體驗上。對這些體驗的創造者來說，我們的注意力很值錢。人類善於創造和消耗體驗，並非巧合，機器人就做不到。如果你想看看，機器人接手我們的工作後，人類該做什麼，從體驗去想吧。我們會把錢花在這裡（因為體驗不會變成免費的），也是賺錢的來源。我們會用科技製造商品，我們也會製造體驗，避免讓自己變成商品。

　　整組能強化體驗和個人化的科技很有趣，因為我們會因此很有壓力，要認清自己。不久之後，我們就砰一聲住進萬物圖書館裡，被人類所有現存的作品以液態的型態環繞，一伸手就能取得，而且不要錢。強大的過濾器在旁待命，靜靜地引導我們，準備滿足我們的願望。「你要什麼？」過濾器問。「什麼都可以選；你選什麼？」過濾器看著我們看了好多年，能預先想到我們要問的問題。它們現在幾乎能自動完成我們的問題。但重點是，我們不知道我們要什麼，我們不太明白自己的想法。就某種程度而言，我們會仰賴過濾器來告訴我們，我們想要什麼。過濾器不是我們的主人，而是擔任明鏡的角色。我們會聆聽自己行為生出的建議和推薦，才能聽得見，看清楚自己是誰。網際雲幾百萬台伺服器上執行的幾億行程式碼，不斷過濾、過濾、過濾，幫我們把自己淨化到獨一無二的程度，個性變得完美。有人害怕，科技會讓人變得一致、更商品化，其實不正確。提高個人化程度後，過濾器更容易運作，因為我們變得很清楚，實現出來的區別可以幫助過濾器運作。現代經濟的核心就是區別，以及差異的力量——可以用過濾器和科技來凸顯。我們可以用即將到來的大規模過濾，強化自我輪廓，個人化自己這個人。

　　更多的過濾已屬必然，因為我們無法停止製造新東西。在我們製造的新東西裡，最重要的就是新的過濾和個人化方法，讓我們更像自己。

第八章

重新混合ing

在紐約大學任教的經濟學家羅默專攻經濟成長的理論，他說真正可維持的經濟成長並非來自新的資源，而是來自現有的資源，重新整理過後變得更有價值；成長來自重新混合。聖塔菲研究所的經濟學家亞瑟則專精科技成長的動力學，他說所有新的科技都衍生自現有科技的組合。早期的原始科技重新組織混合後，加以組合，就是現代的科技。既然我們可以把幾百種簡單的科技和幾10萬種更複雜的科技結合在一起，新科技的數量就沒有極限——但全都是重新混合的結果。經濟和科技成長是這樣，數位成長自然也是。在這個時期，重新混合非常有成效。創新人士重新結合早期的媒體流派與後來比較複雜的類型，製作出不可計數的新媒體體裁。新的體裁愈多，愈能重新混合出更新式的類型。可能的組合飛快成長，擴展了文化與經濟。

我們處於新媒體的黃金時代。過去幾10年來，出現了數百種媒體類型，從舊的體裁中重新混合出來。之前的媒體包括新聞報導、30分鐘的電視情境喜劇或4分鐘的流行歌，這些體裁還在，也非常受歡迎。但數位科技把這些形式拆解成元素，可以用新的方法重新組合。最新的類型包括網路上的清單形式報導（清單體）或 140 個字的 Twitter 旋風。有些重組的形式現在很健全，可以當作新的體裁。接下來的幾 10 年內，這些新類型本身也會重新混合、分拆、再重新組合成其他新的類型。有些已經成為主流——它們至少有上百萬名創作者，還有好幾億讀者。

舉例來說，每本暢銷書背後都有一大群粉絲自己寫續集，把最愛的作者創造出的人物放入稍微改換過的時空背景。這些充滿想像力的擴寫敘事，叫做同人小說。非正式——未得到原始作者的合作或贊同——還可能混合了好幾本書或好幾個作者的元素。主要讀者是其他一樣狂熱的粉絲。到目前為止，一個同人小說檔案庫，已經有 150 萬篇粉絲的創作。

用手機拍的超短影片（最多 6 秒），可以用 Vine 這種應用程式輕鬆分享，轉發分享出去。6 秒足以讓笑話或災難如病毒般快速散播。這些短短的片段可以編輯，以求最強的效果。一連串 6 秒長的 Vine 影片匯集起來，是很受歡迎的觀看模式。2013 年，每天發到 Twitter 上的 Vine 短片有 1,200 萬部，到了 2015 年，觀賞人次累計每天有 15 億。有些明星在Vine 上的追蹤者高達百萬。但還有一種更短的影片：動畫gif，看似靜態圖片，一而再、再而三循環播出少量的動作。循環一次只要一、兩秒，所以也算一秒長的影片。任何動作都可以循環。Gif 或許是不斷重複的古怪表情、電影裡知名的場景，或重複的圖案。無窮無盡的重複讓我們可以細看 gif，直到昇華成更重要的東西。現在當然也有專門提倡 gif 的網站。

　　這些例子只是冰山一角，無法清楚說明未來數十年內，新形式的爆發與全然的狂熱。隨便拿一種形式，加以繁衍，然後結合並任意搭配。我們可以看見新形式初生的模樣。用手指把電影裡的物品拉出來，重新混合到我們自己的相片裡。在手機的相機上按一下，拍攝風景，然後用文字顯示當地的歷史，加上影像的注釋。文字、聲音、動作持續出現。有了新工具，我們就能隨時創造出心中的幻想。只要幾秒就能產生湖水綠玫瑰的影像，很真實，上面的露珠閃閃發光，插在鑲金邊的花瓶裡——或許比我們寫這些字的時間還短。而且那只是開場。

　　數位位元的可替代性非常卓越，因此形式能輕鬆轉變、改變和雜交。位元的快速流動，讓某個程式能模擬另一個。模擬其他形式，正是數位媒體原本就有的功能。這種多重性無法倒退，媒體選擇的數目只會增加，類型的種類和子類會繼續爆發。當然，有些大受歡迎，有些卻沒落，但只有少數幾種才會完全消失。過了一個世紀，仍有喜愛歌劇的人。但也會有數 10 億個電玩迷和幾億個虛擬實境的世界。

　　在接下來的 30 年，位元愈來愈快的流動性會繼續趕過媒體，推動大規模的重新混合。

　　同時，便宜且通用的創作工具（超高像素的手機相機、YouTube Capture、iMovie），快速降低創作動態影像所需的精力，也擾亂了所有媒體固有的不對稱。意思是：讀一本書比寫一本書簡單，聽一首歌比做一首歌簡單，去看舞台劇比製作舞台劇簡單。正片長度的經典電影，長久以來尤其因為這種使用者不對稱性而吃虧。悉心照料化學處理的膠捲，然後黏貼成電影，需要許多人通力合作，所以看電影比拍電影容易多了。好萊塢鉅片製作可能要上百萬個工時，卻只要兩小時就能看完。專家很有信心，觀影人可以躺著看電影，就不會想起身，但他們現在卻非常迷惑，近年來，上千萬人花了無數個小時製作自己設計的電影。他們已經有觀眾，有數 10 億人願意幫忙，還有好多種創作的模式可以選擇。有了新的消費者器具、社群訓練、同儕鼓勵及聰明得不得了的軟體，製作影片現在幾乎和寫作一樣容易。

當然，這不是好萊塢拍電影的方法。賣座強片是人手打造出來的巨大產物。就像西伯利亞老虎，會吸引我們的注意力──但也非常稀有。每年在北美洲約發行 600 部劇情片，也就是 1,200 個小時的動態影像。今日，每年製作的動態影像，高達數億個小時，相較之下，1,200 個小時微不足道，簡直是不起眼的進位誤差。

我們以為老虎是動物界的代表，但事實上就統計來說，蝗蟲是更真實的動物範例。手工打造的好萊塢影片就是稀有的老虎，不會消失。但如果要探討電影的未來，我們必須研究地面上成群移動的小蟲子── YouTube、獨立影片、電視連續劇、紀錄片、商業廣告、資訊廣告，以及蟲子大小的極短版和集錦，亂七八糟的一堆 ──不光是老虎這塊小小的頂點。YouTube 影片一個月的觀賞次數，超過 120 億。觀看次數最多的影片已經看了幾 10 億次，比任何強片都多。每天都有一億多部短片被分享到網路上，即使看的人不多。光從影片的數量和這些影片全體獲得的注意力來看，這些短片已經變成人類文化的中心。製作技術差異很大。有些和好萊塢電影一樣豪華，但大多數則由年輕人在自家廚房裡用手機拍攝。如果好萊塢在金字塔頂端，最底下就是這些還沒有根基的活動，電影的未來也從這裡開始。

非出自好萊塢的製作，大多仰賴重新混合，因為透過重新混合，創作也變得更容易。業餘人士用網路上找到的原聲帶，或在臥室裡自行錄製、修剪和重新排列場景，疊上新的故事或新穎的觀點。重新混合商業廣告正在熱頭上，每種體裁通常都有固定的格式。

用重新混合的電影預告片來舉例，電影預告片本身是新的藝術形式，很簡短，敘事緊湊。所以能輕鬆剪成不一樣的故事——比方說虛構電影的預告片。不知名的業餘人士能把喜劇轉成恐怖片，反之亦然。常有人重新混合預告片的原聲帶，來製作短片集錦。有些粉絲混搭流行歌原聲帶和晦澀的熱門邪典電影，創作 MV。或者從最喜歡的電影或最喜歡的影星演的電影裡剪出場景，編輯後和一首搭不上關係的歌配起來，他們的作品變成虛幻宇宙的 MV。流行樂團的狂熱粉絲會在自己最喜歡的歌曲影片上，加入字體很大的歌詞。後來這些歌詞片大受歡迎，有些樂團甚至開始發行有歌詞的 MV。歌詞配合聲音，在影片上播出來，實實在在就是文字與影像的重新混合——讀影片，看音樂。

重新混合影片，甚至能變成集體活動。全世界各地有數

10 萬動漫迷，在重新混合日本的動畫片（當然是在網路上碰頭）。他們把動畫剪成小塊，有些才幾個影格長，然後用影片編輯軟體重新排列，配上新的原聲帶與音樂，通常也會配上英文對話。這麼做影片，可能比畫出原本的動畫更費事，但 30 年前要創作出簡單的短片才更難。創作出來的動畫影片訴說全新的故事。在這種次文化裡，真正的成就是贏得「編輯鐵人」大賽。就和電視上的烹飪大賽《料理鐵人》一樣，編輯鐵人必須在觀眾前火速重新混合影片，同時和其他編輯者競爭，表現出卓越的圖像素養。最棒的編輯混合影片的速度，就和一般人打字一樣快。

事實上，製作集錦的習慣，來自文字素養。你可以在頁面上剪下貼上字詞，你一字不差地引用專家的話。你把動人的措詞用自己的話說出來，你會加上在其他地方找到的細節。你借用作品裡的結構，當成自己的使用。你移動影格，就和移動詞組一樣。現在你要在動態影像上施加這些書面的動作，用全新的視覺語言。

當影像存在隨身碟上，而不是電影膠片時，影像的流動性讓它可以接受改造，彷彿圖片是文字，而不是相片。盧卡斯等好萊塢獨行俠，很早就接納數位科技（盧卡斯創立了皮克斯動畫工作室），率先推出更流暢的製片法。在他的《星際大戰》電影中，盧卡斯發明的製片法比較像寫書和作畫，而不是傳統的電影攝製。

在傳統的電影攝製中，電影按場景規畫；拍攝場景（通常不只一次）；從過量的場景中組出電影。有時候導演必須回頭，拍攝「接續鏡頭」，因為已有的膠捲可能說不出最終的故事。然而，數位科技讓電影有了流暢性，電影場景更容易塑形──就像作家筆下的段落，一直修改。場景不用拍攝（不像拍照片），而是逐漸累積，像顏料，也像文字。一層層視覺和聽覺精修，加到動作的粗略草圖上，混合的成果一直在流動、一直都能改變。盧卡斯最新的《星際大戰》電影，就用這種作家的方法疊上去。為了找到正確的步調和時機，盧卡斯先用粗略的模型錄製場景，然後加入更多細節，提高解析度，修改到滿意為止。光劍及其他效果都用數位方法一層層畫上去。在電影的最終版本裡，每個影格全經過處理。基本上，他的電影是一個像素、一個像素寫出來的。的確，在今日高預算的好萊塢動作片裡，每個影格都加上了許多額外的細節，其實比較像動態畫作，而不是動態照片。

　　在影像創作的偉大集體心智中，靜態照片已經有了轉變。每分鐘都有幾千名攝影師把最新的照片傳到 Instagram、Snapchat、WhatsApp、Facebook 和 Flickr 等網站或應用程式上。目前的照片數目超過 1 萬 5,000 億，涵蓋所有你想得到的主題；我出的題目到目前為止還沒難倒它們，想找的影像都能找到。光是舊金山的金門大橋，Flickr 就提供 50 多萬張影像。金門大橋任何想得到的角度、光線條件和觀點都已經拍照上傳。如果你想把金門大橋的影像用在影片或電影裡，真的不需要自己去拍照。已經拍好了，你只需要一個很簡單的方法，來找到你要的影像。

　　3D 模型也有類似的進展。在 SketchUp 軟體產生的 3D 模型資料庫裡，你可以找到精細無比的 3D 虛擬模型，世界上大多數知名建築物都涵蓋在內。需要紐約的街道？這裡有一組可以拍攝的虛擬街景。需要虛擬的金門大橋？有，而且細緻到超乎想像，每根鉚釘都在正確的位置。有了強大的搜尋和規格工具，世界各地橋梁的高解析度短片，都可以運算放進公共的視覺字典裡，方便重複使用。現成的「字句」可以組出一部影片，從已經拍好的短片或虛擬場景裡混搭出來。媒體理論家曼諾維奇稱之為「資料庫電影」。組件影像的資料庫，已經變成動態影像的新語法。

畢竟，作家就是這樣。我們瀏覽有限的資料庫，裡面都是現存的字詞，叫做詞典，然後把找到的詞重組成之前沒人看過的文章、小說和詩句；樂趣在於重新組合。的確，一定要發明新詞的作家不多。就連最偉大的作家在施展法力時，主要也在重新混合之前用過、常有人分享的字詞。我們會怎麼咬文嚼字，就會怎麼操弄影像。

懂得這種新電影語言的導演，就連最逼真的場景也會逐個影格調整、重製和改寫。電影製作因此脫離了攝影術的束縛。用昂貴的膠捲拍攝一、兩次就想捕捉真實很難，但再也不需要氣餒了，你可以從手邊有的東西創造出幻想世界。這裡的現實（其實是想像）一次用一個像素蓋起來，就像作家一次寫一個字，最後寫成一本小說。攝影術提升了世界的現況，而這種新的拍攝模式就像協作和繪畫，要探索世界的可能性。

能輕鬆製作電影還不夠，就像用古騰堡的活字印刷術能輕鬆製作書本，仍無法完全釋放文字。真正的文字素養需要一長串創新和技術，讓平凡的讀者與作者運用文字，發揮文字的力量。比方說，引號可以指出某個人從另一位作者那邊借用了文字。現在在電影裡還沒有平行符號，但我們很需要。面對冗長的文件，你需要目次才能找到你要看的地方。所以要有頁碼；有人在 13 世紀發明了。那影片的頁碼是什麼？更長的文本需要按字母排序的索引，希臘人發明了，後來也發展成用在圖書館上。不久後，我們可以用人工智慧在影片的完整內容上加上索引。約莫在 12 世紀發明的注腳，把離題的資訊顯示在主要文本的主軸之外。影片能加注腳的話也很有用。（13 世紀發明的）文獻引述讓學者和懷疑論者能有系統查閱影響內容的消息來源，或釐清內容。可以想想看，有引述的影片是什麼樣子。現在我們已經有超連結，把一段文字連到另一段，還有標籤，利用選定的字詞來分類，以便之後可以排序。

識字的人可以用這些發明剪下貼上想法、用自己的思路加注釋、連結到相關的想法、在作品庫裡搜尋、快速瀏覽主題、重新排列文本的順序、重新混合想法、引述專家，以及品味喜愛藝術家的點點滴滴。這些工具超越了閱讀，為文字素養奠定基礎。

如果文字素養代表能解析和運用文字，那麼新的媒體流暢力，表示能一樣輕鬆地解析和運用動態影像。但到目前為止，這些視界性的「讀者」工具尚未接觸到群眾。比方說，如果我要視覺比較最近的銀行倒閉與歷史上類似的事件，介紹你看經典電影《風雲人物》裡的擠兌，卻很難確切找到那一幕（幾個連續鏡頭裡的哪一個？哪幾個鏡頭）？我可以這麼做，提到那部片的名字。或許我能指向那一幕的分記（YouTube 的新功能）。但我不能把這個句子只連到線上電影裡的確切「分節」。電影的超連結還沒發明。如果電影素養很高，我就能引用電影裡的特定影格，或影格裡的特定項目。假設我是對異國服飾很有興趣的歷史學家，我要談論電影《北非諜影》裡某個人戴的土耳其氈帽。我應該能在帽子「移動」穿過許多影格時連結到帽子的影像，建立與土耳其氈帽本身的關聯（而不是戴帽子的那顆頭），就像我能輕鬆連結到文字中提到的土耳其氈帽。更好的話，我希望能用其他電影裡的土耳其氈帽短片當作參考，來注釋這頂氈帽。

有了成熟的視界性，我就能用其他的物體、影格或電影剪出的短片，來注解電影裡所有的物體、影格或場景。我應該可以搜尋電影的視覺索引，或瀏覽視覺的目錄，或掃過全場電影的視覺摘要。但現在要怎麼做到？怎麼能像翻書一樣翻過一部電影？

印刷術發明後，過了幾百年，文字素養的消費者工具才成形，但最早的視覺素養工具已經出現在研究實驗室裡和數位文化的邊緣上。舉個例子，要怎麼瀏覽全長的電影？一個快速掃過的方法，是用幾分鐘的時間快轉過兩個小時。另一個方法則是整理成縮短的版本，就像電影預告片一樣。這兩種方法都能把時間從幾個小時壓縮到幾分鐘。但有方法能把電影內容縮減成一看就懂的意象嗎？就像看了一本書的目次，大概就知道書裡在說什麼。

學術研究已經產生幾種有趣的影片摘要原型，但不能取代整部電影。有些網站上面有不少電影，很受歡迎（例如色情網站），他們發明了一種方法，讓使用者能幾秒鐘就掃完一部全長電影的內容。使用者按下電影的標題影格，視窗從一個關鍵影格跳到下一個，變成快速的幻燈秀，有如電影的翻頁電子書。縮短的幻燈秀把幾小時的電影摘要在幾秒鐘裡。專業軟體可以用來識別影片裡的關鍵影格，增強摘要的效用。

　　視界性的聖杯則是尋獲度——像 Google 搜尋網路一樣，搜尋電影資料庫的能力，在其中挖掘出特殊的焦點。你可以輸入關鍵字，或只要說：「腳踏車和狗。」就可以找到電影裡同時有狗和腳踏車的場景。一眨眼，你就可以在《綠野仙蹤》裡找到女巫嘉麗小姐騎車載走小狗托托的時刻。更棒的是，你也能要 Google 找到所有電影裡的類似場景。這種能力快要成真了。

　　Google 的雲端人工智慧正在快速獲取視覺智力。我和其他人都會上傳個人的快照，已經有幾 10 億張了，它能認得並記住相片裡所有的物品，簡直不可思議。給它一張相片，裡面是個男生在土路上騎摩托車，人工智慧會加上標籤「男生在土路上騎摩托車」。它給一張照片的標題是「爐子上有兩塊披薩」，答對了。Google 和 Facebook 的人工智慧看了照片，就能告訴你影中人的姓名。

　　現在，處理一張影像的方法也可以用在動態影像上，因為電影就是排成一長串的靜態影像。感知電影更耗費處理能力，因為多了時間這個緯度（攝影機移開了，物體還在嗎？）。再過幾年，透過人工智慧搜尋影片就會變成家常便飯。同時，我們也會開始探索動態影像能不能全部數位化，就像古騰堡計畫收集的作品。「我覺得影像和影片裡的像素資料，就是網際網路的暗物質，」李飛飛說，她是史丹佛大學人工智慧實驗室的主任。「我們要照亮它們。」

　　動態影像的創作、儲存、注釋、結合複雜敘事都變得愈來愈容易後，觀眾要重新運用也較以前簡單。如此一來，影像就有了一種很像文字的流動性。流動的影像會快速流到新的螢幕上，準備移進新的媒體及滲入舊有的媒體。就像字母位元，可以擠進連結或放大來配合搜尋引擎和資料庫。靈活的影像和文字一樣，便於創作和使用，給參與者滿足的感覺。

　　除了尋獲度，媒體內另一項正在進行的革命可說是「可倒帶性」。在口述時代，有人講話你得認真聽，因為話一旦說出口就沒了。在錄音技術出現前，沒有備分，沒辦法捲回去聽你漏了什麼。

　　從口述到書面的偉大歷史轉變，出現在幾千年前，聽眾（讀者）可以重讀文字，捲回「演說」的開頭。

　　書本有一種革命性的特質，便是在讀者想要時能夠自我重複，不論多少次都可以。事實上，寫出一本有人重讀的書，就是對作者的至高讚美。作者用很多方法利用這個特質，寫出能讓人重讀的書。比方說加入轉折點，第二次讀的時候就能看出意義；或者藏起諷刺，重讀時才揭露；或者塞滿了細節，需要細細研究和重讀才能破解。納博科夫提出他的閱讀主張：「你無法讀一本書：你只能重讀它。」納博科夫的小說常有不可靠的敘事者（例如《幽冥的火》和《愛達或愛欲：一部家族紀事》），促使讀者後來要從得到啟發的角度重看故事。最好看的神祕小說和驚悚小說到了結尾，常在最後一刻暗中逆轉，讀第二次才能看到出色的伏筆。《哈利波特》七部曲有不少隱匿的線索，再看一次才能領略所有的樂趣。

　　上一世紀的螢幕媒體和書本有很多共同點。電影和書一樣，由敘事主導，直線前進。但電影和書本也有不一樣的地方，觀眾很少重看電影。最熱門的電影鉅片也只會某天在戲院開播，在地區性的電影院播放一個月，然後幾乎就消失了，幾10年後，或許會在深夜時段出現在電視上。在錄影帶出現前的那個世紀，沒有重播。電視也一樣，節目按時間表播出。在那個時間沒看到，就永遠看不到。剛發行的電影很少有人會看一次以上，電視節目會重播的也只有少數幾個。就算在那時，要看電視的話，等到播出的日期和時刻，你也要準備好投入全副的注意力。

　　因為電影和電視有這種「口述」的特質，在設計節目的時候，我們會假設只看一次。這個假設也算合理，變成電影電視的特色，因為電影的敘事不得不在觀眾第一次觀看時，就盡可能傳達劇情。但也因此不夠精采，因為經過細心打造，第二次和第三次觀看時效果更好。

　　首先是 VHS 錄放影機，接著有了 DVD，後來則有 TiVo 數位錄放影機，現在則是串流影片，要倒帶影像是輕而易舉。如果想重看，就可以重看。通常是這樣，如果只要看電影或電視節目的片段，隨時都可以看。倒帶能力也擴展到商業廣告、新聞、紀錄片、短片——線上的東西都可以。商業廣告變成新的藝術形式，可倒帶性居功厥偉。能夠重看，它們不再是打斷電視節目的驚鴻一瞥，還能進入表演的資料庫，像書本一樣能讀了再讀。也可以與別人分享、討論、分析和研究。

現在無可避免地，電視上的新聞也一樣可以倒帶。電視新聞原本是短暫的流動，沒有人想錄下或分析——看完就算了。現在可以倒回去，捲回新聞時，我們可以比較真實性、主旨和預設立場，也可以分享、查證事實及混合。當群眾可以倒回去看前面說了什麼，政客、權威人士、提出要求的人都會因此改變姿態。

影片可以倒帶後，長達 120 小時的影片《LOST 檔案》、《火線重案組》或《星際大爭霸》才有機會製作，也讓人覺得好看。這些影集枝枝節節太多，而且非常巧妙地融入劇情，第一次收看就會發現倒帶是非常需要的。

音樂能錄製和倒帶後，就變得不一樣了。現場音樂原只為了當下那一刻，而且每場表演都不一樣。能夠捲回從頭聽——同樣的表演——帶來永久的改變。歌曲平均來說變短了，更強調旋律，更容易重複。

遊戲現在也有回捲功能，能重玩、重做或多幾條命，同樣的概念。你可以回捲經驗，再試一次，稍做變化，一試再試，直到能充分掌握那一級。在最新的賽車遊戲裡，真的可以讓動作倒退，回到之前任何一個時間點。主要的套裝軟體都有復原鍵，你要倒回哪裡都可以。目前最複雜的消費者軟體如 Photoshop 或 Illustrator，都用所謂的非破壞性編輯，意思是你可以隨時倒帶到前面的某個點，從那裡繼續編輯，不論你已經做了多少變動。維基百科很聰明，也採用非破壞性編輯——文章所有的舊版永遠留著，讀者事實上可以倒回舊版本。這個「重做」功能能激發創造力。

　　未來的身歷其境環境和虛擬實境，絕對能捲回前面的狀態。事實上，所有數位的東西除了重新混合，都能夠復原和倒帶。

　　在未來，沒有復原鍵的體驗很有可能讓我們不耐煩，比方說吃飯，我們無法重播餐點的味道和氣息。但可以的話，絕對會改變烹飪。

　　就複本而言，我們深知如何複製媒體。但就倒帶來說，我們尚未研究出媒體的完美複製。開始完整記錄一天的活動後，留存直播實況，我們的生活也可以倒帶。通常我一天會看好幾次收件匣或寄件匣，捲回人生之前的片段。如果我們希望能倒帶，對之前做過的事就會改變方法。能輕鬆、精確且深入地回捲，或許會轉變人類未來的生活方式。

　　不久之後，想要的話，一天的對話想錄就錄下來。只要帶著（或戴著）裝置，錄音不需要成本，要倒帶也挺容易。有些人為了輔助記憶，什麼都會錄下來。有關回想的社交禮儀尚未定型；私人對話或許會禁止錄音。但在公共場合發生的事情，或許會有愈來愈多透過手機相機、車子上的行車紀錄器和路燈上的監視器錄下來——可以重看。法律會規定警察在執勤時，透過穿戴裝置錄下所有的活動。倒帶警察紀錄會改變輿論，正如要證明警察有理一樣。政客和名人的日常活動，有可能會從不同的觀點往回捲，創造出新的文化，每個人的過去都可以召回。

動態影像正在經歷類似古騰堡計畫的轉變，可倒帶性和尋獲度只是其中兩種。這兩個因素和其他重新混合的因素，適用於所有才剛剛數位化的媒體，例如虛擬實境、音樂、電台、簡報等等。

重新混合——重新排列及重新使用現有的片段——嚴重破壞所有物和所有權的傳統概念。如果旋律是你的所有物，跟你的房子一樣，那我沒有得到許可或不提出補償金額，就沒有使用權。但前面解釋過了，大家都知道數位位元沒有實體，可以共享。位元比較接近想法，而不是房地產。早在 1813 年，已卸任的美國總統傑佛遜就明白——想法其實不是所有物，如果算所有物，也跟房地產不一樣。他寫道：「我將思想傳授他人，他人之所得，亦無損於我之所有；猶如一人以我的燭火點燭，光亮與他同在，我卻不因此身處黑暗。」如果傑佛遜把他在蒙提薩羅的宅邸給你，這棟房子變成你的，他就沒有住所。但如果他給你一個想法，他仍擁有那個想法。今日我們對智慧財產權覺得不確定，便是出自這種怪異之處。

法制系統基本上仍遵循農業原則，所有物有形有體，尚未追上數位時代。並不是無人嘗試，而是很難解決所有權的問題，因為在這個領域裡，所有權沒有那麼重要。

你怎麼「擁有」旋律？你給我旋律，旋律仍屬於你。但如果這首旋律和千年前的旋律很像，只差了一個音符，還算是你的嗎？你可以擁有一個音符嗎？如果你把複本賣給我，哪一個算是複本？備分呢？已經傳到網上的呢？這些並不是深奧的理論問題。音樂是美國主要的一種出口商品，產值高達幾 10 億美元，無實體的音樂要如何擁有及怎麼重新混合，就是文化要面對的核心難題。

選取歌曲片段的精華寫出新歌——重新混合——的權利，現在一直引發法律爭執，尤其當取樣寫成的歌曲或被採擷片段的歌曲大賣時。重新混合、從一段新聞來源取得素材用在另一段上是否恰當，也是很多新興新聞媒體面對的主要限制。Google 掃描書本後，重複利用裡面的片段感覺不合法，導致該公司關閉了雄心勃勃的書本掃描計畫（2015 年快結束時，法庭才遲遲裁定 Google 並未違法）。智慧財產權是個很棘手的領域。

目前的智慧財產權法律有很多面向與現實脫節，不符合潛在的科技。比方說，美國的著作權法給予創作者作品的專有權，來鼓勵創作，但專有權延展到創作者死後至少 70 年，過了那麼久，創作者的遺體不可能得到激勵。在許多案例中，這種沒有效益的「暫時」專有權長達 100 年，還可以繼續延長，根本不算暫時。世界已經用網際網路的速度運行，長達一世紀的法定閉鎖，嚴重損害革新與創意。這是之前原子時代留下的包袱。

全球經濟已經偏離物質，朝向無實體的位元前進。所有權已成往事，取用才是潮流。複本的價值不重要，網路的價值才需要考慮。經濟的前方必然會出現固定、持續且不斷增加的重新混合。法律跟隨的腳步很慢，但會跟上。

　　那麼，新的法律在重新混合的世界裡，該著重什麼？

　　挪用現有的材料值得尊敬，而且也有需要。經濟學家羅默和亞瑟提醒我們，重新結合才是革新和財富唯一的源頭。我建議大家注意這個問題：「借用的人是否加以變換？」重新混合、混搭、取樣、挪用、借用──是否轉換了原作，不光是複製而已？安迪沃荷是否變換了金寶的湯品罐頭？如果答案是肯定的，那衍生物其實不是「複本」，而是經過變換、改變、改善、演化。每次的答案仍是主觀判斷，但一定要問是否轉變了。

　　用變換來檢驗，很有效，因為「變換」就是成形的同義詞。「變換」表示今天的創作，明天會變成另一個東西，也應該要變。沒有東西能保持不變、不受影響。我的意思是，每一件有價值的創作，最終一定會變換──從這個版本──成不一樣的東西。J. K. 羅琳在 1997 年出版的《哈利波特》當然不會消失，但狂熱的業餘書迷在接下來幾 10 年內，一定會寫出上千本同人小說。發明或創作愈強大，愈有可能有人會進行變換，這一點不容忽視。

　　在接下來的 30 年，最重要的文化作品及最強大的媒體，也會最常接受重新混合。

第九章

互動ing

　　虛擬實境是個感覺絕對真實的虛假世界。在巨大的 IMAX 螢幕上看 3D 電影，搭配環繞音響，就有點虛擬實境的感覺。在某些時刻，你完全陷入不一樣的世界，那就是虛擬實境要達成的目標。但這種電影體驗並不是完整的虛擬實境，因為在電影院裡，你的想像力雖然到了另一個地方，你的身體卻沒去，仍感覺得到坐在椅子上。的確，在電影院裡，你必須好好坐著，順從地看著前方，等待身歷其境的魔法發揮作用。更先進的虛擬實境，或許就像電影《駭客任務》裡男主角尼歐要對抗的世界。在電腦化的世界裡，尼歐即使奔跑、跳躍及和上百個複製人對戰，他仍覺得很真實。甚至到了超級真實的地步──比真實更真實。人造世界完全擄獲他的視覺、聽覺和觸覺，讓他感覺不到虛假。更進步的虛擬實境模式，則是《星際爭霸戰》裡的全像甲板。小說裡，甲板上的物體全像投影非常真實，甚至摸起來宛如固體。科幻小說裡常看到可以讓人隨意進入的模擬環境，但到目前為止，這個夢想尚未成真。

　　今日的虛擬實境已經超越 3D IMAX 電影，但還沒到終極的全像甲板擬真。2016 年的虛擬實境體驗，可以讓你進入加州馬里布億萬富翁的豪宅，走過每個裝滿東西的房間，感覺你真的就在裡面，而事實上你在幾千英里外房屋仲介的辦公室裡，頭上戴著頭罩；我最近才剛體驗過。或許你戴了特殊眼鏡進入幻想世界，到處是跳躍的獨角獸，你真覺得自己飛起來了。或許你在辦公室的隔間裡，但進入另一個版本的辦公室，觸控螢幕飄浮在半空中，在外地的同事正透過化身和你講話。不論如何，你都覺得你人就在這個虛擬世界裡，因為你可以隨心所欲——到處亂看、自由走動、移動物品——你相信你「真的在那裡」。

近來，我有機會陷入許多原型的虛擬實境世界。最棒的能給人一種無法動搖的存在感。說故事的時候要增加真實性，通常是為了讓聽眾不要起疑心。虛擬實境的目標不是消除懷疑，而是逐步提高信任感——你在另一個地方，甚至能變成另一個人。就算智力發達的腦袋發現你其實坐在轉椅裡，具體化的「我」卻相信你正拖著腳穿過沼澤。

過去 10 年來，發明虛擬實境的研究人員選出一種標準方法，來示範這種無法抵抗的存在。等待示範的訪客站在等候室的中間，真正的房間，沒什麼特色。凳子上擺了一副大大的黑色護目鏡。訪客戴上護目鏡，立刻進入這間等候室的虛擬版本，有同樣的單調嵌板和椅子。從訪客的觀點看來，變化不大。她可以東張西望。透過護目鏡的景象有點粗糙。但房間裡的地板開始落下，除了訪客腳下的板子，其他地方都下陷了 30 公尺。訪客被要求在板子上往前走，而板子卻高高懸在非常真實的大坑上。多年來，這個場景的真實度不斷改進，因此到了現在，訪客的回應可想而知。她動也不敢動，就算慢慢往前挪，也是滿手冷汗、雙腿打顫。

　　輪到我嘗試時，我的反應也一樣，一顆心七上八下。心理意識一直對我低語，我在史丹佛研究實驗室一個昏暗的房間裡，但原始思維劫持了我的身體。那思維堅持我在一塊窄窄的板子上，高高懸在空中，我一定要立刻離開這塊板子。馬上！懼高症發作，我的膝蓋發軟。我快吐出來了。然後我很蠢，決定從板子上往下跳一點點，跳到虛擬世界裡旁邊的架子上。當然，沒有地方「往下」，所以我的身體突然落在地板上。但由於我其實站著，倒下去的時候，真實房間裡兩名強壯的觀察人把我抓住，他們站在那裡就是抓住受試者。我的反應很正常；幾乎每個人都會倒下去。

　　可信度極高的虛擬實境快實現了。但之前我對虛擬實境的看法也出過錯。1989 年，朋友的朋友邀我去加州紅木市的實驗室看他發明的裝置。他的實驗室原來是辦公大樓裡的兩個房間，只剩幾張桌子。牆上陳列了許多合成橡膠連身衣，上面都是電線，還有電子元件很顯眼的大手套，以及一排貼了膠帶的蛙鏡。那人叫藍尼爾，金髮垂肩的他把頭髮編成雷鬼頭。我不確定會怎樣，但藍尼爾向我保證，這是全新的體驗，他稱之為虛擬實境。

　　過了幾分鐘，藍尼爾給我一只黑色手套，10 多條電線從手指的地方蜿蜒連到房間另一端的標準桌上型電腦。我戴上手套。天花板上掛了一副黑色護目鏡，用亂七八糟的帶子懸著，藍尼爾幫我戴上。很粗的黑色電纜掛在我背後，從護目鏡連到他的電腦。等我的眼睛找到焦點後，就開始了。我在一個充滿淡藍色光線的地方。我看到手套的卡通版本，而我可以感覺到我的手就在那個位置。虛擬手套和我的手同時移動。現在是「我的」手套，感覺很強烈──身體的感覺，不光是腦袋裡的感覺──我覺得我不在辦公室裡。藍尼爾本人也進入了他的創作。透過他的頭罩和手套，他以女孩的化身出現在他自己的世界裡，因為他的系統就好在這裡，你可以把化身設計成想要的模樣。我們兩個現在進入了有史以來第一個共享的夢幻空間。時值 1989 年。

藍尼爾推廣了「虛擬實境」的說法，但在 1980 年代末期，除了他，還有別人在研究身歷其境的模擬。幾所大學、少數幾家新創公司及美國軍方都有差不多的原型，各機構創造現象的手法略有不同。我覺得在我一頭栽入他的微型宇宙時，我看見了未來，也希望盡可能讓朋友及行家得到相同的體驗。我當時在《全球評論》雜誌擔任編輯，在雜誌社協助下，我們安排了第一場公開示範，涵蓋 1990 年秋天已經出現的所有虛擬實境設備。從星期六中午到星期天中午，整整 24 個小時，買票的人就可以排隊嘗試 20 來種虛擬實境原型。到了凌晨，我看到迷幻藥大王利里拿虛擬實境比擬 LSD 這種迷幻藥。笨重設備激發出來的印象勢不可擋，感覺很真實。這些模擬都是真的；景物很粗糙，圖像常常不連貫，但想要的效果不容爭辯：你去了另一個地方。吉布森這位很有前途的科幻小說作家待了一整夜，首次測試網際空間，第二天早上有人問他，對這些通往人造世界的新門戶有什麼想法。那時他說出了現在的名句，「未來早在這裡，只是分布不均。」

　　虛擬實境很不平均，結果凋零了。接下來的步驟從未實踐。連我在內，我們這群人都以為虛擬實境技術五、六年內就能普及——起碼在西元 2000 年以前。但到了 2015 才有所進展，跟藍尼爾的開拓工作差了 25 年。虛擬實境有個特別的問題：差不多還是差很多。在虛擬實境裡待久一點，超過 10 分鐘吧，粗糙的影像和斷斷續續的動作會讓人想吐。設備要夠力、夠快、夠舒適，來克服反胃感覺的話，成本要數萬美元。因此虛擬實境非消費者能力所及，新創公司的開發人員也買不起，便無法快速創作出虛擬實境的內容，來刺激設備的銷售量。

　　25 年後，大家都沒想到的救主出現了：手機！智慧型手機在全球熱賣，小小的高解析度螢幕因此品質愈來愈好，成本也大幅降低。虛擬實境護目鏡的螢幕大小和解析度，跟智慧型手機的螢幕差不多，因此今日的虛擬實境頭戴顯示器，基本上就仰賴便宜的手機螢幕技術。同時，手機裡的動作感測器也一樣，效能提升，成本降低，最後這些動作感測器可以借給虛擬實境顯示器，追蹤頭、手和身體的位置，但成本低廉。事實上，三星和 Google 最早推出的消費者虛擬實境型號，都把一般的智慧型手機塞在頭上戴的顯示器裡。戴上三星的 Gear VR，你就看到手機裡的東西；你的動作由手機追蹤，手機也把你送到另一個世界裡。

　　顯而易見，不要多久，未來的電影就少不了虛擬實境，尤其是與本能有關的體裁，例如恐怖片、色情片或驚悚片——你的一顆心跟著劇情上上下下。也不難想像，虛擬實境會變成電玩的主角。難怪有幾億電玩迷急於穿上衣服、戴上手套和頭罩，把自己傳送到遙遠的地方，躲藏、射擊、殺人和探險，或許一個人，或許和幾名好朋友。當然，消費者虛擬實境今日的發展，資金也主要來自遊戲產業。但虛擬實境不光是遊戲。

虛擬實境目前正在快速發展，有兩個好處在背後推動：存在感與互動。「存在感」就是虛擬實境的賣點。電影科技從誕生到現在，都以愈來愈強的真實性為趨勢，從聲音開始，到色彩，到 3D，到更快更平順的影格率。現在這些趨勢在虛擬實境內愈走愈快。每過一個星期，解析度增加、影格率暴漲、對比加深、色彩空間變寬、高傳真音色更加銳利，改進速度比在大銀幕上更快。也就是說，虛擬實境變得更「寫實」的速度，比電影快多了。不要 10 年，戴上最先進的虛擬實境顯示器，你的眼睛會上當，以為你看著真實的窗戶、看到真實的世界——沒有顫動，也沒有明顯的像素。你會覺得這絕對是真的，其實不是。

虛擬實境技術的第二代，仰賴革命性的「光場」投影（最早出現的商業性光場裝置，是微軟做的 HoloLens 和 Google 出資的 Magic Leap）。按著這種設計，虛擬實境投影到半透明的面罩上，很像全息投影。投影的「實境」因此能覆蓋在你一般沒戴護目鏡時看到的實境上。你站在廚房裡，而機器人 R2-D2 就站在你面前，解析度非常完美。你可以繞著它走動、靠近一點，甚至移動它以便細看，它怎麼樣都看起來很真。這層疊影叫做擴增實境。因為人造的實境加到你平日看到的世界上，你的眼睛聚焦更加深入，不僅只聚焦在靠近眼睛的螢幕上，因此這種科技幻覺很有存在感。你幾乎能斷言它真的在那裡。

微軟對光場擴增實境有個願景，要蓋出未來的辦公室。員工不會坐在隔間裡，對著牆上的顯示器，而是坐在開放式辦公室裡，戴著 HoloLens 全息眼鏡，看到周圍虛擬螢幕構成的高牆。或者按一下，意念就移到 3D 會議室裡，裡面的十幾個員工其實在不同的城市。按一下來到訓練室，講師會逐步教導急救，引導他們的化身學習恰當的程序。「看到了嗎？換你了。」擴增實境課程，幾乎各方面都比實體課程更加優越。

電影真實性在虛擬實境上的進展，比電影本身快多了，因為頭戴式顯示器有一招很厲害。在巨大的 IMAX 電影銀幕上，要有恰當的解析度和亮度來製造真實感，這個探入實境的窗口需要大量的運算和光度。用同樣如窗景般清晰的真實性，填滿 60 英寸大的平面螢幕，雖然沒那麼艱鉅，仍感覺很嚇人。把一個小小的面罩放在你面前，提供同樣的品質，就簡單多了。因為頭戴式顯示器，不論你看往何處，都在同一個方向──永遠在你的眼睛前方──你不會錯過全然的真實性。因此，如果你製作出完全 3D、如窗景般清晰的景象，一直放在眼前，不論看向何處，在虛擬實境內都能創造出虛擬的 IMAX。不論看螢幕的哪個地方，真實性都會跟隨你的視線，因為器具就貼著你的臉。事實上，整個 360 度的虛擬世界會跟你眼前的景象一樣，以同樣的終極解析度顯示。既然你看到的只是小小的平面，品質稍有改善就很明顯，而且改善品質也更容易、更便宜。這塊小地方可以引發強烈的破壞性存在感。

雖然「存在感」是賣點，但虛擬實境耐久的好處則來自互動性。虛擬實境裝備的累贅是否讓人覺得自在，我們還不清楚。就連流線型的 Google 眼鏡（我也試過），這種非常溫和的擴增實境顯示器，只比太陽眼鏡大一點點，對大多數人來說，第一眼看到時也覺得很麻煩。存在感會吸引使用者，但能否持續下去，要靠虛擬實境的互動程度。其他種類的技術，將來也會有不同程度的互動。

大約 10 年前，線上遊戲《第二人生》大受歡迎。《第二人生》的成員在模擬世界中創造出完整的化身，寫照「第一人生」。他們花了很多時間把化身改造成好看的人，穿著迷人的服飾，與其他成員美麗無比的化身往來。成員投入漫長的時間建造非常漂亮的房屋、時髦的酒吧和迪斯可舞廳。環境和化身都是 3D，但由於技術限制，成員在桌上型電腦的螢幕上只能看到 2D 的平面世界（《第二人生》在 2016 年改為 3D 世界，代號「珊莎計畫」）。使用者輸入文字，會出現在化身頭上的氣球裡，讓化身彼此溝通。就像在漫畫書裡走來走去。難用的介面會讓使用者無法產生深沉的存在感。《第二人生》最吸引人的地方，在於完全開放的空間，可以建構類 3D 的環境。你的化身走進荒原，就像火人祭*的空地，就可以開始建造最酷、最令人驚奇的建築物、房間或荒野。物理學不重要，物料全都免費，一切都有可能。但要熟悉難用的 3D 工具，則要花不少時間。2009 年，瑞典的遊戲公司 Minecraft 推出類似的建構世界，也是類 3D，但利用超級簡單的砌塊疊起來，很像巨大的樂高積木。不需要學習。很多想蓋房子的人就轉玩《當個創世神》。

《第二人生》的成功，因為它讓志趣相同喜歡創作的人可以一起交際，但社交的魔咒移入行動世界後，手機的運算能力無法處理《第二人生》精細的 3D，因此有一大群用戶出走。甚至有更多人移到《當個創世神》，因為低解析度的像素化十分粗糙，能在手機上運作。《第二人生》仍有幾百萬忠實成員，今日不論何時，都同時有 5 萬個左右的化身，在使用者建造的想像 3D 世界裡漫遊。有半數的人想要虛擬性愛，這時社交元素就比真實性重要。幾年前，《第二人生》的創辦人羅斯戴爾開了一家也算是虛擬實境的公司，想掌控開放式模擬世界的社交契機，以及發明更真實的虛擬實境。

我最近去了一趟羅斯戴爾的新創公司 High Fidelity，參觀他們的辦公室。公司的名字翻譯成中文是「高傳真」，因此這家公司的目標，是立即提高虛擬世界的真實度，而且裡面有上千個化身（說不定有上萬個），創造出逼真而繁盛的虛擬城市。藍尼爾率先提出的虛擬實境，可以讓兩個人同時進入，我

＊ 火人祭：每年於勞動節前夕在美國內華達州黑石沙漠舉辦的慶典，為期 9 天。最早於 1986 年舉辦，創始人在舊金山的海灘燒燬巨大人像，後來成為一種藝術活動，鼓勵參與者打破常規。

注意到在虛擬實境裡，其他人比其他東西更有意思，體驗過的人應該都有同感。2015 年的第二次實驗，讓我發現了人造世界的最佳示範，就是能激發深刻的存在感，但不靠每英寸所能容納的最多像素，而是實境能容納的人數。為達到這個目的，High Fidelity 用了一個很不錯的招數。利用便宜感測器的追蹤能力，在真實世界和虛擬世界裡，不論你看向何處，它都能反映你的視線。不光是你轉頭的方向，還有你轉動眼睛的方向。頭戴裝置裡奈米大小的照相機，會轉過來看你的眼睛，把你的視線精準地轉到化身上。也就是說，如果有人對著你的化身講話，他會跟你四目交接。就算你移動了，對方需要轉頭，眼睛仍會定定看著你。這種眼神交會充滿魔力，引發親密的感覺，散發出充滿感情的存在感。

麻省理工學院媒體實驗室的主任尼葛洛龐帝在 1990 年代說過，男生廁所裡的便斗比他的電腦更聰明，因為便斗知道他在那裡，等他離開時會沖水，而電腦卻不知道他在電腦前坐了一整天，很妙。現在不也是這樣嗎？筆記型電腦、平板電腦和手機，基本上不知道主人怎麼使用自己。有了便宜的眼球追蹤機制，像虛擬實境頭戴裝置裡的感測器，情況就會改變。最新的三星 Galaxy 手機裡有眼球追蹤技術，手機知道你在看螢幕上的哪一塊。視線追蹤也有很多用途，可以加快瀏覽螢幕的速度，因為你會先看著某個東西，手指或滑鼠才移過去確認。此外，測量幾千人凝視螢幕的時間長度，軟體可以生出地圖，指出哪些區域得到較多或較少注意力。網站擁有人就能辨別首頁上最多人會仔細看的地方，以及哪些地方只是隨意看過，利用這樣的資訊來改善設計。製作應用程式的人，可以利用訪客的視線模式，來找出應用程式介面哪些地方需要細看、找出需要解決的問題。把這樣的視線技術裝到汽車的儀表板上，也可以偵測到駕駛人想睡了或分心了。

現在從螢幕上看著我們的微小照相機，眼睛可以接受訓練，學會更多技能。首先，眼睛能偵測出一般的人臉，數位相機用這個技術來補強聚焦。然後眼睛也學會偵測特定的面孔——比方說你的臉——來當作識別密碼。你的筆記型電腦看著你的臉，深深凝望你的瞳孔，確定是你，才會打開首頁。最近，麻省理工學院的研究人員，教會了機器裡的眼睛偵測出人的情緒。看著螢幕時，螢幕也看著我們，研究我們在看哪裡及有什麼反應。麻省理工學院媒體實驗室的皮卡和卡里歐比開發的軟體，很懂微妙的人類情緒，她們宣稱這套軟體能偵測某人是否覺得沮喪。它能分辨 20 幾種不同的情緒。我有幸在皮卡的筆記型電腦上，試過她口中這種「情感技術」。筆記型電腦上蓋裡的微小眼睛看著我，能正確判斷我是否覺得困惑，還是正在閱讀艱深的文字。在看一段很長的影片時，它能偵測我是否分心了。由於能立刻感知，有智慧的軟體可以適應我在看的東西。比方說我在看書，皺了皺眉頭，表示我碰到不認識的字；文字可以展開，顯示定義。或者，它發現我重讀同一段，就提供那一段的注解。同樣地，我覺得影片裡的場景很無聊，如果它知道，就會往前跳或快轉過去。

我們幫裝置加上了感官——眼睛、耳朵、動作——以便和我們互動。它們不僅知道有人來了，也知道誰來了，還知道這人心情好不好。商人當然想得到量化的情緒，但我們也能從中得益，讓裝置「用情感」回應我們，就像好朋友給我們的反應。

1990 年代，我和作曲家伊諾談過音樂科技的快速變化，尤其是由類比一躍而到數位。伊諾發明了現在所謂的電子音樂，因而成名，沒想到他對許多數位樂器都嗤之以鼻。這些設備的介面縮減，讓他最感失望——黑色方盒上的小旋鈕、滑塊或小按鈕。他和樂器的互動只剩下移動手指。相較之下，傳統類比樂器能提供有感覺的弦、桌子大小的鍵盤或厚實的鼓膜，讓人與音樂之間有更多微妙的身體互動。伊諾說：「電腦的問題在於裡面的非洲不夠。」他的意思是，和電腦互動只用按鈕，就像只用指尖跳舞，不像在非洲會用到全身。

嵌入式麥克風、相機和加速器讓裝置裡的非洲變多了。這些部件能聽到我們的聲音、看到我們的模樣、感覺到我們的存在。快速揮手就能捲動。玩 Wii 時揮舞手臂。搖一搖或傾斜平板電腦。除了雙腳、手臂、軀幹和頭，指尖也是很好的工具。有沒有方法能用整個身體推翻鍵盤的專橫呢？

2002 年的電影《關鍵報告》第一個提出答案。導演史蒂芬史匹柏一心想要表達 2050 年可能出現的場景，因此他召集一群技術專家和未來學家，一起腦力激盪，描繪 50 年後的日常生活。我也在受邀行列中，我們要描述未來的臥室是什麼模樣，或者音樂聽起來是什麼樣子，尤其是 2050 年人類會怎麼用電腦。大家都同意，我們會用全身和所有的感官與機器溝通。站著，而不是坐著，就更非洲了。我們站著的時候想法會不一樣。或許我們會用雙手和機器講話，加入義大利。跟我們一組的昂德柯夫勒來自麻省理工學院的媒體實驗室，在這個方案上早有進展，也在開發實用的原型，用手部動作控制資料視覺化。昂德柯夫勒的系統穿插在電影裡。湯姆克魯斯的角色站著，舉起戴著虛擬實境型手套的雙手，把一塊塊警方的監測資料移來移去，就像樂團的指揮家。與資料共舞時，他喃喃發出語音指令。6年後，電影《鋼鐵人》也用了這個主題。主人翁史塔克也用雙臂操控電腦投影資料的虛擬3D顯示，像接海灘球一樣抓住資料，把整批資訊當成物體來旋轉。

　　電影效果很好，但未來用手操控的介面更有可能比較靠近人體。把雙臂抬在身體前面，超過一分鐘就變成有氧運動了。為了延長使用時間，互動比較像手語。未來在辦公室工作的人，不需要敲打鍵盤——很炫的、會發光的全息投影鍵盤也不用——而是用新演化出來的手勢對裝置講話，就像現在我們必須兩根手指一捏來縮小、往外推來放大，或兩隻手都比出L型，框住某個東西以便選取。今日的手機已經有不錯的語音辨識功能（也能即時翻譯），因此我們會很常用語音和裝置互動。如果你想知道2050年的人怎麼和裝置互動，可以想像他們用眼睛從螢幕上一組快速閃過的選項裡，做出視覺化「選擇」，懶洋洋地哼一聲就能確認選項，以及快速用手拍打大腿或腰部。未來看到一個人喃喃自語、雙手在前方快速舞動，就表示她正在用電腦。

　　不光是電腦而已，所有的裝置都需要互動。不互動的話表示壞了。過去幾年來，我在收集資料，研究在數位時代長大是什麼模樣。比方說，朋友的女兒還不到5歲，和現代許多家庭一樣，他們沒有電視，只有電腦螢幕。去朋友家拜訪時看到電視，他女兒立刻被吸引了。她走到電視前，在下面找了找，又看看背面。「滑鼠呢？」她問。應該有方法和電視互動吧。另一位朋友的兒子從 2 歲就開始用電腦。有一次，朋友和兒子去買東西，她停下來研究產品上的標籤。「按一下試試看。」兒子建議。早餐穀片盒也應該能互動！有一位年輕的朋友在主題樂園工作。有一次，有個小女孩拍了她的照片，之後告訴這位在樂園工作的朋友，「可是這不是真的照相機——後面沒有相片。」另一位朋友的小孩還不會講話，卻接收了他的 iPad。學會走路前，她就會畫圖，輕鬆在應用程式裡處理複雜的工作。有一天，朋友在相紙上印出高解析度的影像，放在咖啡桌上。他注意到還在學步的女兒走過來，想用指頭放大相片。她試了幾次，當然不成功，只能一臉疑惑地看著父親。「爸爸，壞了。」對，不能互動的東西就是壞掉了。

目前能想到最笨的東西，只要加上感測器和互動功能，就能大幅改善。我們家的暖氣爐，用一個老式的標準自動調溫器。重新裝潢後，升級成 Nest 自動調溫器，Nest 的設計團隊成員之前是 Apple 的高級主管，Google 在 2014 年收購了這家公司。Nest 能察覺到家裡有人。它會感測到我們在家、醒著或睡著，還是去度假。它的腦連到雲端，能預測我們的日常生活，過了一段時間便能建立我們的生活模式、適應我們的時間表，下班回家前幾分鐘先打開暖氣（或冷氣），我們出門後就關掉，但假期或週末則另行處理。如果感測到我們突然回家了，也會自我調整。這種觀察和互動，可以降低帳單的數字。

　　我們與物品間愈來愈多互動後，有一個結果，就是人類會頌揚物品的具體化。互動性增強，聽起來和感受起來也應該更美好。既然我們會花好幾個小時拿著物品，做工細膩度就很重要。Apple 首先發覺顧客對互動商品的這種渴望。Apple Watch 上的金邊就是為了觸感。我們可能會抱著 iPad，撫摸充滿魔力的平面，盯著它看好幾個小時、好幾天、好幾個星期。裝置表面的光滑觸感、閃爍的流暢度、有無溫度、外型的品質、光線的溫度，對我們來說都會變得很重要。

　　穿戴能回應我們的物品，親密度和互動性都無與倫比。電腦一直在朝著我們行進。最早的電腦放在遙遠的空調地下室裡，然後搬進了離我們很近的小房間，再偷偷靠近我們，坐到我們的桌子上，接著跳上了我們的雙腿，最近則溜進我們的口袋。接下來，顯然會靠著我們的皮膚，也就是穿戴裝置。

　　我們可以戴著特殊眼鏡，看到擴增實境。戴著這種可穿透的電腦（早期的原型是 Google 眼鏡），我們可以看到看不見的位元，疊在真實世界上。在店裡拿起早餐穀片盒細看，能像小男孩說的，在穿戴裝置裡按一下，便能讀到中繼資訊。Apple 的手表是戴在腕上的電腦，也是健康監測器，但最重要的功能則是方便連入雲端的入口。整個網際網路和萬維網的運算能力強大無比，透過手腕上的小方塊就能取用。但穿戴裝置也特別指智慧衣著。當然，我們可以把小小的晶片織入襯衫裡，襯衫就能通知智慧型洗衣機，它喜歡哪一個清洗流程，但穿戴裝置的重心應該是穿戴的人。實驗性的智慧衣料具備導電縫線，織入薄薄的彈性感測器，就像 Project Jacquard 開發的

（由 Google 出資）。這些布料會縫成能和你互動的襯衫，你用一隻手的手指掃過另一邊手臂的袖子，跟掃過 iPad 螢幕一樣，理由也一樣：在螢幕上或眼鏡上叫出某個東西。美國東北大學開發出的智慧襯衫原型叫 Squid，Squid 可以感覺——事實上可以估量——你的姿勢，用量化方式記錄下來，開動襯衫裡的「肌肉」，精確地收縮，讓你保持恰當的姿勢，和私人教練一樣。德州貝勒醫學院的神經科學家伊格曼，發明了超聰明的背心，能把一種感覺轉成另外一種。感官替代背心上的微小麥克風收到音訊後，能把這些聲波翻譯成格狀分布的震動，失聰者穿著背心的話，就能感覺到。過了幾個月，失聰者的腦部重新自我配置，「聽到」背心的振動就和聽見聲音一樣，因此穿著會互動的衣服，失聰者也有聽覺。

你或許早就想到了，但要比皮膚上的穿戴裝置更接近人，只能進入皮膚，鑽進我們的腦袋，把電腦直接連到人腦。外科手術植入腦部的東西，能幫助失明和失聰的人，還有癱瘓的人，讓殘障人士只用腦子就能和科技互動。實驗性的腦部插口，讓四肢癱瘓的女性能用腦控制機器手臂，端起咖啡瓶送到她嘴邊，她就可以喝咖啡。但這些侵入性很強的手術，還沒試在健康的人身上。非侵入性的腦部控制器，已經用在一般的工作和遊戲上，效果也不錯。我試過幾種輕量的腦機介面，只要想著個人電腦，就可以控制它。儀器通常包括裝了感測器的帽子，類似最簡單的腳踏車頭盔，用長長的電纜連到個人電腦上。戴上帽子，眾多感測器的貼片便靠著你的頭皮。貼片會接收腦波，受過生理回饋的訓練後，你能隨心所欲發出信號。這些信號可以利用程式控制，執行「打開程式」、「移動滑鼠」及「選取這個選項」等操作。你可以學習「打字」，這項技術仍很原始，但每年都在進步。

在接下來的幾 10 年內，我們會繼續擴展互動的範圍，有三個要點。

1. 更多威官

製品上的感測器跟感官都會增加。所有的東西都會有眼睛（視覺基本上不用錢）和聽覺，但我們也能逐個加上超人的感官，例如全球定位系統的位置感測、熱源偵測、X 光視線、各種分子敏感性或嗅覺。創作的物品會給我們回應、與我們互動、自我調適以方便我們使用。互動性就定義而言是雙向的，所以這種感知會提高我們與科技的互動。

2. 更親密

互動區會愈來愈靠近我們。科技會比手表和手機更接近人類。互動的親密度更高。保持開啟，無所不在。親密技術是個完全開放的新領域。我們覺得科技已經充滿了私人的空間，但 20 年後再回頭看看，會發覺在 2016 年還有很多進步空間。

3. 更融入

最高程度的互動要求我們投入科技。透過虛擬實境就可以做到。運算靠得這麼近，近到我們就在裡面。從用科技創造的世界裡，我們會用新方法彼此互動（虛擬實境），或者用新方法與真實世界互動（擴增實境）。科技變成人的第二層皮膚。

最近我加入無人機玩家的團體，星期天他們會在附近的公園競飛小小的四軸飛行器。他們用旗子和泡沫塑膠拱門在草地上排出賽道，讓無人機飛過。要讓無人機用這種速度飛，就得進到裡面。玩家在無人機前方裝了小小的眼睛，戴著虛擬實境護目鏡，就能看到所謂的第一人稱視角（FPV）。我只是訪客，戴上多的護目鏡，分享他們的相機信號，就能看到自己坐在同樣的機長位置上，看到每位機長眼前的情景。無人機飛進飛出，繞過賽道障礙，緊追前方的對手，有時彼此碰撞，讓人想起《星際大戰》裡的駕駛艙比賽。有位年輕人從小就在玩無線遙控模型飛機，他說，能融入無人機，從裡面駕駛，是他這輩子感官享受最強的體驗。他說，真能自由飛翔，比其他事更令人心情愉悅。不是虛擬，飛行的體驗很真實。

現在，在自由發展的電玩遊戲裡，最高程度的互動會合了最高程度的存在感。過去幾年來，我觀察 10 多歲的兒子怎麼玩電玩主機。我神經不夠緊張，在電玩的變樣世界裡撐不到 4 分鐘，但我發現我可以看大螢幕看一個小時，看兒子怎麼遇險、對著壞人開槍，或探索未知的領域及黑暗的建築物。他和同年齡的少年一樣，會玩經典的射擊遊戲，例如《決勝時刻》、《最後一戰》和《祕境探險 2》，裡面有安排好的場景。然而，我最喜歡看的電玩則是現在已經過時的《碧血狂殺》。人物是西部牛仔，地點在廣大空曠的荒野。虛擬世界大到玩家要一天到晚騎馬探索峽谷和殖民地，尋找線索，四處遊蕩，完成不知所云的任務。我很樂意陪著他穿過邊疆小鎮，找出要追尋的目標。那是一部你可以在裡面漫遊的電影。遊戲的開放式架構，很像非常受歡迎的《俠盜獵車手》，但沒那麼暴力。我們都不知道接下來會怎樣，也不知道結局。

在這個虛擬空間裡，要去哪裡都可以。要騎馬到河邊？可以。要沿著軌道追火車？可以。要不要跑在火車旁邊，然後跳上去，接著搭火車呢？好呀！或從這座小鎮穿越山隘叢林，到另一座小鎮？有個女人喊叫著要人幫忙，你可以騎馬離開，或停下來幫她，隨便你選。每種行動都有後果，她或許需要幫忙，或許是強盜的誘餌。評論者提到遊戲裡的互動自由意願時，說：「我真覺得很驚訝，我在騎馬時可以開槍射馬的後腦勺，甚至再把牠的皮剝了，好玩。」在無縫的虛擬世界裡隨意移動，忠實度等同好萊塢大片，自然讓玩家陶醉其中。

互動的細節最重要。《碧血狂殺》裡的日出光輝燦爛，地平線亮起，溫度逐漸上升。土地上出現氣候變化，你能感覺得到。豪雨落下，多沙的黃色土壤顏色變深，濕掉的污點也十分恰當。有時候霧氣飄過來，用寫實的面紗蓋住小鎮，陰暗的人影變得模模糊糊。隨著時間過去，台地上泛出的粉紅色愈來愈淡，構造一層層堆起。不論什麼比例，燒焦的木頭、發乾的刷子、不平滑的樹皮——每塊小石頭、每根小樹枝——都呈現出精美的細節，投下完美的重疊陰影，就像一幅畫。沒人想到，這些非必要的修飾，竟讓人覺得滿足。全方位的奢侈，令人無法抗拒。

　　遊戲的世界非常大。一般的玩家大概會花 15 個小時一次快速穿越，而高等級玩家想拿到所有獎章的話，可能要花 40 到 50 個小時。在每一步，你可以任選下一步的方向，再下一步和接下來的那一步也可以，你腳下的草地外型完美，每根草葉都很細膩，彷彿作者預期你會踩到地圖上非常細小的這一塊。在 10 億個點上任選一個，你可以細細檢查細節，覺得心滿意足，儘管很美，但大多數地方從來沒有人看過。免費提供的豐足有如熱水澡，讓人深信一切都是「自然」，這個世界向來就是這個模樣，一直都這麼好。進入了毫無瑕疵的細緻世界，互動性高得驚人，而且一望無際，你會覺得沉浸在完整中。邏輯告訴你，這不可能是真的，但站在坑上的木板上，你心裡認為這是真的。完全融入虛擬實境的互動後，就達到了真實性。此時，必須用 2D 來看遊戲世界的空間豐富度。

　　便宜、充足的虛擬實境，就是製造體驗的工廠。我們會用虛擬實境來造訪對人體太危險的環境，例如戰區、深海或火山。也可以用來體驗人類到不了的地方——胃裡面、彗星的表面。或交換性別，或變成龍蝦，或用低廉的價格體驗昂貴的事物，例如低空飛過喜馬拉雅山。但體驗通常無法永續，我們喜歡旅行，也是因為我們只去一下子。虛擬實境很像我們會進入又離開的體驗，起碼在一開始的時候不會長久。虛擬實境的存在感很強，導致我們只想要一點點就好，慢慢來。但對我們渴望的互動來說，則沒有極限。

　　這些大規模的電玩遊戲，開拓了新的互動方式。在這些類型的遊戲裡，廣闊無際的地平線表示互動非常自由，但這種自由也是錯覺。玩家得到要完成的任務，也有動機要留到最後，或許觀眾也一樣。遊戲裡的動作走向就像漏斗狀，迎向整體敘事的下一個瓶頸，最後會揭露命運，但看玩家要累積什麼點數，相關的選擇仍很重要。在整個世界中總有一個走向，不論你參加多少次探險，過了一段時間，仍要面對必然的事件。已經注定的敘事和自由意志的互動間有種平衡，調到剛剛好的時候，會讓人覺得「好一場遊戲」──感覺很甜美，能參與這麼大規模的行動（遊戲的敘事），而且仍享有操控權（玩遊戲的過程）。

　　遊戲設計師會微調平衡，但人工智慧這種無形的力量，才會把玩家推向某個方向。《碧血狂殺》一類開放式遊戲中的動作，大多由人工智慧賦予生命，尤其是配角的互動。隨便找個農場停下來，和牧童聊兩句，他的回應看似合理，因為他的生命來自人工智慧。人工智慧也用其他方式慢慢滲入虛擬實境和擴增實境。例如用來「看見」和繪出你所在實體世界的地圖，便能把你輸送到人造的世界裡。它也會對應你真實身體的動作。你坐著、站著、在辦公室裡走來走去，人工智慧都會看著你，不需要特殊的追蹤設備，然後把看到的對應到虛擬世界裡。人工智慧可以透過人造環境讀取你的路線，計算需要如何干擾才能把你推往某些方向，能力宛若不知名的神祇。

　　在虛擬實境裡，不用說，不論發生了什麼，都會記錄下來，沒有例外。虛擬世界的定義，就是全方位監控的世界，因為虛擬實境裡先有追蹤才有事件。因此，為增加樂趣，要把行為遊戲化很容易──贈與點數、升級、評分力量。然而，今日的實體世界裝了這麼多感測器和介面，也變成平行的追蹤世界。可以把裝滿了感測器的真實世界，想像成非虛擬的虛擬實境，我們幾乎一整天都在這裡。周遭環境在追蹤我們的時候，也是我們追蹤量化自我的時候，用到的互動技術，和我們在虛擬實境裡用的一樣。我們會用同樣的虛擬實境手勢、器具和汽車溝通。我們可以用同樣的遊戲化來創造動機，在真實生活中把參與者推往偏好的方向。你或許為了加點，一整天會好好刷牙、走一萬步或小心駕駛，因為這些行為都會留下紀錄。每天回答問題，你的等級愈來愈高，而不是拿個一百分就算了。撿垃圾或回收也可以積點。除了虛擬世界外，平凡的生活也可以遊戲化。

在人類的平均生命期內，第一個擾亂社會的科技平台就是個人電腦。第二個平台則是手機，在短短幾 10 年內便顛覆一切。下一個破壞性平台則是虛擬實境──已經出現了。在不久的將來，連入虛擬實境和擴增實境的一天，可能會像下面這個模樣。

我在虛擬實境裡，但我不需要頭戴裝置。令人驚訝的是，在 2016 年，僅有少數人期待要進入基本上「還不錯」的擴增實境，不需要戴護目鏡，連眼鏡都不用。房間角落裡偷偷探出的微小光源，把 3D 影像直接投進我的眼睛，我什麼都不必戴。應用程式已經有好幾萬個，大多數的品質都還不錯。

　　我的第一個應用程式是重疊識別。它會辨認人臉，顯示他們的姓名和夥伴關係，如果跟我有關係的話，也會顯示跟我的關係。現在我已經習慣了，出門一定要戴著。朋友說有些不完全合法的識別應用程式，可以提供更多有關陌生人的資訊，但你必須戴著配備，看見的東西才不會被別人發現──不然別人會覺得你很沒禮貌。

　　出外時，我戴一副擴增實境眼鏡，眼前的景象都像 X 光片。我先找連線訊號，顏色愈暖，就愈靠近重磅級頻寬。打開擴增實境後，可以召喚之前的景象，疊在我目前看到的東西上，這一招很不賴，我在羅馬常用。在那裡，完全 3D、實體大小、完整無缺的競技場出現了，天衣無縫地貼住我費力爬上的遺跡。很難忘的體驗。我也看到虛擬「釘在」城裡不同地點的評論，作者是之前的訪客，要到那個點才看得見。我也留了幾份紀錄，等別人來發掘。應用程式揭露馬路下所有的地下供水管和纜線，對宅男來說太讚了。我也發現了比較奇怪的應用程式，看到什麼，應用程式就用紅色大數字標出美金價格。我在意的主題幾乎都有重疊應用程式，顯示效果就是疊影。不少公眾藝術現在是 3D 幻影。小鎮中心的廣場出現了精巧的旋轉 3D 投影，每年換兩次，就像博物館的展覽。市中心大多數建築物外面，都換上了擴增實境內的門面，每套門面都由建築師或藝術家委託製作。每次進城，都覺得街景不一樣。

　　高中時代，我始終戴著虛擬實境眼鏡。輕量的鏡框呈現出更生動的影像，比不需要眼鏡的擴增實境更鮮明。在課堂上，我會看各式各樣的模擬，尤其是介紹基礎知識的練習。在動手做的課堂裡，比方說烹飪或電機改造，我喜歡用「疊影」模式，也用這個方法學會焊接。在擴增實境裡，照著老師半透明的虛擬雙手引導，我把手放在同樣的位置，以便正確抓住靠在虛擬鋼管上的虛擬焊條。我試著讓雙手跟上疊影雙手的動作，我的虛擬焊接就是動作很精確。上體育課時，我戴上完整的頭盔顯示器。我在真正的體育場上排練 360 度的動作，追著做為模範的黑影來複製它的動作。我也花不少時間在虛擬實境中準備比賽，這可以在室內進行。有幾種運動，例如雙刃直劍對打，就全在虛擬實境裡。

進了「辦公室」，我戴上擴增實境的眼罩。眼罩是彎彎的一條，約莫手掌寬，離眼睛幾英寸，戴一整天也不會覺得不舒服。眼罩非常厲害，把周圍的虛擬螢幕全顯示出來。我有大約 12 個虛擬螢幕，各種尺寸都有，也有大量的資料集可以用手挪動。眼罩的解析度和速度都還不錯，我一整天幾乎都在和虛擬同事溝通。但我會在真實的房間裡看到他們，所以我在現實中也感受不到不真實。他們逼真的 3D 化身，全然抓住真人大小的神韻。同事和我在獨立作業時，通常會坐在真實房間裡的虛擬桌子旁，但我們可以繞著對方的化身走動。我們可以聊天，也會聽到對方發出的其他聲音，彷彿在同一個房間裡。即使同事就在真實房間的另一邊，彈出化身也很方便，我們在擴增實境裡碰頭就好，不需要走過去。

對擴增實境很感興趣的時候，我會戴上擴增實境漫遊系統。特殊的隱型眼鏡有 360 度的視野，和無懈可擊的虛構景象。戴上隱形眼鏡，很難從眼前的情景判斷，我看到的東西是不是假的——當然，在路上看到 7 公尺高的哥吉拉昂首闊步，腦子能察覺到這絕對是幻覺。我雙手上各戴了一枚指環，用來追蹤手勢。襯衫和頭帶上的微小鏡頭，會追蹤身體的方向。放在口袋裡的裝置，有全球定位系統，會追蹤我的位置，誤差只有幾公釐。我可以在家鄉閒逛，彷彿這是可供選擇的另一個世界，或遊戲平台。匆匆穿過真實的街道時，平凡的物品和空間轉變成不平凡的物品和空間。在擴增實境的遊戲裡，真實人行道上的真實報紙架，變成精細的 22 世紀反重力發射器。

　　最強烈的虛擬實境體驗需要全副武裝。穿起來很麻煩，所以我不常上場。我家有一套業餘裝束，包括站立懸吊系統，亂動的時候就不會摔倒。在追趕巨龍時，我可以做真正的心肺運動。事實上，虛擬實境懸吊系統已經取代了大多數人家裡的運動器材。但每個月都有一、兩次，我會和朋友到附近的 realie 劇院，了解最先進的虛擬實境技術。為了衛生，我會穿自己的絲質連身內衣，再套上可充氣的外骨骼裝甲，在四肢扣緊。這種裝束會給人最驚豔的觸覺回饋。用虛擬的手抓住虛擬的物品，我能感覺到重量——靠在手上的壓力——因為充氣外衣用適當的力道擠壓我的手。如果我的脛骨撞到虛擬世界裡的石頭，腿上的護套會那樣「撞擊」我的脛骨，製造出完全可信的感覺。躺椅扶住我的軀幹，我可以選擇感覺很真實的跳躍、空翻和猛衝。超高解析度的頭盔沒有誤差，配上雙耳立體音和即時的氣味，創造出親臨現場的感受。進去 2 分鐘後，我通常就忘了我真正的身體在哪裡；我到了別的地方。Realie 劇院最棒的地方就是沒有延誤，另外 250 個人以同樣的逼真度分享我的世界。這麼一群人在一起，可以在幻想世界中有真實的行動。

　　虛擬實境技術對使用者來說，還有另一個好處。虛擬實境產生的濃烈存在感，強化了兩種矛盾的對立特質。增強真實，所以我們會覺得假的也是真的──遊戲和電影的目標。也助長不真實感，假到不能再假。比方說，在虛擬實境裡很容易改變物理學，例如去掉重力或摩擦力，或模擬外行星塑造出虛擬環境──例如水中的文明世界。我們也可以改變化身，變成不同的性別、不同的顏色或不同的物種。這 25 年來，藍尼爾一直說，他很希望能用虛擬實境把自己變成會走路的龍蝦。軟體會把他的雙臂變成大螯、耳朵變成觸鬚、雙腳變成尾巴，不光是看起來像，運動方式也像。最近在史丹佛的虛擬實境實驗室，藍尼爾的夢想成真。虛擬實境創造軟體現在機敏而健全，能快速打造出這種個人的幻境。使用史丹佛的虛擬實境裝束，我也能修改我的化身。在實驗中，一進了虛擬實境，我的手就會變成我的腳，而我的腳會變成我的手。也就是說，虛擬的腳要踢出去，我必須用真實的手猛打。要測試手腳顛倒過來後效果如何，我必須先用變成腳的手和變成手的腳弄破浮在半空中的虛擬氣球。剛開始那幾秒很笨拙，非常尷尬。不過很奇妙，才過幾分鐘，我就能用手踢用腳打。史丹佛大學的教授貝蘭森發明了這個實驗，把虛擬實境當作終極的社會學實驗室，他發現一般人通常只要 4 分鐘，就能完全把腦內的手腳迴路重新配線。我們的自我確定比自己所想的更容易變化。

　　因此，就有問題了。很難決定線上的某個人是真是假。外表很容易造假。有個人或許用龍蝦的形象出現，但事實上他是個一頭結絡長髮的電腦工程師。之前你可以查驗他們的朋友，確定這人的真實性。如果上網的人在社群網路上沒有朋友，或許他其實是另一個人。但現在駭客、罪犯、想造反的人都可以建立詐騙帳號，加入虛構的朋友及虛構的朋友的朋友，工作的地方是假的，維基百科的條目也是假的。Facebook最有價值的資產不是軟體平台，而是他們控制了10多億人的「真實姓名」身分，透過朋友和同事的真實身分來加以鑑定。獨占持久的身分，便是 Facebook 大放異彩的真正動力，但也很脆弱。在數位世界中，我們用來證明身分的標準測試開始行不通了，例如密碼和人機驗證。人機驗證是視覺謎題，人類輕鬆就能解開，對電腦來說卻很難。現在人類要解題卻有了麻煩，機器覺得愈來愈容易。密碼很容易被駭或被偷。那什麼比密碼更可靠呢？你，就是你自己。

　　你的身體就是你的密碼。你的數位身分就是你。虛擬實境利用的所有工具，需要種種方法來捕捉你的動作、跟隨你的眼睛、破解你的情緒、盡可能把你包起來，好把你傳輸到另一個領域，讓你相信你就在那裡——這些互動都只屬於你，也證明你的存在。追蹤人體的感測器會用到生物統計學，而這門科學一再讓我們吃驚，因為可以測量的東西，幾乎都有個人獨到的特徵。你的心跳很獨特。你走路的步伐很獨特。你在鍵盤上打字的節奏很有特色。你最常用的字詞。你坐著的樣子。你眨眼睛的方法。當然還有你的聲音。這些結合起來，融合成一種幾乎無法偽造的中繼模式。的確，這也是我們在真實世界中認人的方法。如果我會碰到你，你問我：我們之前是否見過，我的潛意識會在一組微妙的特徵中翻尋——聲音、面孔、身體、風格、習性、舉止——然後集結成知覺，認識還是不認識。在科技世界中，我們也會用幾乎一樣的衡量標準來檢查一個人。系統會檢查此人的特質。脈搏、呼吸、心率、聲音、面孔、瞳孔、表情和其他數 10 種細微的生物信號，是否符合他們聲稱的身分？我們的互動會變成我們的密碼。

互動程度不斷提高，也會繼續增加。不會互動的簡單東西仍會留存下來，例如木柄的榔頭。不過，能互動的東西在互動的社會中會更有價值，例如智慧型榔頭。但高度的互動性要付出代價。互動需要技巧、協調、經驗和教育。互動會嵌入人類科技，由我們自行修練，尤其是因為我們才剛發明了新奇的互動方式。科技未來的重心會放在發掘新的互動。在接下來的 30 年內，互動程度不強的東西就算壞掉了。

第十章

追蹤ing

我們不了解自己，只能尋求所有可能的助力來認識自己。一個方法是自我測量，用自我測量揭露我們不為人知的本質，可說是很崇高的理想，但也才開始沒多久。之前會有特別投入的人找方法來測量自己，但不能自我欺騙。科學化的自我測量費用昂貴、麻煩，而且受限。但在過去幾年內，價格低廉且極度微小的數位感測器，簡化了紀錄參數（按一個按鈕就好），參數種類不勝枚舉，每個想自我測量的人都有上千種選擇。這些自我實驗已經開始改變我們對藥物、健康和人類行為的想法。

數位魔法已經把溫度計、心率監測器、動作追蹤器、腦波偵測器及其他幾百種複雜的醫療器材等裝置，縮小成書頁上的英文字母大小。有些更縮到英文裡的句點那麼小。這些肉眼看得見的測量器，可以塞進手表、衣物、眼鏡或手機，或散布在房間、車子、辦公室和公共空間裡，成本也不高。

2007 年的春天在北加州，我和當醫生的朋友格林到我家後面草木叢生的山丘上健行。慢慢踩著土路爬向山頂，我們討論到最近的創新：小小的電子計步器，藏在鞋帶裡，記下你的每一步，然後把資料存進 iPod，以便分析。我們可以用這個小裝置計算爬山消耗的熱量、追蹤長時間的運動模式。我們開始列出其他可以測量活動的方法。過了一個星期，我和《連線》雜誌的作者沃爾夫去走同一條路，他很好奇這些新興的自我追蹤裝置有什麼社會意義。當時只有 10 來種，但我們都能清楚看見，偵測器愈來愈小，追蹤技術就會激增。這種文化變遷要叫什麼？沃爾夫指出，把重點放在數字，而不是字詞上，我們會建構出「量化自我」。因此在 2007 年 6 月，沃爾夫和我在網際網路上宣布，我們會辦一場「量化自我」聚會，你覺得你在量化自己，就可以來。我們沒有絕對的定義，且看誰會參加。第一場聚會，有 20 多個人來到我在加州帕西菲卡的工作室。

追蹤內容的多樣性令人驚異：他們用可量化的單位測量飲食、健康程度、睡眠模式、心情、血液因子、基因、位置。有些人自行打造裝置。有人已經自我追蹤 5 年，好讓自己的力氣、耐力、集中力及生產力達到最佳狀態。他的自我追蹤方式超越所有人的想像。今天，世界各地有 200 個量化自我聚會團體，成員有 5 萬人。一直到本書寫成的這 8 年來，每個月都有人在量化自我集會示範巧妙的新方法，來追蹤生活中的某個數據，之前可能都沒人想到，或覺得做不到。少數幾人因著自己偏激的習慣而特別突出。但今天雖覺得偏激，不久卻會變成新的常態。

電腦科學家史馬爾每天追蹤的健康參數有上百個，包括他的表皮溫度和膚電反應。他每個月都定序自己排泄物的微生物構造，這樣的構造對應到他腸子裡的微生物。相關的研究在醫學上成長快速，是頗有前景的一個領域。獲取相關的資料流後，史馬爾瘋狂扮演業餘的醫學偵探，診斷出自己快要罹患克隆氏症或潰瘍性大腸炎，而他自己和醫生都還沒看到外在的症狀。後來他動了手術，證實自我追蹤的結果沒錯。

Mathematica 是一種很聰明的軟體應用程式，也是數學處理器（不是文字處理器），而沃爾夫勒姆便是背後的天才。沃爾夫勒姆對數字很敏感，把計算能力運用到他存下來的 170 萬個檔案上，這些檔案都與他有關。他處理了 25 年來收送過的電子郵件。他留存 13 年來每次敲擊鍵盤的紀錄，記錄每一通電話、走的每一步、在家裡或辦公室從哪裡移動到哪裡及出門後的 GPS 位置。他追蹤寫書和寫論文時改動過幾次。透過自己的 Mathematica 程式，他把自我追蹤轉為「個人分析」引擎，揭露他幾 10 年來的慣例模式。有些模式很微妙，例如他最有生產力的時候。而他是在分析自己的資料後，才發覺到這點。

費爾頓是設計師，他追蹤自己過去 5 年來所有的電子郵件、簡訊、Facebook 發文和推文、通話內容和去過的地方，並加以分析。每年他都製作年度報告，用視覺呈現前一年的資料分析結果。2013 年他得出結論，49％的時間他很有生產力，但星期三最有成效，百分比為 57。隨便選個時間，他一個人的可能性是 43％。人生有三分之一（32％）花在睡覺上。他用這種量化研究幫自己「做得更好」，包括記下碰到的人叫什麼名字。在量化自我集會上，我們聽說有些人會追蹤自己的慣性拖延，或每天喝多少咖啡、警覺性及打噴嚏的次數。我可以說，在世界上某個地方，能追蹤的東西一定已經有人在追蹤了。在最近的國際性量化自我會議上，我碰到這項挑戰：努力想出最不可能的測量對象，看看是否有人已經在追蹤了。所以我問了 500 位自我追蹤的人士：有人在追蹤指甲的生長速度嗎？感覺夠荒謬了吧。還真有一個人舉手。

　　愈來愈小的晶片、愈來愈持久的電池和雲端連線，鼓勵自我追蹤者長期收集追蹤資料，尤其是個人的健康狀況。多數人一年能看一次醫生，測量健康的某個面向，已經算很幸運。但如果不是一年一次，而是每天從早到晚，都有看不見的偵測器在測量和記錄你的心率、血壓、體溫、葡萄糖、血清、睡眠模式、體脂肪、互動程度、情緒和心電圖腦部機能，會是什麼樣？每項特徵都會有數 10 萬個資料點。休息或全力應變、生病或健康、不論季節、不論狀況，都有證據。過了很多年，你會得到本身常態的精確測量──你的數字或多或少都在這個小小的範圍裡。在醫學上，常態只是虛構的平均值。你的常態不是我的常態，反之亦然。平均的常態對你來說沒什麼具體用途。但長期自我追蹤後，你會得到完全個人化的基線──在你覺得不舒服或想要做實驗時，就非常有用。

　　在不久的將來，夢想就可以實現，這個非常私人的資料庫，裡面全是你的身體紀錄（包括完整的基因序列），可以用來打造個人的療法與個人化藥物。科學會用你的人生日誌來產生只屬於你的療法。比方說，家用的智慧型個人化藥丸製造機

（可以參考第七章），會合成藥物，確切的比例符合你目前身體的需求。如果晨間的療法舒緩了症狀，系統會調整晚上的劑量。

目前，在進行醫學研究時，標準的方法是盡可能找到最多的實驗對象。實驗對象的數目（N）愈高愈好。要把結論推斷到全國的人口上，N 等於 10 萬個隨機人選時，方法也最為正確，因為測試人口中難免有些怪胎，會打亂平均值。事實上，因為成本因素，大多數醫學實驗的參與者不到 500 人。但進行科學研究時，如果 N 等於 500，且謹慎進行，就足以讓美國食品藥物管理局通過藥物申請。

另一方面，在量化的自我實驗中，N = 1。你就是實驗對象。乍看之下，N = 1 的實驗似乎不夠科學，但對你來說卻非常有效。就各方面而言，這是最理想的實驗方法，因為你要測試變數 X 在某個時間點對實驗對象的影響，而實驗對象就是你的身心。對別人有用的療法，和你有什麼關係？你想知道，這對我有什麼影響？N = 1，就能把結果完全聚焦在你身上。

N = 1 實驗（在科學時代來臨前，曾是標準的程序）的問題，並非結果無用（很有用），而是你很容易遭到愚弄。每個人對自己的身體、吃什麼或世界如何運作（例如蒸氣、振動或細菌的理論），都有一些直覺與期望，卻會變成嚴重的蒙蔽，讓人看不清楚事實。我們懷疑空氣不好會造成瘧疾，便移居高處，好像有用，就一點點。我們懷疑麩質會讓人脹氣，想在生活中找證據，證明麩質就是病因，卻忽略了無關緊要的反證。覺得痛苦絕望時，更容易受到偏見影響。如果能分開實驗者與實驗對象常有的期待，N＝1的實驗才有效，但由於這兩個角色就是同一個人，很難分得開。有人發明了大規模的隨機雙盲實驗，正是為了克服這種固有的偏見。實驗對象察覺不到測試的參數，因此無法產生偏見。在自我追蹤的新世代，自動檢測設備（用感測器長時間反覆測量，有助於實驗對象「忘了它的存在」），在N＝1的實驗中幫忙克服自欺欺人的想法，也能一次追蹤許多變數，轉移實驗對象的注意力，稍後再用統計方法來闡明發現的模式。

從許多經典的大規模人口研究中，我們發現服用的藥物有效，通常是因為我們相信會有效，這稱為安慰劑效應。這些量化自我的招數，無法完全抵銷安慰劑效應；而會相輔相成。如果治療措施為你帶來重大的改善，那就有效。不論重大的改善是否來自安慰劑效應，都沒有關係，因為我們只在乎這對N＝1的實驗對象有什麼效果。因此安慰劑效應也算正面反應。

在正式研究中，因為我們總私心希望結果是正面的，所以需要控制組來平衡。因此在N＝1的研究裡，量化自我的實驗者會用自己的基線，來取代控制組。追蹤自己的時間夠久，加上形形色色的測量目標，就可以先建立起自己的行為模式再進行實驗，而你的行為模式便是比較的對照。

談了半天數字，也隱瞞了一件重要的事：我們的數學直覺很差勁，我們的腦袋不精於統計，數學不是人類的自然語言。就連極度視覺化的標繪圖和數字圖，也需要超專注力。就長期來說，量化自我的定量分析會變得無法察覺。自我追蹤會超越數字。

　　我來舉個例子吧。2004 年，德國的一位資訊科技經理瓦赫特，從小小的數位指南針中取出內部的裝置，焊接在皮帶上。他也在皮帶上隔著固定長度，埋了 13 個壓電振動器，就像智慧型手機裡的振動裝置一樣。最後，他改造了電子指南針，指南針原本在圓形螢幕上指著北邊，但把皮帶扣成環形的時候，指南針就會讓環上不同的地方振動。而皮帶上「面向」北邊的那段一定會振動。瓦赫特繫上皮帶後，可以感覺到腰部哪邊朝北。持續繫了一星期後，瓦赫特培養出準確的「北邊」感覺。無意識的。他不假思索就能指出北邊在哪，他就是知道。過了幾個星期，他培養出更強的地方感，知道自己在城裡的哪裡，彷彿能感覺到一張地圖。這就是數位追蹤的定量分析被包含到全新的身體感受裡。長期來看，那許多從身體感測器持續流出的資料都有同樣的命運。不是數字，而是新的感受。

　　這些新的人造感受，不光是好玩而已。我們天生的感覺演化了數百萬年，確保我們在匱乏的世界裡能夠存活下來。人類不斷面對威脅，得不到足夠的熱量、鹽分或脂肪。正如馬爾薩斯*和達爾文告訴我們，每一種生物族群都會擴張到耗盡的極

---

*　馬爾薩斯：Thomas Malthus，英國經濟學家。提出關於人口增長的理論，認為人口以等比級數成長，但糧食僅是以等差級數成長，所以最後一定會糧食不足而人口過多，影響達爾文提出物競天擇的學說。

限。今日，科技讓世界十分富足，存活的威脅卻來自好東西太多。太多好東西，讓我們的新陳代謝和心理失去最佳狀態。但身體無法好好表現出新的平衡狀態。演化的目的，並不包括讓我們能感受到血壓或血糖水平，但科技可以。比方說，Scanadu 新推出的自我追蹤裝置 Scout，就和老式的碼表差不多大。靠在額頭上，一秒就能測出你的血壓、不定性心率、心臟效能（心電圖）、氧含量、體溫和皮膚導電。有一天，也能測量你的血糖水平。矽谷不只一家新創公司在開發非侵入性、不用刺穿皮膚的血液監測器，能每天分析你的血液因子。最後都會做成穿戴裝置。得到資訊後，反饋不是數字，而是我們能感覺到的形式，例如手腕上的振動或輕捏一下臂部，裝置會給我們關於身體的新感受，我們尚未演化出這樣的感受，但已有迫切的需要。

自我追蹤不限於健康方面，能夠擴及到生命的全部。可穿戴的微小數位眼睛和耳朵，可以記錄一整天的每一分每一秒——我們看到誰、說了什麼——做為記憶的輔助。儲存下來的電子郵件和簡訊，串流構成人腦的流水帳。聽了什麼音樂，讀了什麼書和文章，去過的地方，都可以加入紀錄。例行的活動與會面及非例行的事件和體驗，重大細節全部都轉成位元，按時間順序流動。

這叫作生命流。電腦科學家蓋勒特於 1999 年率先提出生命流的說法，不光是資料庫。蓋勒特設想出的生命流，是全新的電腦組織介面。用新的時間順序串流取代舊有的電腦桌面。用串流瀏覽器取代網路瀏覽器。蓋勒特和他帶領的研究生費里曼給資料流架構下面的定義：

生命流是按時間順序排列的文件串流，記錄你的電子生命；你建立的每份文件及其他人傳給你的文件都儲存在生命流裡。生命流的末端放了過去的文件（從你的電子出生證明開始）。從末端朝著現在移動，你的生命流放了比較新的文件──相片、通信、帳單、電影、語音訊息、軟體。離開現在，前進未來，生命流裡則有你需要的文件：提醒事項、行事曆項目、待辦事項。

你可以舒舒服服坐著，看著新文件來到：咚一聲丟到生命流的頂端。你把游標往下移，瀏覽生命流──碰一下顯示器上的文件，頁面跳出來，開得夠大，你能迅速掃過內容。你可以回到從前，或前往未來，看看下星期或接下來的 10 年內，你該做什麼。你的網際人生全在眼前。

每個人都會產生自己的生命流。我和你見面的時候，兩人的生命流在時間中相交。如果我們下星期要碰頭，則在未來交會；如果我們已經見過面，或去年共享了一張照片，那我們的生命流就在過去會合。我們的生命流變得很豐富，織入難以想像的複雜度，但每條生命流都遵循嚴格的時間順序，因此很容易在上面來回移動。我們自然而然便在時間軸上滑行，找到某個事件。「那是在耶誕節的旅行後，不過在我生日前。」

　　蓋勒特說，生命流是有組織的隱喻，好處在於「『我把那項資訊放到哪兒去了』，這個問題一定只有一個答案：在我的生命流裡。時間軸、年表、日記、日刊或剪貼簿的想法都老得多，也自然得多，比檔案階層更加深入人類文化和歷史。」蓋勒特告訴昇陽電腦的代表，「我獲得新的記憶，（比方說）晴朗的下午，帶梅麗莎到紅鸚鵡餐廳外──我不需要幫這段記憶命名，或塞到某個目錄下。我可以把記憶裡隨便一樣東西當成檢索關鍵字。我不必幫電子檔案命名或把檔案放到目錄裡。我可以把其他生命流混到裡面──看我有什麼權限使用別人的生命流。我個人的生命流，也就是我的電子生命故事，也可以混進其他串流──我所屬的團體或組織享有的串流。最後，我也可以把新聞或雜誌的串流混進我的生命流。」

　　自從 1999 年以來，蓋勒特試了很多次，想把他的軟體商業化，卻一直不成功。有家公司買了他的專利，控告 Apple 竊取生命流的想法，用在 Time Machine 備分系統上（在 Apple 的 Time Machine 上，要還原檔案，沿著時間軸一直滑到你要的日期，找到那天電腦內容的「快照」）。

　　但在今日的社群媒體裡，有好幾種生命流在運作，例如 Facebook（或是中國的微信）。你的 Facebook 串流是照片、狀態更新、連結、指標和生命中其他文檔不斷流動的集合。新的片段不斷加到串流最前面。想要的話，你可以把 widget 這些小型應用程式加進 Facebook，記錄你正在聽的音樂或你正在雲端看的電影。Facebook 還提供時間軸介面來回顧過去。10 億多人的串流可以和你的交會。朋友（或陌生人）按讚發文或標記照片裡的人，這兩條串流就混在一起。每天，Facebook 都會把更多新活動、新聞串流和企業更新加入世界流。

這還不是全部。生命流的流動可以當作主動、有意識的追蹤。我們積極管理自己的串流，用手機拍照、標記朋友、刻意用 Foursquare 在某個地方打卡。就連計算步數的 Fitbit 運動資料也是主動資料，因為它會吸引我們的注意力。你必須付出某種程度的注意力，才能改變行為。

追蹤還有另外一個領域一樣重要，但沒有意識，也不是主動的。這種被動的追蹤，也叫做生命紀錄。用簡單、機械化、自動、不費心思、全不放過的方法持續記錄所有的東西。記錄一切可以記錄的，不加偏頗，記錄你完整的生命。未來有需要時，你才會加以注意。生命紀錄非常不經濟、效能很差，因為生命紀錄中大多數的東西從來用不到。但和很多無效能的過程一樣（比方說演化），也包含創造力。生命紀錄現在才有可能，因為運算、儲存和感測器便宜到拿來浪費也不要緊，成本很低。但有創意地「浪費」運算，已經成就了許多最成功的數位產品和公司，生命紀錄的好處也在於濫用電腦運算。

1980 年代中期，尼爾森率先開始生命紀錄（不過，他沒用這個說法）。尼爾森是超文本的發明人，他用錄音帶或錄影帶錄下和其他人的對話，不論地點，也不論重要性。與他碰面的人有好幾千個，所以他租了一個大庫房，裝滿錄音帶和錄影帶。到了 1990 年代，則有第二個人曼恩。曼恩當時在麻省理工學院任教（現在去了多倫多大學），他頭上戴了攝影機，錄下一整天的生活。每一件事，一整天，一整年。25年來，只要醒著，他就把攝影機打開。他的設備包括很小的螢幕，擋住一隻眼睛，攝影機會從第一人稱的觀點拍攝，比 Google 眼鏡早了20年。1996年7月，我們第一次見面，曼恩有時稱他的行為是「量測自我感測」。因為攝影機擋住了他的臉，我覺得很難和曼恩自在相處，但他仍照例錄下生命的每一分每一秒。

但微軟的貝爾才是完美的生命紀錄模範。從2000年開始，貝爾開始一項大實驗，叫做 MyLifeBits，記錄工作上的每個細節。貝爾的脖子上戴了特製的攝影機，如果有人靠近，攝影機會注意到人體溫度，每60秒拍一張照片。到了新的地方，貝爾的隨身攝影機如果偵測到光線變化，也會拍照。貝爾記錄和存檔電腦上敲下的鍵、每封電子郵件、每個造訪過的網站、每次搜尋、電腦上的每個視窗及視窗保持開啟的時間。他也記錄對話，要是大家不同意之前說過的話，他可以「捲回去」找證據。他也把所有收到的紙張掃成數位檔案、謄寫電話通話的內容（在對方許可的情況下）。他做這項實驗，也是為了找出微軟可以發明什麼樣的生命紀錄工具，幫助他們管理生命紀錄產生的大量資料——因為記錄資料很簡單，要找出資料的意義才是艱鉅的挑戰。

生命紀錄的重點在於創造出確切的回憶。如果生命紀錄記下生命中的大小事，就算你腦子裝了太多東西，忘了某項體驗，也可以找回來。彷彿你的生命加了索引，全部存下來，變成可以用 Google 搜尋的對象。我們的生物記憶不太完美，能有補償就算成功。貝爾實驗的記憶召回，幫助他提高生產力。他可以確認之前說了什麼話，或找回他忘記的灼見。不過，他的系統有點小問題，無法把他的生命紀錄變成位元，但他發現要找回有意義的位元，就需要更好的工具。

　　看過貝爾戴的攝影機，我也受到啟發，把一個小攝影機夾在襯衫上。Narrative 是大約一英寸見方的方塊，每分鐘會拍一張照片，延續一整天，或在我戴著的時候，輕敲方塊兩下，也可以讓它拍照。相片會傳到雲端，處理後送回我的手機或網路。Narrative 的軟體很聰明地把影像按著一天去過的地點分類，再為每個地點選出三張最具代表性的影像，湧進的影像就變少了。用這種視覺摘要，我可以很快翻過一天的 2,000 張影像，展開某個地點的串流，看其他影像，找出我要回憶的確切時刻。我可以輕鬆瀏覽一整天的生命流，前後花不到一分鐘。我覺得這種很詳盡的視覺日記還不錯，生命紀錄的資產，一個月只要一、兩次，感覺很珍貴，就有價值了。

　　Narrative 發現，典型的使用者參加會議、度假或想要記錄體驗時，會利用這種相片日記。非常適合幫人記起會議內容。攝影機持續拍下你第一次碰面的人。比名片更棒，幾年後瀏覽生命流，能很快想起他們是誰、說了什麼。相片生命流更是假期和家庭活動的強大提示工具。比方說，最近我在姪子的婚禮上用了 Narrative。除了大家分享的代表性時刻，還捕捉了我和某些人的第一次對話。這個版本的 Narrative 不會錄製音訊，但下一版就可以。在研究中，貝爾發現音訊是留存下來最能提供有用資訊的媒體，再利用照片補上提示及索引。貝爾告訴我，如果只能有一個，他寧可選用聲音記錄一整天，而不是視覺記錄。

採行功能更多的生命紀錄後，可以看到下面四個類別的好處：

- **無時無刻都在監控重要的身體測量結果**。如果我們能即時監控血糖值，那麼公共醫療會變成什麼樣？假設你能在近乎即時的區段內，偵測到血液是否從環境中吸收了生物化學藥品或毒素，你會怎麼做？（你或許會想「快逃！」）這種資料算是警告系統，也是個人的基準，可以拿來診斷病情和處方藥物。

- **關於你碰到的人、說過的話、去過的地方和參加過的活動，留下互動的、更持久的回憶**。這樣的回憶可以搜尋、檢索和共享。

- **你產生的、寫的、說的一切都會存檔，被動地記錄下來**。深入比較分析你的活動，可以提升你的生產力和創造力。

- **組織、塑形及「閱讀」個人生活的方法。**

按照生命紀錄共享的程度，這個資訊資料庫可以用來幫助別人的工作，強化社交互動。在健康領域內，共用的醫療紀錄可以加快醫療發現的進展。

對許多持懷疑態度的人而言，有兩項挑戰會讓生命紀錄失敗，淪為小眾。第一，目前的社交壓力讓自我追蹤變成科技宅宅才有的行為。買了 Google 眼鏡的人，很快就把眼鏡閒置一旁，因為他們不喜歡戴起來的模樣，和朋友在一起的時候，也不方便錄製──甚至連要解釋自己已經停止錄製，也覺得不自在。沃爾夫說：「寫日記時錄製感覺值得欽佩。做試算表時也要錄製就是怪癖。」但我相信，我們很快就會發明社會規範和科技創新，來判定生命紀錄究竟合不合適。1990 年代，手機剛出現的時候，許多人搶先體驗，鈴聲四處亂響非常可怕。在火車上、洗手間裡、電影院裡，常響起高分貝的鈴聲。用最早出來的手機講電話時，大家通常會提高音量，就和鈴聲一樣響。那時候，你或許會想，不久的將來，每個人都有手機，世界會是什麼樣？肯定吵死了。結果不然。無聲的振動器發明了，我們學會發簡訊，社會規範占了優勢。我現在去看電影，電影院裡人手一機，但我不會聽到鈴聲，也不會看見發亮的螢幕。因為發出聲音或亮光就遜掉了。我們會發展出同樣的社會慣例和技術修正，大家就能接受生命紀錄。

　　第二，每個人每年都會生出幾千兆位元組的資料（或甚至高到幾百京位元組），那麼生命紀錄要怎麼做？沒有人能翻遍那麼多的位元。什麼也看不出來，就深陷其中。用今日的軟體，確實做不到。要找出資料的意義是項大工程，很耗時間。你的計算能力要強、具備機敏的技術能力及有強烈的動機，來從你產生的資料河流裡找出意義。這就是為什麼自我追蹤仍屬小眾嗜好。然而，便宜的人工智慧可以克服多數的問題。研究實驗室裡的人工智慧已經夠強大，可以篩選數 10 億筆紀錄，讓重要、有意義的模式浮現出來。舉個例子，Google

的人工智慧已經能描述隨機照片的內容，等價格降到夠便宜，也能消化襯衫上的 Narrative 照相機傳來的影像，所以我可以用英語要求 Narrative，幫我找兩年前參加派對時碰到那個戴海盜帽子的人。來了，他的串流連到我的。我也可以要求 Narrative 判別，什麼樣的房間會讓我心跳加快。是顏色、溫度，還是天花板高度？雖然現在看起來很像巫術，但不到 10 年，就會變成很普通的要求，就像要求 Google 找個東西──20 年前看起來也很像魔法。

但格局還不夠大。我們──人聯網──會追蹤自己，追蹤生命中的大小事。但物聯網大多了，幾 10 億個東西會自我追蹤。在未來幾 10 年內，幾乎所有製造出來的東西都會含有一小片矽，連到網際網路。廣為連結的結果，更能精確追蹤每樣東西怎麼使用。比方說，自 2006 年以後製造的車子，在儀表板下都裝了小小的 OBD 晶片。這塊晶片會記錄車子的使用方式。它會追蹤駕駛距離、速度、突然煞車的次數、過彎的速度及里程油耗。這些資料原本的目的是為了修車。如果你讓保險公司（例如 Progressive）取用 OBD 駕駛紀錄，他們或許會降低你的汽車保險費率。注重行車安全的駕駛保費比較低。車子的 GPS 位置也可以正確追蹤，所以政府能根據駕駛的路線和使用頻率來課稅。用路收費就像是虛擬過路費或自動徵稅。

物聯網的設計便是要追蹤資料，物聯網所在的雲也一樣。接下來的 5 年內，我們預期要把 340 億個能連上網際網路的裝置加入雲，以便串流資料。雲則用來保留資料。碰到雲的東西可受追蹤的話，就能追蹤。

　　最近，我在研究人員哈塞爾的協助下，收集到美國境內例行會追蹤我們的裝置與系統。關鍵詞是「例行」。駭客、罪犯及網軍違法執行的非例行追蹤，就不在我的名單上。政府機構想要的時候，也會用他們的方法選定追蹤特殊的目標，這也不在我的收集範圍裡（政府的追蹤能力和預算成正比）。因此，我的清單是清點美國一個普通人在平凡的日子裡會碰到的追蹤類型。每個例子都有正式的證據，或來自重要的出版品。

　　汽車移動——2006 年以後製造的車子都有晶片，發動車子後，就會記錄車速、煞車、轉彎、里程及意外。

　　高速公路路況——高掛的攝影機和埋在高速公路上的感測器，會用車牌和快車道識別證記錄車子的位置。每個月記錄的車牌有 7 千萬個。

　　共乘計程車——會記錄行程的 Uber、Lyft 和其他去中心化的乘車體驗。

　　長途旅行——你搭飛機、搭火車的行程都會記錄下來。

　　無人機監控——在美國邊境，名為掠奪者的無人機，會監控和記錄戶外活動。

　　郵件——你收送的每封紙本信件外觀，都已經掃描和數位化。

　　水電費——你的水電使用模式都有紀錄（垃圾目前尚未分類）。

　　手機位置和通話紀錄——你打電話的位置、時間和對象

（元資料）都會留存數月。有些手機服務公司會定期儲存通話和訊息的內容，從幾天到幾年都有。

市內攝影機——美國大多數城鎮的中心都有攝影機，隨時隨地記錄市民的活動。

商業空間和私人空間——目前，68％的公務員、59％的私人雇員、98％的銀行、64％的公立學校和16％的屋主在攝影機下工作或生活。

智慧住宅——智慧型自動調溫器（例如 Nest），會偵測到你在不在家，和你的行為模式，把資料傳輸到雲端。智慧型電源插座（例如 Belkin），會監控分享到雲端的電力消耗和使用次數。

家用監控——家裡裝的攝影機會記錄你在室內外的活動，儲存到雲端伺服器上。

互動裝置——來自手機（Siri、Google 的 Now、微軟的 Cortana）、遊戲機（體感裝置 Kinect）、智慧電視和環境麥克風（Amazon 的 Echo）的語音命令和訊息都記錄到雲端，也在雲端處理。

食品雜貨店的會員卡——超市會追蹤你買了什麼、什麼時候買的。

電子零售商—— Amazon 等零售商不僅追蹤你買了什麼，還會追蹤你看過的商品或考慮要買的東西。

國稅局——追蹤你一輩子的財務狀況。

信用卡——每一筆購買當然都在追蹤範圍。也會用精密的人工智慧深入挖掘模式，揭露你的個性、種族、癖好、政治立場和偏好。

電子錢包和電子銀行——Mint 之類的整合平台，會追蹤你的完整財務狀況，例如借貸、貸款和投資。Square 和 PayPal 等電子錢包，則追蹤你所有的購買紀錄。

相片臉孔辨識——別人拍照並上傳網路後，Facebook 和 Google 可以認出（標記）照片中的你。相片的地點可以識別你去過哪些地方。

網路活動——網路廣告的 cookie 會追蹤你在網路上的活動。點擊率最高的前 1,000 個網站，有 80％用網路 cookie，跟著你到網路上的各個地方。透過與廣告網站的協議，就連你沒去過的網站，也可以得到你的瀏覽資訊。

社群媒體——可以認出你的家人、朋友及朋友的朋友。可以辨認和追蹤之前的雇主和現在的同事，還有你如何消磨閒暇時間。

搜尋瀏覽器——按慣例 Google 會存下所有你問過的問題。

串流服務——你看過的電影（Netflix）、聽過的音樂（Spotify）、看過的影片（YouTube）、何時看過聽過、給什麼評價。這也包含有線電視服務公司；你看過的頻道都有紀錄。

閱讀——公共圖書館會留存一個月左右的借閱紀錄。Amazon 會永久記錄你買過的書。Kindle 會監控你閱讀電子書的模式——讀到哪裡、多久能讀一頁、會停在哪裡。

健康追蹤器——一天 24 小時記錄你的生理活動和運動時間，有時也會記錄位置，包括每天你什麼時候睡覺和起床。

　　不難想像，如有機構能整合所有的串流，將會獲得什麼樣的勢力。技術上要把一切都縫合在一起不難，直接讓人害怕起「老大哥」之類的獨裁者順勢而起。不過在此刻，多數串流仍獨立存在。它們的位元不會結合在一起，彼此間沒有關係。有幾股或許能結合（比方說信用卡和媒體使用），但大體來說，還沒有巨大的老大哥整合串流。因為政府的動作緩慢，技術發展遠遠落後（政府自己的安全性馬馬虎虎，很不可靠，已經落後了幾 10 年）。此外，美國政府尚未統一這些串流，因為得來不易的隱私權法律築起薄牆，擋住了政府。少數法律阻擋社團法人，無法盡情整合資料；因此，商號變成代理人，為政府收集資料。顧客的資料是企業的新金礦，所以可以推論：商號會想要收集更多資料（間接地，政府也有同樣的目標）。

　　電影《關鍵報告》改編自狄克的短篇故事，特色是不久後的社會，利用監控系統在罪犯犯罪前逮捕他們。狄克把這種干預手段稱為「罪前」偵測。本來覺得狄克的「罪前」想法非常不符合實際。現在我的感覺卻改變了。

　　看看上面列出的例行追蹤目標，不難推斷 50 年後的狀況。之前無法測量的東西都可以量化、數位化，可以追蹤。我們會繼續追蹤自己、追蹤朋友，朋友也會追蹤我們。商號和政府會追蹤有關我們的更多資料。50 年後，無所不在的追蹤才是基準。

　　我在第五章〈使用 ing〉中主張，網際網路是全世界最大、最快的複製機器，碰到網際網路的東西都會被複製；網際網路想要製作複本。一開始，創作者相當困擾，因為不論是個

人或企業，他們的東西不加區別全部被複製，通常也不用錢
——而這些東西曾經是稀少而且很珍貴的。（前後語意邏輯不
通）有些人發起抗爭，現在還在抗爭，努力打擊複製的趨勢
（這時就想到電影公司和唱片公司），有些則選了順從趨勢，
目前仍是如此。有些接納網際網路的複製趨勢，尋求無法輕鬆
複製的價值（透過個人化、具體化、授權等等），生意也愈做
愈大，而拒絕、禁止或阻撓網際網路複製熱潮的人則落後
了，現在才苦苦追趕。消費者自然喜歡漫無目的的複製，也會
幫機器補給，來索討好處。

　　複製的趨勢來自技術，不光是社交或文化。在不同的國
家，甚至在統制經濟＊下，甚至有不同的典故，甚至在另一個
星球上，都會出現同樣的趨勢；這是「必然」。複製無所不
在，相關的法律和社會體制卻非常重要。我們如何處理創新的
獎賞、智慧財產權和責任、複本的所有權和取用，對社會的繁
榮和快樂都有巨大的差別。普遍的複製是必然的情況，就看我
們如何選取相關的特質。

　　追蹤也有類似的必然動態。的確，我們在前面幾段用的
「追蹤」，在接下來的幾段都可以改成「複製」，來感受類似
的地方：

　　網際網路是全世界最大、最快的追蹤機器，碰到網際網路
的東西如果可以追蹤，都會被追蹤。網際網路想追蹤一切。我

＊　統制經濟：這是一種經濟體制，在這種體系下，國家在生產、資
　　源分配及消費等各方面，都是由政府事先進行計畫。

們會持續自我追蹤、追蹤朋友，也被朋友、商號和政府追蹤。這對市民來說很困擾，對商號來說也有點困擾，因為之前追蹤是一種稀有且珍貴的活動。有些人努力抗爭追蹤的趨勢，有些人最後還是採納了。有些人發現馴化追蹤的方法，不會冒犯別人，也有生產力，他們就能蒸蒸日上，而想要禁止和限制追蹤的人就落後了。消費者說他們不想被追蹤，但事實上卻一直在提供資料給機器，因為想索討屬於自己的好處。

追蹤的趨勢屬於科技，而不光是社會或文化。在不同的國家，甚至在統制經濟下，甚至有不同的典故，甚至在另一個星球上，都有同樣的趨勢。儘管我們停不住追蹤，但周遭的法律和社會體制卻很重要。普遍的追蹤是必然的情況，就看我們如何選取相關的特色。

這個星球上增加最快速的數量，是我們產生的資訊。數10年來，擴展速度一直以來就超越所有其他可測量的東西。資訊累積的速度，比我們倒水泥的速度（每年成長7個百分點）還快，也超越智慧型手機或微晶片輸出的增長，也超越人類產生的副產品，例如污染或二氧化碳。

加州大學柏克萊分校有兩位經濟學家，統計全球產生的資訊，計算出新的資訊每年成長66%。2005年，iPod的出貨量成長600%，相較之下，資訊的成長率並不驚人。但那樣的爆發並不長久，撐不了幾10年（2009年，iPod的生產遭到重創）。資訊以一種瘋狂的速率持續成長，已經超過一個世紀。每年66%，等於每18個月就要加倍，也是摩爾定律*的速率，並非巧合。5 年前，人類儲存了幾百個百京位元組的資訊，等於地球上每一個人有 80 座亞歷山大圖書館。今日，每個人平均有 320 座。

　　還有一個方法來視覺化這種成長速率：資訊爆炸。每天的每一秒，全球會製造出 6,000 平方公尺的資訊儲存材料——硬碟、晶片、DVD、紙張、膠捲——立刻被我們塞滿了資料。那個速率——每秒 6,000 平方公尺——差不多是原子爆炸發射出的震波速度。資訊擴展的速度等於核爆，但不像真正的原子爆炸只能持續幾秒，資訊爆炸永不停息，像是延續數十年的核爆。

　　在日常生活中，我們產生許多不會留存和記錄的資訊。儘管追蹤和貯存已經爆發，日常生活大多尚未數位化。這種難以解釋的資訊是「野性的」或「黑暗的」。馴服野性的資訊，就能確保我們收集的資訊，在未來的幾 10 年內仍會不斷翻倍。

　　每年收集的資訊不斷增加，因為我們會產生關於資訊的資訊。這叫做元資訊。我們捕捉的每個數位位元都讓我們產生另一個有關的位元。手臂上的活動手環捕捉到我走了一步，立刻會加上時間戳記資訊；然後創造出更多新資料，把這一步連結到其他的步伐位元，畫上圖表時，更產生無比多的新資料。同

＊　摩爾定律：源自於英特爾的共同創辦人摩爾（Gordon Moore），他在 1965 年觀察到電晶體的微縮速度很快，幾乎每一年能塞到晶片裡的電晶體都會加倍，到了 1975 年，這個速率調整成每兩年增加一倍。

樣地，女孩在直播視訊串流上彈奏電吉他，留存的音樂資料也變成泉源，為這段短片產生索引資料，創造「讚」的資料位元或許多複雜的資料封包，才能和朋友共享短片。我們拿到的資料愈多，產生的相關資料也愈多。這種元資料成長速度，甚至超越了基本的資料，規模幾乎沒有極限。

　　元資料是新的財富，因為位元連結到其他位元後，價值就增加了。位元保持原本的樣子，孤孤單單一個，生產力也最低。不加複製、不共享、不與其他位元連結的位元壽命很短。位元最可怕的命運，便是停留在黑暗孤立的資料倉庫裡。位元只想和其他相關的位元共存、廣泛複製、變成元位元，或許成為持久程式碼中的行動位元。如果位元可以擬人化，我們會說：

　　位元想要移動。

　　位元想要連結到其他位元。

　　位元想要即時計算。

　　位元想要被複寫、重製和複製。

　　位元想變成元位元。

　　當然，這純粹是擬人化。位元沒有自己的意願，但它們確實有癖性。與其他位元連結的位元比較常被複製。就像自私的基因易於複製，位元也一樣。因為基因「想要」編寫身體的程式碼，幫它們複製，自私的位元也「想要」能幫它們複製和傳播的系統。位元給人的感覺就像它們要繁衍、移動和共享。如果你會用到位元，這些都是很有用的資訊。

因為位元想要複寫、複製和連結，資訊爆炸和科幻小說般的追蹤也停不下來。人類渴望的好處，有太多來自資料串流。我們現在最重要的選擇是：我們想要什麼樣的全面追蹤？我們想要單向的圓形監獄*嗎？「他們」看得到我們，我們卻對他們一無所知？還是要建構出關係對等、透明的「人際監督」，也要觀察觀察者？第一個選項是地獄，第二個比較好處理。

不久前，小鎮就是基準。對街的女士追蹤你的來來去去，她從窗口窺視，看你何時去看醫生，看到你買了新電視回家，也知道誰在週末來拜訪你。但你也從窗口偷看她，你知道星期四晚上她做了什麼，在街口的藥房你看到她把哪些東西放進購物籃。這種交互監視也有交互的好處。如果你不在家，見到不認識的人走進你家，她就會叫警察。她不在家的時候，你幫她從信箱取出信件。這種小鎮的人際監督很有效，因為有對稱性。你知道誰在觀察你。你知道他們會怎麼使用收集到的資訊，資訊的正確度和用法由他們負責。被觀察的同時，你也獲益。最後，你在同樣的情況下，也會觀察觀察你的人。

＊　圓形監獄：18世紀英國功利主義哲學家邊沁發表的理論，圓形
　　監獄的牢房繞著圓圈外緣而建，所有的房門都面向圓心，中央台
　　為塔狀建築。受刑人認為自己隨時受到監視，因此受到約束。

現在我們被人追蹤時，覺得很不自在，是因為我們不知道誰在觀察我們。我們不知道他們知道了什麼。我們無法掌控資訊的運用。他們不負責修正資訊。他們拍我們，但我們不能拍他們，被觀察的好處混沌不明。兩者的關係不平衡，也不對稱。

無所不在的監控必然會出現。既然無法阻止系統追蹤我們，只能讓關係更對稱些。這是一種教化人際監督的方法，需要技術修正，也需要新的社會規範。科幻小說作者布里恩稱這是「透明社會」，他在 1999 年出了同名的小說，總結他的想法。要了解這個情景能怎麼實現，拿比特幣來做例子好了，第六章〈共享ing〉提到，這是一種去中心化的開源貨幣。比特幣在公開帳本上記錄其經濟體內的每一筆交易，完全透明，因此所有的財務交易都會公開。交易是否有效，則由其他使用者的人際監督來驗證，而不是靠中央銀行的監督。再舉一個例子，傳統的加密使用壁壘森嚴的祕密專用程式碼。但公開金鑰加密（例如 PGP*）是更聰明的作法，仰賴大家都可以檢查的程式碼，包括公開金鑰，因此任何人都可以授信及驗證。這些創新的作法都無法彌補目前的知識不對稱；而是展現出要如何設計以共同警戒為動力的系統。

在人際監督的社會裡，會產生特權感：每個人都有權來取

---

* PGP：Pretty Good Privacy 的縮寫，可以讓電子郵件、檔案及網路通訊擁有保密功能的程式。你可以將郵件加密，除了指定對象外，其他人都無法解讀。加密後，訊息看起來就是無意義的亂碼。

用關於自己的資料，也有權從自己的資料中獲益。但伴隨著權利而來的就是義務，每個人也有自己的義務，要尊重資訊的完整度，以負責任的態度共享資訊，並讓負責觀察的人來觀察自己。

　　取代人際監督的方法，感覺不可行。擴展簡單的追蹤若判為不合法，就和禁止簡單的複製一樣徒勞無功。我支持揭露不當行為的史諾登，他洩漏數萬份美國國家安全局的機密檔案，他們暗中追蹤市民，而我認為許多政府的嚴重錯誤，就在於他們不肯坦承追蹤行為，包括美國在內。大國政府在追蹤我們，但不給對稱的機會。我為史諾登喝采，並不是因為我相信他揭露內情後，能減少追蹤，而是因為透明度會增加。如果能找回對稱，我們可以追蹤誰在追蹤我們，如果追蹤我們的人能守法（應該要有法令）、能負責正確性，我們也能看到明顯的好處，對我們真的有益，那麼我猜測，大家便能接受愈來愈廣的追蹤。

　　我希望朋友把我當成獨立的個體。為了保持關係，我必須敞開心胸、吐露資訊，與朋友分享我的生活，他們才夠了解我，知道怎麼和我相處。我希望商號把我當成獨立個體對待，所以必須夠開放透明，和他們分享資訊，才能建立關係。我希望政府把我當成獨立個體對待，所以必須透露個人的訊息，才能享有獨立個體的待遇。個人化與透明度之間，有種一對一的聯繫。要提升個人化，就需要提升透明度。絕對個人化（虛榮），就需要完全的透明度（沒有隱私）。如果我要保留隱私，可能打交道的人和機構都無法了解我，那我必須接受一般人的待遇，忽略我特殊的喜好。我就是普通人。

現在，假設這些選項都釘在滑動桿上。開孔左邊是個人化／透明的配對。右邊是隱私／一般的配對。滑塊可以滑向兩側，或兩者間任何一個位置。滑塊是很重要的選擇，不過，大家可能都沒想到，科技給我們選擇的時候（重要的是，這個選擇不能被磨滅），大家習慣把滑塊一路推到個人化／透明的那邊。他們選擇透明的個人化共享。在 20 年前，心理學家絕對想不到結果是這樣。如果今日的社群媒體讓我們對人類這個物種有進一步的認識，那就是人類想要分享的衝動，遠超過要保有隱私的念頭。專家因此非常驚訝。到目前為止，每次碰到可以選擇的重大關頭，平均來說，我們都傾向於擴大分享、透露更多、更透明。我可以下這樣的結論：虛榮勝過了隱私。

長久以來，人類聚居在部落和氏族裡，一舉一動都公開，別人都看得到，沒有祕密。心智進化的過程，一直伴隨著共同監督。就演化來說，人際監督是很自然的狀態。我相信，與現代的疑慮相反，我們在其中持續彼此追蹤的圓形世界，並不會遭到強烈反對，因為人類已經這麼過了幾百萬年，也覺得很自在──但要在真正平等且對稱的情況下。

不要小看這個但書。我和 Google 的關係，或我和政府的關係，顯然本來就不平等，也不對稱。他們能存取所有的人的生命流，我卻只能存取我自己的，就表示他們能使用品質更好的資訊。但若能恢復一點對稱性，我也可以分享他們更偉大的地位、負起更重的責任，他們更寬闊的視野令我獲益，（這句和前面似乎需要轉折）那就可以了。這麼說吧！警察當然可以對市民攝影。只要市民也能拍攝警察，並能取用警察的錄影帶和分享，讓更有力量的人負起責任，那就沒問題。到這裡還沒完，因為透明的社會才正要開展。

那我們稱作隱私的狀態呢？在彼此透明的社會裡，有匿名的空間嗎？

網際網路出現後，才比以前更有可能保持真正的匿名。同時，網際網路也讓人更難以在真實生活中匿名。為了偽裝而踏出一步，卻往完全透明的揭露移動了兩步。我們有來電顯示，也可以隱藏來電顯示，更可以限制只接有來電顯示的電話。接下來：生物監控（瞳孔＋指紋＋聲音＋臉孔＋心率），想躲也無處可躲。在這個世界上，關於你的大小事都可以找到及存檔，所以你在這個世界沒有隱私。那就是為什麼許多聰明人都希望能留下簡易匿名的選項──做為隱私的避難所。

然而，我體驗過不少系統，其中的匿名性變得很普遍，但這些系統都失敗了。充斥匿名性的社群不是自我毀滅，就是從純匿名變成假匿名，例如 eBay，你虛構了永久使用的暱稱，但你的身分仍可以追蹤。知名的非法幫派 Anonymous，是個為特定目的而存在的輪值團體，參與的志願者完全匿名。他們是線上的正義使者，目標隨時變動。他們會推翻伊斯蘭國激進份子的 Twitter 帳號，或妨礙他們的信用卡公司。雖然這個組織打也打不倒，一直惹麻煩，我們卻無法判別他們在網路上對社會的貢獻是正面，還是負面。

對文明世界來說，匿名性就像稀土金屬。量很大的時候，這些重金屬就是殺傷力最強的毒物，能致命。但這些元素也是保持細胞活命的必要原料。要維護健康，只需一點點，少到難以測量。匿名性也一樣，做為極少劑量裡的微量元素時，就很好，甚至對系統來說不可或缺。匿名性讓人願意站出來揭發弊端，可以保護受到迫害的邊緣人及政治流亡者。但如果匿名性太多，就會毒害系統。儘管匿名性可以用來保護英雄，卻有更多人用匿名來逃避責任。那就是為什麼 Twitter、Yik Yak、Reddit 和其他網站上，會有匿名的人不留情面地恐嚇別人。不需要負責任，就揭露人性最糟的一面。

大量使用匿名以便對抗愛窺探的心態，其實很危險。這就像提高體內的重金屬濃度，加強元素的力量。其實，隱私只能靠信任來獲得，信任則需要不變的身分。最後，信任愈強愈好，責任心愈高愈好。就和所有的微量元素一樣，匿名性不該完全剔除，但最好能保持在趨近於零的狀態。

在資料的領域內，其他的東西都要邁向無限。起碼數量極其龐大。普通的位元與全球資料的規模一比，基本上變成沒沒無名，幾乎偵測不到。事實上，我們的前綴詞快用完了，無法指明這個新領域有多大。10 億位元組（GB）在你的手機裡。兆位元組（TB）一度大到超乎想像，但今天我桌上就坐了 3 兆位元組的資料。再來是千兆位元組（PB），目前是商號的新常規。百京位元組（EB）則是目前涵蓋全球的規模。幾年後，或許會來到十垓位元組（ZB）。秭位元組（YB）則是最新的科學術語，用來正式表示數量級。大於秭則是一片空白。到目前為止，大於秭只是幻想，還不需要正式名稱。但

20 年後，我們可能就來到秭位元組的等級。至於大於秭的東西，我建議用「兆億」（無限大的數字）來表示就好——很靈活，可以涵蓋所有大到這種程度的新等級。

當一物的數量夠大，就能轉化自身的本質。數大即現異。電腦科學家霍爾寫道：「當某物數量足夠時，便有可能擁有少量孤立樣本無法展現出的特質，這個現象十分常見。在我們的經驗裡，萬億的因子差異不可能不造成性質的差異，而不光是數量的差異。萬億基本上就是一隻塵蟎和一頭大象間的重量差異，前者小到看不見、輕到無法感覺。也等於一張名片的厚度和從此處到月球的距離間的差異。」

姑且將這種差異叫做兆億學（zillionics）。

兆億個神經元給你百萬個神經元無法達到的智慧度。僅僅 10 萬個資料點，無法給你兆億個資料點能給的洞見。兆億個連到網際網路的晶片所產生的脈動、振動一貫性，1,000 萬個晶片就無法達到。兆億個超連結給你的資訊和行為，無法期望從 10 萬個連結中獲得。社交網路的動力來自兆億學。人工智慧、機器人學和虛擬實境都需要精通兆億學。但管理兆億學所需的技能則令人卻步。

管理大數據的一般工具，在這個領域內或許行不通。最大概似估計（MLE）等統計預測技術也失靈，因為在兆億學的領域中，最大概似估計變成不太可能。即時在兆億個位元中巡航，需要全新的數學專業、全新的軟體演算法類別和徹底創新的硬體。機會完全不受限制！

兆億學程度的資料需要新的作法，有了新作法，等於出現了一座地球規模的新機器。這部大機器的原子就是位元。位元可以排成複雜的結構，就像原子排成分子。提高複雜度後，我們把位元從資料提升到資訊，再提升到知識。資料完整的力量來自於能夠重新排序、重訂結構、重複使用、重新想像、重複混合的許多方法。位元想要連結；資料位元能加入更多重的關係，就更有力量。

挑戰在於，今日可使用的資訊大多排成只有人類能懂的形式。用手機拍張照片，裡面存了一長串 5,000 萬個位元，排成人類眼睛看了有意義的樣子。這本書的原文約有 70 萬個位元，排成英文文法的結構。但我們已經到了極限。人類碰不到兆億個位元，遑論能處理這麼多個位元。我們收穫創造了資料的兆億學，為利用完整的潛能，我們必須能把位元排成機器和人工智慧可以明白的模樣。自我追蹤資料可以用機器加上認知能力，便能產生全新的、新穎的、更好的方法，讓我們看見自己。不要幾年，等人工智慧看得懂電影，我們就能以全新的方法重新利用視覺資訊的兆億個位元組。人工智慧能解析影像，就像我們能解析文章，所以人工智慧能夠輕鬆重排影像的元素，就像我們在寫作時能改變字詞的順序。

過去 20 年來，分拆的想法促使全新的產業應運而生。技術新創公司能從歌曲分拆旋律、從專輯分拆出歌曲，推翻了音樂產業。革命性的 iTunes 賣的是一首一首歌，而不是專輯。音樂元素一旦從之前的混合中提煉萃取出來，就可以重新排列成新的複合物，例如可共享的播放清單。大型的大眾報紙，分拆成分類廣告（Craigslist）、股價（Yahoo!）、八卦消息

（BuzzFeed）、餐廳評論（Yelp）和故事（網路），獨立存在，獨立成長。這些新元素可以重新安排——重新混合——成新的文字複合物，例如朋友在 Twitter 上發的最新消息。下一步則是把分類廣告、故事和最新消息分拆成更基本的粒子，可以用令人驚奇、想像不到的方法重新排列。有點像把資訊打散成更小的次粒子，能重新組合成新的化學結構。接下來 30 年內的大工程，解析我們追蹤和創造的所有資訊——企業、教育、娛樂、科學、運動和社交關係的所有資訊——分解成最原始的元素。這件工作的規模，需要大量的認知循環。資料科學家把這個階段叫做「機器可判讀」的資訊，因為人工智慧要負責處理兆億的工作，而不是由人類來處理。聽到「大數據」這種說法時，就是在講這一類的資訊。

　　資訊有了新的化學結構後，則會出現幾千種新的複合物和資訊建構素材。無止境的追蹤已成必然，但我們才剛從起點出發。

　　在 2020 年以前，我們每年都會生產 540 億個感測器。遍布全球、嵌入車輛、蓋在人身上、在家裡和馬路上看著我們；在接下來 10 年內，感測器的網路會產生 300 兆億位元組的資料。每一個位元接著都會產生兩倍的元位元。走實用路線的人工智慧會追蹤、解析這廣大的資訊原子海洋，賦予認知能力，資訊原子也能塑造成幾百種新形式、新奇的產品和創新的服務。我們會很驚訝，自我追蹤來到新的等級時，又會有什麼樣的可能。

第十一章

提問ing

　　維基百科出現後，我對人類本質及知識本質的信念也跟著混亂了。維基百科現在很有名，但剛成立時，我和很多人都覺得不可能成功。維基百科是線上參考書，組織方式有如百科全書，但眾人沒想到的是，任何人都可以隨時增加內容或修改，不需要得到許可。在雅加達的 12 歲小孩如果有心，可以編輯喬治華盛頓的條目。我知道年輕人和無聊的人──其中有很多網民──都有惡搞的偏好，因此讓任何人都能編輯的百科全書，應該無法存活。我也知道，即使貢獻者願意負責，仍無法完全避開誇大其詞的誘惑，或記錯了事實，內容自然不可能可靠。從我自己上網 20 年的經驗，知道你不能隨便仰賴一個陌生人提供的內容，我也相信，把隨機的貢獻集合起來，只是一團亂。專家創作的網頁如果沒經過編輯，也讓我覺得一無是處，所以整部由業餘人士寫成、未經編輯的百科全書，似乎脫離不了垃圾的命運，更何況貢獻者可能是不學無術之人。

　　對於資訊結構，我所知道的一切都讓我相信，知識不會自發的從資料裡蹦出來，要慎重導向大量精力和智慧，才能把資料變成知識。之前我參與過幾次無人領導的集體協作，只生出看過即忘的垃圾。上了網路後，為何就會有不一樣的結果？

所以當西元 2000 年，線上百科全書首次現身時（那時叫做 Nupedia），我看了看，知道它未曾大放異彩，也不覺得訝異。儘管任何人都能編輯，Nupedia 仍需要其他貢獻者合力重寫，非常費勁，新手因此卻步。然而，Nupedia 的創辦人創造出很容易用的側邊 wiki，以便處理文字，大家都沒想到，wiki 變成主場。任何人都可以編輯與刊登，不需要等待別人。而我對那項目前重新命名為維基百科的成果，不抱什麼期望。

我錯了。維基百科的成功，一再超越我的期望。在 2015 年統計時，已經有 3,500 多萬篇文章，支持 288 種語言。美國最高法院曾引用其中的內容，世界各地的學童都在上面查資料，連記者和終身學習的人想快速了解新事物，也會利用維基百科。雖然人性充滿缺陷，維基百科卻愈來愈好。個人的弱點和美德全轉化為公共財富，規則卻寥寥可數。維基百科能夠成功，因為有了恰當的工具，還原受損的文字（維基百科上的回復功能）比創作受損的文字（破壞行為）更加容易，所以夠好的文章能留下來，繼續慢慢改善。有了恰當的工具，即使人數相同，協作社群便能勝過彼此競爭、充滿野心的個人。

我們都知道，集體可以增強力量——城市與文明就是集體——但我真的沒想到，需要的工具和照管居然少到這種程度。維基百科的繁文縟節，相對來說，小到幾乎看不見，不過歷經 10 年，還是增加了些。但維基百科最讓人驚訝的，則是我們不知道這股力量能去到多遠。我們還找不到維基化智慧的極限。可以製作教科書、音樂和電影嗎？法律和政治管理權呢？

　　大家會說：「不可能！」但我要先說：「走著瞧吧。」為什麼法律絕對無法讓無知的業餘人士來撰寫，每個理由我都知道。但對這件事的想法改變後，我不想馬上做出結論。維基百科不可能存在，但它出現了。有些東西理論上不可能，卻能夠實踐，維基百科就是一個例子。一旦正視維基百科的成功，你必須改變期待，還有其他的東西理論上不可能，卻可以做得到。老實說，到目前為止，其他幾種出版領域也試過這種開放式 wiki 模式，但成功幅度有限。還沒有成果。就像維基百科的第一版失敗了，因為工具和流程不恰當，等新工具和方法發明出來，或許就能有協作教科書、法律或電影。

　　關於這件事，改變心意的不只我一個。如果你在成長過程中「就知道」維基百科這種東西行得通，知道開源軟體比精雕細琢的專利商品更好，與其把照片和其他資料守得緊緊，覺得分享更能帶來好處──這些假設就為你奠定基礎，用更激進的態度去追求公共財富。之前看起來不可能的，現在都成為理所當然。

　　在其他方面，維基百科也改變了我的想法。本來我是相當堅定的個人主義者、一個支持自由意志主義的美國人，維基百科成功後，我對社會力量產生新的理解。現在我對集體的力量比較有興趣，還有從個人到集體的新義務。除了擴展民權，也要擴展公民義務。我相信，維基百科的影響力尚未發揮到極限，它的力量能改變人的想法，正在不知不覺中影響全球的千禧世代，用現存的證據向他們證明集體心智的好處，並感謝他們願意相信不可能的事。

更重要的是，維基百科讓我更願意相信不可能的事物。過去幾 10 年來，有些想法本以為不可能，後來才發現其實很好、很實用，而我必須接受這些想法。比方說，1997 年第一次接觸網路上的跳蚤市場 eBay 時，心中充滿懷疑。你要我把幾千塊美金轉給遠方的陌生人，去買一台看都沒看過的二手車？以我了解的人性，應該做不到。但在今日，eBay 非常成功，陌生人賣車更是重要的利潤來源。

20 年前，我「或許」能相信，到了 2016 年，個人的手持裝置上可以放全世界的地圖。但我應該無法相信，地圖會有許多城市的街景，或者應用程式能顯示公共廁所的位置，還能用語音告訴我們怎麼走或怎麼搭大眾交通工具，而且這種地圖和服務全部「免費」。那時候感覺就是不可能。現在仍覺得理論上無法相信能有這麼豐富的免費資源。但就是有，還出現在幾億支的手機上。

這些原本以為不可能的東西，現在出現得愈加頻繁。大家都「知道」沒有人會無償工作，如果工作沒有報酬、沒有人帶領，他們也做不出有用的東西。但在今日，志願者創造的軟體工具成為整體經濟的動力，而他們沒有報酬，也沒有老闆。大家都知道，人類天生很注重隱私，所以完全公開、不分晝夜地共享，應該不可能，卻還是變成事實。大家都知道，人類基本上很懶惰，寧願觀看而不願創造，絕對不會從沙發上起來去製作自己的電視節目。數百萬名業餘人士，製造出幾 10 億個小時的視訊，不可能，他們也不可能有觀眾。YouTube 就像維基百科，理論上不可能。但又來了，這種不可能卻真的實踐了。

　　例子舉也舉不完，日復一日，之前的不可能變成新的可能性。但為什麼現在就可以？是什麼擾亂了過去不可能與可能間的界限？

　　就我所知，過去不可能的事物，現在得以實踐，都是因為有了前所未有的組織層級。全球各地幾 10 億人隨時隨地都能連線，造就大規模的協作及大量的即時社群互動，進而促使這些難以置信的結果蜂擁而至。正如豐潤的生物組織對一群獨立的細胞而言，是更高層級的新組織，這些新的社交結構也為個人帶來新的生物組織。生物組織能做細胞做不到的事。維基百科、Linux、Facebook、Uber、網路——甚至連人工智慧——等集體組織，都能做到工業時代人類做不到的事。在地球上，我們第一次把 10 億人綁在一起，立即轉換節奏，Facebook 就是這樣。從新的社會組織裡出現了新的行為，之前在層級尚未提升時就不可能出現。

　　長久以來，人類發明了新的社會組織，從法律、法庭、灌溉系統、學校、政府、圖書館到最大的規模，也就是文明本身。這些社會工具是人類的基礎——從動物的觀點來看，這些工具也讓人類行為變成「不可能」。舉例說明，我們發明書面紀錄和法律時，引發出一種平等主義，在靈長類社會中就不可能出現，在口語文化中也不存在。灌溉和農業孕育出的合作與協調，引發更多不可能的行為，例如預期和準備，以及對未來的敏感度。人類社會將之前種種不可能的人類行為，釋放到生物圈裡。

　　文化與科技的現代系統，稱為科技體，正在持續發明新的社會組織，加快新的不可能創造出來的速度。eBay 聰明之處在於發明了便宜、簡單而快速的信譽狀態。陌生人可以把東西賣給遠方的陌生人，因為我們可以利用科技把長久的名聲瞬間指派給生活圈外的人。不怎麼樣的創新，卻開啟了更高層級的新型協調作業，之前做不到的交易（陌生人的遠距購買）就能實現。同樣由科技帶來的信任，加上即時協作，去中心化的計程車服務 Uber 便出現了。維基百科上的「還原紀錄」按鈕，可以還原遭到蓄意破壞的段落，比破壞更加容易，因此提升了信任的組織，凸顯人類行為之前無法大規模實現的某一面。

　　我們才剛開始擺弄社會溝通。超連結、Wi-Fi 和全球衛星定位服務，實是科技造就的關係形態，這種等級的創新才起步。有關溝通的發明，最驚人、也可能出現的，大多還沒發明出來。我們也才在草創階段，剛發明出真正全球規模的制度。等我們完全融入全球的即時社會，之前不可能的事物，就真的會爆發到現實裡。我們不需要發明某種自主的全球意識。我們只需要讓每個人都能隨時和其他人連線——和所有的東西連線——一同創造新事物。今日看似不可能的幾百種奇蹟，在這種共享的人類連線裡，都會變成可能。

　　我期待這幾年內我的想法會大幅改變。我們假設對人類來說很「自然」的東西，其實一點也不自然，我想，這類東西的數目應該多到令人稱奇。對部落裡適度連接的一群人來說很自然的東西，對全世界緊密連接的人來說或許就不自然，這麼說可能公平點。「大家都知道」人類天性好鬥，但我猜過了一段時間，解決社會衝突的新手段將遍及全球，有組織的戰爭便失去了吸引力，沒那麼有用。新的科技會釋放出全新的方法，讓人可以說謊、偷竊、暗中偵查和脅迫。網際衝突的解決方式，尚未出現各國都同意的規則，也就是說未來 10 年內，可以預期會出現一些非常卑劣、「不可能的」網際事件，我們完全想不到會是什麼模樣。因為全世界都連在一起，相對來說，很簡單的入侵手段，就能導致一連串的失敗，很快就會來到不可思議的規模。社會組織在世界各地遭到擾亂，事實上無可避免。在接下來 30 年內，整個網際網路和電話系統總有一天會當機 24 小時，幾年後我們提到這件事仍覺得震驚。

在這本書裡，我不想特別討論這些預期會發生的不利狀況，有幾個理由。第一，要推翻發明，必定會造成傷害。感覺最純真的發明，也能變成武器，而且真的會變成武器。罪犯也是全世界最具創意的發明家。世界上所有的東西裡，有 80％是垃圾。但更重要的是，這些負面形式完全遵循我為正面形式描繪出的一般趨勢。負面形式也一樣愈來愈有認知能力，也會重新混合與過濾。罪行、騙局、戰鬥、欺騙、折磨、腐敗、垃圾郵件、污染、貪婪和其他危害都一樣，會變得愈來愈去中心化，以資料為中心。美德與罪惡都將受限於同樣強大的成形力和流動力。新創公司和企業需要調整，適應無所不在的共享及持續的屏讀，所有的方法都適用於犯罪組織和駭客團體。就連壞人也逃不過這些趨勢。

此外，我們也沒想到，每種有害的發明也提供利基，能創造出全新、前所未見的利益。當然，嶄新的利益也可能（或許真的會）遭到對應的壞主意濫用。這種新好處引發新壞處、新壞處又引發新好處的循環，似乎讓我們狂轉，而且速度愈來愈快。沒錯，但有一個很重要的差異：每轉一圈，我們就得到之前不存在的新機會和選擇。這種選擇的擴展（包括作惡的選擇），表示自由度提高──自由度提高，選擇和機會變多，就是進展、人性和個人快樂的基礎。

科技的轉動把我們丟到更高的新層次，開展全新的未知機運及望而生畏的選擇。全球規模的互動會有什麼結果，我們還不知道。所需的資料量及力量非人力能及；千兆、百京、十垓、百萬億的浩瀚領域，今日對我們來說沒有意義，因為它們只是巨無霸機器的詞彙，也是星球等級的詞彙。人類集合在一起，行為自然與個人不同，但我們不知道有什麼差異。更重要的是，做為個人，我們在集體中的行為表現也不一樣。

人類一直都是這樣，從我們移居城市、建立文明，就已經開始。現在和未來幾 10 年內，這種更高層級的連線領域（光速）及無限廣大的規模（整個地球），會快到前所未見。成長速度會來到數兆倍。前面說過，一兆的變動不光是數量改變，而是本質的變化。「大家都知道」的人類本質，到目前為止，大多限於個人。但連接數 10 億人的方法可能有上百萬種，每種方法都揭露關於人性的新鮮事。也可以說，每種方法都會創造出新的人性。不論如何，人性都會改變。

即時的、方法多端的、愈來愈趨近於全球的規模、大小都涵蓋、經過我們認可，這樣子連上線後，我們的運作來到新的層級，不可能的成就一直帶來驚喜。維基百科的不可能，也會默默淡化成絕對的平淡無奇。

難以置信的現象繼續出現，除此之外，我們要邁入的世界裡，不太可能的才是新的常態。警察、急診室的醫生和保險經紀人已經窺見這樣的趨勢。他們發覺，不可能的瘋狂事其實層出不窮。比方說，竊賊卡在煙囪裡；卡車司機迎頭撞上來車，從前面的車窗飛出去，落地後平安無事；野生羚羊飛馳通過自行車道，把人從腳踏車上撞下來；婚禮上的蠟燭燒著新娘的頭髮；女孩興之所至，到後院的碼頭垂釣，釣起和人一樣大的鯊魚。以前，這些奇人異事只有當事人知道，別人聽了以為是謠言，或從朋友的朋友那邊聽來，很容易受人懷疑，沒人相信。

但現在都上了 YouTube，填滿我們的視線。你可以親自觀看。看過這些古怪奇特事件的人數，高達幾百萬。

不太可能的事物不光是意外。網際網路也充斥著不太可能的表演壯舉——有人能從垂直地面跑上建築物，或踩著雪板滑下郊區住宅的屋頂，或疊杯子的速度比你眨眼還快。不光是人類——寵物會開門、騎摩托車和畫圖。不太可能的也包含非凡等級的超人成就：有人在記憶測驗中表現驚人，或能模仿世界各地的口音。在這些極端的事蹟中，我們看到人類的超凡之處。

每一分鐘都有不可能的新東西上傳到網際網路上，看似不太可能的，就這麼列入我們每天聽聞的幾百項離奇事件裡。網際網路就像鏡頭，把離奇事件聚成一束，那光束也變成我們的照明。不可能的事物壓縮成日常生活中可觀看的小片段。只要連上線──現代人幾乎一整天都連線，連續好多天──壓縮過的離奇事件，就是我們的光源。新的常態。

極端的光源改變了我們。我們再也不要單純的呈現；我們要現今世上最好的、最偉大的、最特別的人來展露，像 TED＊的影片。我們不想看人玩電玩；我們想看精采中的精采，最令人瞠目結舌的動作、接球、跑步、設計和踢腿，都比之前的更加引人注目、更不可能成就。

我們也暴露在人類體驗最大的範圍下：體重最重的人、最矮的侏儒、最長的鬍鬚──全部是最高級名詞的世界。最高級原本很稀有──按定義來說──但現在我們每天都會看到好幾部影片，裡面都是最高級，看起來卻很正常。人類一向珍視人類中最古怪的極端（早期的《國家地理雜誌》和李普利的「信不信由你」博物館都是證據），但在牙醫診所裡等著看醫生的時候，在手機上看這些極端案例，則有種親密感。現在更真實了，塞滿我們的腦袋。我想已經有證據可以證明，這浩瀚的離奇海洋給一般人激勵和挑戰，要他們去嘗試異常的事物。

同時，用最高級形容詞來形容的重大失敗也很重要。世界上最蠢的人就在我們眼前，做能想像到最蠢的事。在某些方面，或許我們因此進入了一個世界，裡面只有最微小、最瑣

＊ TED 指技術（Technology）、娛樂（Entertainment）和設計（Design），於 1984 年成立，是美國的私有非營利機構，有專才的人可以在 TED 組織的會場上演講。

碎、最難理解的金氏世界紀錄保持人。在每個人的生命裡，或許總有某個反常的時刻，所以世界上的每個人都是世界紀錄保持者，起碼保持了 15 分鐘。或許我們因此培養出更強烈的感覺，相信人類和人類生命的潛能，所以極端論能擴展我們，也算一個好處。但壞處則是我們對超級的最高級貪得無厭、對尋常事物反而不滿足。

這股動力沒有終點。攝影機無所不在，因此當集體受追蹤的生命擴展時，我們也會累積數千段影片，拍到有人遭到雷擊──因為不太可能的事件比我們想的更加普遍。等我們隨時戴著微小攝影機，那麼最不可能的事件、用上最高級形容詞的成就、世界上最極端的行為都會錄下來，然後即時與全世界共享。不久，我們的串流上就只有 60 億市民生命中最特異的時刻。從今以後，圍繞我們的不是平凡，反而我們會飄浮在非凡裡──因為非凡也變得平凡了。當不太可能的事件主宰我們的視野，直到這世界看起來只有不可能的事物，這些不太可能就不再感覺不可能了。不可能的會變成必然。

這種不太可能的狀態，有種如夢似幻的特質。確實性本身再也不若以往確實。我連上「全知螢幕」，數 10 億隻眼睛的人類群體緊密相連，映照在數 10 億片玻璃上，更難找到真相。對於公眾已經接受的知識，所碰到的每一條都很容易遭到質疑。每項事實都有反事實。網際網路高度互連的結果，這些反事實與事實一樣得到凸顯。有些反事實很蠢，有些似假非真，有些則令人信服。這就是螢幕的禍害：你不能仰賴專家來整治，因為凡有專家，必有同等對立的反專家。因此，這些無所不在的反因子可能會損害我能學到的東西。

　　諷刺的是，在全球即時連線的時代，我對一切的確定性反而降低了。接收不到來自權威的真相，我降級成從流過網路的一連串流動性事實中組出自己的確實性。原本獨一無二的真相，變成有好多面。我必須挑選真相，除了我關心的事物，只要有所接觸就必須挑選，包括我完全不懂的領域。意思是說，在一般的情況下，必須不斷質疑我以為自己知道的東西。我們或許會覺得這個狀態很適合科學進展，但也意謂著我很有可能因著錯誤的理由而改變自己的想法。

　　連到互相連結的網路時，我覺得我自己也是網路，想從不可靠中找到可靠性。為了從四散各處的半真半假、虛假和真理中組合出真相，我發現我的腦袋轉為流動的思考模式（設想情況、暫時性的信念、主觀的直覺），更傾向使用流動的媒體，例如混搭、推文語言和搜尋。但流過這不穩定的想法網路時，常常覺得是一場清醒的夢。

　　我們不懂夢境有什麼目的，只知道夢能滿足意識的某些基本需要。有人看著我上網，從一個建議的連結跳到另外一個，就看到了一場白日夢。在網路上，最近我發現我和一群人都看了一個赤腳男人吃土，也看到男孩在唱歌，他的臉卻融化了，又看到耶誕老公公燒了耶誕樹，接著我飄浮在土造房屋裡，房子在世界的頂端搖搖欲墜，塞爾特人知道怎麼幫自己鬆綁*，有人告訴我製造出清澈玻璃的配方，再來我看著自己，

＊　塞爾特族的標誌是類似中國結的繩結。

回到高中時代，騎著腳踏車。以上只是某天早上我連上網路、逛了幾分鐘的結果。按下一個又一個漫無目的的連結，進入恍惚狀態，簡直是用最糟糕的方法來浪費時間——也可說像夢境，則是很有成效地浪費時間。或許我們上網時，也連入集體的無意識。或許按下連結後的夢境，是讓大家做同一場夢的方法，不論我們按下了什麼。

這場叫做網際網路的醒夢，也模糊了認真與嬉戲之間的差異。簡單來說：在網路上，我再也無法分辨何時在工作、何時在遊戲。對某些人來說，這兩個領域間的界限瓦解，正是網際網路的禍源：浪費時間，還要付出極高的代價。醞釀出來的東西微不足道，把淺薄的事物轉為事業。之前在 Facebook 任職的翰莫巴契爾提出廣為人知的抱怨，「我這一代頭腦最好的人，都在思索怎麼讓別人按下廣告的連結。」有些人覺得這場醒夢是讓人上癮的揮霍。相反地，我很珍惜好好地浪費時間，這是創意需要的先決條件。更重要的是，我相信玩樂與工作的合併，認真思考併入玩心戲謔，才是這項新發明最偉大的一項成就。高度進化的社會已經不需要工作，不就是重點所在？

我注意到有一個作法和我的想法不一樣，因為集體心智已經將這個作法擴散出去。我的想法比較積極，不偏向冥想。與其在腦海中漫無目的地沉思，來提出問題或預感，而養分全來自我的無知，那我寧可行動。我立刻起身，尋找、搜索、詢問、質疑、反應、輕舉妄動，寫筆記、加書籤、留下痕跡——我開始製造屬於我的東西。我不等。不需要等。我現在先執行想法，而不是思索想法。對某些人來說，這就是網路最糟糕的地方——缺乏深思熟慮。有些人則覺得這種淺薄的行動，只是愚蠢的虛功、白費勁、虛幻的行動。但比較基準是什麼？和看電視這種被動行為比較？和在酒吧裡閒聊的時間比較？或是艱苦跋涉到圖書館，發現我的幾百個問題都找不到解答？想想看，在此刻，網路上有幾億人。在我看來，這些無聊的聯想連結，並不會浪費他們的時間，他們投入更有生產力的思考模式——立即得到答案、研究、回應、做白日夢、瀏覽、面對很不一樣的東西、寫下自己的想法、刊出他們的意見，再怎麼細微也沒關係。50年前，有幾億人舒舒服服坐著看電視或讀報紙，也一樣，可謂是浪費時間。

這種新的存在模式——網路衝浪，往下衝、往上飛、從這個位元飛到那個位元、發推文和回推文、不停息地輕鬆接觸新事物、做白日夢、質疑每一項事實——不是毛病。這就是吸引力之所在。面對淹沒我們的資料、新聞和事實，這是很恰當的回應方式。我們必須保持流動和敏捷，從一個想法流到另一個，因為那種流動性能反映周遭波濤洶湧的資訊環境。這種模式不是懶惰帶來的失敗，也不是放縱的奢侈，而是繁盛所需的動力。在急速的湍流中駕駛獨木舟，你划槳的速度起碼要和水流一樣快，為了應對幾百京的資訊、變化與擾亂，你流動的速度必須和最前緣一樣快。

但是，別把這種流動誤認為淺灘。流動性和互動性也讓我們能馬上把注意力轉到比從前更複雜、更大、更棘手的工作上。新技術讓聽眾和觀眾能與故事和新聞互動——轉換時

間、稍後再播、倒帶、探索、連結、儲存、修剪、剪下貼上
──因此形式不拘長短。影片導演開始創造龐大的連續敘事影
集，要花好幾年的時間，才能把故事說完，和連續劇不一
樣。這些廣闊無垠的史詩，例如《LOST 檔案》、《星際大爭
霸》、《黑道家族》、《唐頓莊園》和《火線重案組》，都有
多條錯綜交織的情節、多個主角及極為巧妙的人物深度，這些
精密複雜的作品，需要觀眾投入的專注，遠超過之前的電視節
目和 90 分鐘長的電影，狄更斯和其他過往的小說家絕對會嚇
一大跳。狄更斯聽到了會很驚訝，「你說觀眾會忠實收看，還
想一直看下去？看多少年？」本來我無法相信自己會喜歡這麼
複雜的故事，在意到願意投入時間來看完。我的注意力增長
了。同樣地，電玩遊戲的深度、複雜度和需求，也等同於長篇
電影或偉大的書籍作品。要玩熟遊戲，必須投入 50 個小時。

　　這些新技術改變了我們的想法，但最重要的是它們合為一
體。感覺你花了無止境的奈秒在一系列的推文上、花了無限的
微秒瀏覽網頁、花了無數個小時在 YouTube 頻道間晃蕩，然
後一本書的片段只看了幾分鐘，就換到另一本書或另一段，最
後才回到工作要處理的試算表上，或拿起手機滑來滑去。但事
實上，你每天把 10 個小時的注意力放在一個無形的東西上。
這獨一的機器、巨大的平台、龐大的傑作，偽裝成上兆個隨性
連接的片段。很容易就忽略了整體。拿到高薪的網站總監、線
上一群群評論家及不情不願讓我們在網路上看電影的製片大亨
──這些人不相信他們只是一場全球大戲裡的資料點，但事實
卻是如此。每天有 40 億個螢幕亮起，隨便進一個，就涉及這

個沒有固定答案的問題。我們都想解答：這是什麼？

電腦製造商思科估計，2020 年以前，網際網路上會有 500 億台裝置，此外還有幾百億個螢幕。電子業期待 5 年內穿戴裝置會來到 10 億個，追蹤我們的活動，回饋資料給串流。我們可以期待像 Nest 自動調溫器這樣的設備高達 130 億個，讓我們的智慧住家活起來。連線的車子上內建了 30 億個裝置。1,000 億個無聲的 RFID* 晶片，嵌入超級市場貨架上的商品裡。這就是物聯網，我們生產的一切都在這個新興的幻想世界裡，這個平台能造就不太可能的事物，裡面內建了資料。

知識與資訊有關，但不等於資訊，而知識的爆發速度也和資訊相同，每兩年就加倍。幾 10 年來，每年出版的科學文章數目甚至增長更快。過去一個世紀，全球每年的專利申請數目呈指數型成長。

現在我們已經比 100 年前更了解宇宙。關於宇宙物理定律的新知也有實際應用，例如全球衛星定位和 iPod 等消費者商品，在我們的生命期限內穩定增加。望遠鏡、顯微鏡、螢光鏡、示波鏡*讓我們看見肉眼看不到的東西，用新工具看世界時，突然會得到很多新答案。

但科學的矛盾在於，每個答案都增殖出起碼兩個新問

---

* RFID：無線射頻辨識系統，又稱電子標籤，這種通信技術主要利用無線頻率來識別目標並傳輸資料和讀取相關資訊。

* 示波鏡（oscilloscope）通常用在實驗室中進行電子信號波形的顯示與分析。實際上，示波鏡可以將信號振幅即時顯示為圖形。

題。更多的工具，更多的答案，問題也更多。望遠鏡、放射鏡、迴旋加速器*、原子擊破器不光擴展了我們的知識，也孕育出新的謎團，放大我們不知道的範圍。之前的發現，讓我們到最近才明白，宇宙中所有的物質和能量，有 96％不在我們的視界裡。組成宇宙的，不光是我們上個世紀發現的原子和熱能；主要由兩種我們標記為「暗」的未知實體組成：暗能量和暗物質。「暗」的說法很委婉，隱藏我們的無知。我們真的不知道宇宙主要的組成物質是什麼。如果深入細胞或人腦，也會發現差不多的無知程度。相對於可以知道的東西來說，我們什麼都不知道。我們的發明讓我們可以偵查自己的無知。如果知識因為科學工具而快速成長，那我們很快就能解開所有的謎團。但我們卻不斷發現更多不知道的事。

　　因此，就算知識快速成長，問題增長的速度則更快。就像數學家會告訴你，兩條指數曲線中間愈來愈寬的間隙也是一條指數曲線。問題與答案間的間隙，則是我們的無知，也呈指數型成長。換句話說，科學這種方法主要能擴展我們的無知，而不是我們的知識。

　　我們沒有理由相信這種情況未來會反轉。科技或工具的破壞性愈高，產生的問題也更具破壞性。我們可以期待未來的科技（例如人工智慧、基因操作和量子計算，這幾項技術已經略

---

*　迴旋加速器是一種粒子加速器，通過高頻交流電壓來加速帶電粒子。大小從數英寸到數公尺都有。它是由歐內斯特‧勞倫斯於 1929 年在柏克萊加州大學發明。

有眉目）會釋放出接二連三的大問題──我們以前沒想到要問的問題。事實上，可以很肯定地說，我們還沒提出最大的問題。

　　人類每年在網際網路上問 2 兆個問題，搜尋引擎每年也給出 2 兆個答案。答案大多還不錯。有不少答案令人稱奇。而且免費！在即時的免費網際網路搜尋出現前，這兩兆個問題，多數要付出合理的成本，才能得到回答。當然，使用者或許免費得到答案，但 Google、Yahoo!、Bing 和百度等搜尋公司卻要付出生產成本。2007 年，我計算過 Google 回答一次查詢的成本，大概是 3 美分，之後應該下降了一點點。按照我的算法，Google 每次搜尋與解答，都從答案旁的廣告賺取 27 美分，所以免費給人解答其實不難。

　　我們一直都有問題。30 年前，最大的解答企業是查號台。在 Google 出現前，美國則有 411。每年打給 411 這支通用「資訊」查詢號碼的電話，有 60 億通。過去的另一個搜尋機制，則是紙本電話簿。美國的工商電話簿協會指出，1990 年代，50％的美國人，每個星期至少用一次紙本電話簿，每週查 2 次電話。1990 年代的成人人口約有 2 億，那就是每星期 2 億次搜尋，等於一年問了 1,040 億個問題。數字不大，但不容小覷。另一個經典的解答策略，則是圖書館。在 1990 年代，美國的圖書館一年約有 10 億來訪人次。在這 10 億中，約有 3 億為「參考服務業務」，也就是問問題。

　　儘管每年（光在美國）就有 1,000 億多次的解答搜尋，但

30 年前，沒有人相信低價或免費回答眾人的問題，會變成 820
億美元的業務。拿了工商管理碩士學位的人，沒有幾個想到該
怎麼滿足這個需要。對問題和解答的需求並不明顯。能夠得到
即時解答後，我們才懂得即時的答案有多麼珍貴。2000 年的
一項研究指出，美國成人每天平均要找四個問題的答案。如果
我的人生能拿來當作指標，我每天問的問題不只 4 個。Google
告訴我，2007 年我一個月問了 349 個問題，平均每天 10 個
（問題尖峰期則是星期三早上 11 點左右）。我問 Google 一年
有幾秒，它立刻告訴我：3,150 萬。我問它所有的搜尋引擎，
一秒進行幾次搜尋？它說每秒 60 萬次，也就是 600 千赫。網
際網路回答問題的速度，就像無線電波嗡嗡作響的頻率。

　　儘管免費提供解答，這些答案的價值卻很高。密西根大學
有三位研究人員在 2010 年做了一個小實驗，看他們能否查明
一般人願意付多少錢來搜尋。他們要學生在藏書豐富的大學圖
書館裡回答一些在 Google 上問的問題，但只能用圖書館裡的
材料來找答案。他們測量學生回答問題要花的時間。平均是
22 分鐘。而用 Google 找答案的時間平均則是 7 分鐘，多出 15
分鐘。用全國平均每小時 22 美元的薪資來算，一次搜尋可以
省下 1.37 美元。

　　2011 年，Google 的首席經濟學家韋瑞安用不同的方法算
出回答問題的平均價值。他透露的事實嚇了大家一跳，Google
的一般使用者（用傳回的 cookie 來判斷）一天平均只搜尋一
次。那當然不是我。我用 Google 問個不停，但拿我母親來
說，每幾個星期才搜尋一次，就拉低了平均值。韋瑞安提出更

多數字當作彌補，因為問題現在很便宜，我們問得更多。納入這個效應後，韋瑞安算出搜尋每天可以幫一般人省下 3.75 分鐘。用同樣的平均時薪來算，每天等於省下 60 美分。如果你的時間比較寶貴，就四捨五入成一美元好了。為了搜尋，一天要付一美元，或一年付 350 美元，大家願意嗎？或許吧（我絕對願意）。等於搜尋一次要付一美元，因為一般人一天只搜尋一次。經濟學家考克斯問學生，如果要放棄網際網路，他們願意接受什麼樣的代價，學生說就算給 100 萬美元，他們也不會放棄網際網路。這還是在智慧型手機普及前的事情。

我們才開始懂得怎麼給出好的答案。iPhone 的語音電話助理 Siri 聽到自然語言問的問題，會以語音回答。我常用 Siri。我想知道天氣時，只要問：「Siri，明天的天氣怎麼樣？」用 Android 手機的人可以用語音問 Google Now 關於行事曆的問題。IBM 的人工智慧系統華生證實，大多類型與事實有關的問題，都可以由人工智慧快速找到正確解答。提供答案愈來愈簡單，也是因為過去的問題得到正確解答後，就有可能產生另一個問題。同時，過去的正確解答讓下一個答案更容易創造出來，也提升解答的整體價值。我們問搜尋引擎的每個問題和每個接受的正確答案，都能鍛鍊流程的智能、提高引擎的價值，來回答更多問題。將認知能力加入更多書籍、電影和物聯網後，答案無所不在。我們正邁向每天都要問好幾百個問題的未來。大多數問題都是我們和朋友關心的重點。「珍妮在哪裡？下一班公車是幾點幾分？這是一種零食嗎？」每個答案的「生產成本」，大約是一美分的 10 億分之一。「給我答案」

的搜尋,再也不是第一世界的奢侈品,而會變成必要的通用商品。

過不了多久,我們會進入新的世界,可以用對話語調問雲任何問題。如果問題有已知的答案,機器就會解釋給我們聽。1974年,誰贏了大聯盟的年度新人獎?為什麼天空是藍色?宇宙會持續擴展嗎?過了一陣子,雲,或雲端的機器,或人工智慧,就能學會明確表達已知的東西和未知的東西。一開始或許需要和我們對話,釐清模糊不明的地方(我們在回答問題時也會先釐清問題),但是解答機器和我們不一樣,不論什麼主題,只要有深入、晦澀、複雜的事實知識,就會毫不猶豫地講出來。

但可靠的即時解答帶來的主要結果,並非滿意的和諧。過多的答案只會產生更多的問題!就我的經驗來說,問題愈容易問出口,回覆愈有用,我的問題就愈多。儘管解答機器可以無限擴展答案,我們只有有限的時間來擬訂下一個問題。要想出一個好問題,以及要吸收答案,兩者的工夫極不對稱。答案變得廉價,問題變得有價值——目前的情況已經倒轉了。1964年,畢卡索很聰明,已經預期到這種反轉,他告訴作家菲費爾德,「電腦沒有用處。它們只會給你答案。」

到頭來,世界上雖有超級聰明、無所不在的答案,卻讓人想要找到完美的問題。完美的問題有什麼要素?很諷刺的是,最好的問題不是能帶來答案的問題,因為答案變得愈來愈便宜、數目愈來愈多。好問題的價值等於上百萬個好答案。

好問題就像愛因斯坦小時候問自己的問題——「如果你搭

著光束前進，會看到什麼？」那個問題推動了相對論，$E=MC^2$，以及原子時代。

好問題不在乎有沒有正確答案。

好問題無法立即解答。

好問題對現存的答案提出異議。

一聽到好問題，你就急著得到解答，但在還沒問出來之前，你根本不知道自己在乎這件事。

好問題創造出新的思維領域。

好問題會重新組織相關的答案。

好問題是科學、科技、藝術、政治和商業的創新種子。

好問題像探針，一個「要是這樣會怎樣」的情節。

好問題位於已知和未知的邊緣，不笨，也不平淡。

好問題無法預測。

好問題象徵受過良好教育的心靈。

好問題會生出更多好問題。

好問題或許是機器的終極目標。

好問題是人類的目標。

我們的問答機器做出來後，是什麼樣子？

人類社會正慢慢離開階層的死板順序，移向去中心化的流動性。從動詞移向名詞，從有實體的產品移向無實體的成形。從固定的媒體移向重新混搭的媒體。從儲存移向流動。推動價值的力量也從答案的確定性移向問題的不確定性。我們還是需要事實、次序和答案，它們也很有用。它們不會消失，事實上就像微生物和有形的材料，繼續鞏固文明的基礎。但最珍貴的地方，也就是人類生命和新科技最動態、最有價值、最有生產力的方面則在全新的領域，這塊邊境充滿不確定性、混亂、流動性和問題。產生答案的技術依然很重要，重要到答案無所不在、即時出現、可靠、幾乎不用錢。但能協助產生問題的技術就更有價值了。問題製造機可說是產生新領域、新產業、新品牌、新可能、新大陸的引擎，給予求新求變的人類更多探索的空間。提問，基本上比解答更有力量。

第十二章

開始ing

　　從現在開始的幾千年後，歷史學家回顧過往，在第三個千禧年開始的古代，也就是此時此刻，在他們眼中應該十分驚人。此時，地球上的居民第一次把自己連結到一個很大的東西。之後這個大東西變得更大，但你和我都只活在它第一次甦醒的時刻。未來的人會嫉妒我們，希望他們也能目睹我們看到的起源。在這幾年，人類開始用少量智力讓無生命的物品活起來，將它們織入機器智慧構成的雲，再把幾10億人的腦袋連結到這個超級頭腦。這種聚合會成為這個星球上前所未有、最大、最複雜、最令人詫異的事件。從玻璃、銅和空中的無線電波編出神經，於是人類開始把所有的宗教、所有的流程、所有人、所有的工藝品、所有的感測器、所有的事實和概念連到巨大的網路裡，網路的複雜度至今仍超乎想像。從這個初期的網路生出人類文明的協作介面，這個有感覺、有認知能力的設備力量，超越之前所有的發明。這個大發明、這個有機體、這部機器——如果要叫它機器的話——納入所有的機器，因此事實上只有一個東西滲透我們的生活，深入到成為人類身分的本質。這個非常大的東西提供新的思考方式（完美的搜尋、確切的回憶、全球的規模）、提供新的頭腦給古老的物種，這就是開始。

開始是長達一世紀的過程，摸索前進的樣子非常平凡。其大型資料庫和大規模的溝通很無趣。這個即時的全球頭腦才露出端倪，各方面在大家眼中，不是看成胡說八道，便是令人畏懼。的確，法律上有不少擔憂，因為人類文化──或本質──從裡到外，都跟著突然改變了節奏。然而，因為我們身在這種超越人類的層級中，初露頭角的這個大東西，輪廓變得模模糊糊。我們只知道，從一開始，它就擾亂了舊有的秩序，預期會引發強烈的抗爭。

這個巨大的傑作要叫什麼？比機器更有活力？在它的核心，有 70 億人口，馬上要變成 90 億，正快速用持續的連線蓋住自己，這樣的連線幾乎等於把他們的腦袋直接彼此連結。100 年前，英國小說家威爾斯想像這個大東西就是世界腦。法國哲學家德日進稱之為心靈空間、思維的領域。有些稱之為全球腦，有些將之比擬為全球的超個體，因為裡面包含了數十億個人造矽神經元。為簡單方便之故，我想把這遍及全球的一層東西叫做「全體」（holos）*。我所謂的全體，包括所有人的集體智慧，結合所有機器的集體行為，加上自然的智慧，以及從這整體浮現出的任何行為。全部加起來，就是全體。

我們要形成的規模簡直難以理解。這是我們造出最大的東

＊ holos：作者發明的新詞，源自希臘文 χόλος。

西。就拿硬體來說吧！今天有 40 億支手機和 20 億台電腦連結
成無縫的皮層，包住了地球。再加入數 10 億個周邊晶片及攝
影機、汽車、衛星等附屬裝置。在 2015 年，總共就有 150 億
個裝置連到大型電路上。這些裝置每個都有 10 億到 40 億個電
晶體，因此全體包含的電晶體是 100 萬的六次方（10 後面加
21 個 0）。這些電晶體可以視為巨大腦袋裡的神經元。人腦有
大約 860 億個神經元，比全體少了一兆倍。就程度而言，全體
的複雜度已明顯超過人腦。我們的腦子也不會每隔幾年就增大
一倍。但是全體卻在不斷長大。

　　今日，全體的硬體就像一台很大的虛擬電腦，由許多電腦
晶片組成，數目就和一台電腦裡的電晶體一樣多。虛擬電腦最
上層的功能操作速度，和早期的個人電腦差不多。每秒能處理
100 萬封電子郵件和 100 萬條訊息，基本上意謂著全體目前的
運作速度是 100 萬赫。外部儲存的總量為 600 百京位元組。每
一秒都有 10 兆個位元通過骨幹神經。免疫系統非常強健，從
幹線上去掉垃圾郵件、繞過受損處，也算是一種自我修復的方
法。

　　讓這座全球系統有效用、有生產力的程式碼由誰來寫？我
們。我們在網路上漫無目的地瀏覽，傳東西給朋友看，好似浪
費時間，其實每次按下連結，我們都在強化全體頭腦內的某個
節點，使用就等於撰寫程式碼。人類每天在網頁上按下 1,000
億次，就等於在教全體，我們認為哪些東西很重要。每次把字
詞連結起來，就把新的想法教給這個新玩意。

　　以後我們會在這個新平台上生活，規模遍及全球，永遠開

著。按目前的技術採用速率來看，我估計在 2025 年之前，地球上所有人——世界上所有的居民——都能透過幾乎免費的裝置使用這個平台。大家都在上面。也可以說，人人都是這個平台。

　　這個巨大的全球系統不是烏托邦。即使再過 30 年，雲上仍有分區的圍欄。有些地方加了防火牆，要接受審查，或屬於私人。企業壟斷會控制基礎架構的某些層面，不過網際網路上的壟斷很脆弱，十分短暫，有可能突然就被競爭者取代。儘管大家都有最低程度的使用權，更高的頻寬無法平均分配，會集中在都會區，有錢人享有最優質的服務。簡單來說，資源分布就像人生的其他面向。但取用權是關鍵，能適度變化，地位最低的人亦可參與。

　　現在，在這個開始，這個不完美的網跨越 510 億公頃、觸及 150 億台機器、即時占用 40 億人的腦袋、消耗地球上百分之五的電力，以非人的速度運作，每天有一半的時間在追蹤我們，我們的金錢主要也在這裡流動。我們目前最大的組織層級是城市，但全體還要高上一級。這種層級的提升讓物理學家想到相變，分子狀態間不連續的斷層——例如冰和水，或水和蒸氣。分別兩相的溫度或壓力差異幾乎微不足道，但跨越門檻後的基本重組，會讓物質的表現完全不一樣。水的狀態絕對不等於冰。

　　這個新平台大規模且無所不在的交錯連線，一開始感覺是傳統社會自然延伸出去的結果。似乎就把數位關係加入現有的面對面關係。我們加了幾個朋友。我們結交更多人。擴大消息來源。數位化我們的行動。但事實上，這些特質繼續穩定增長時，就像氣溫和壓力慢慢增加，我們也通過一個轉折點、一個複雜度的門檻，這裡的改變斷斷續續──相變──突然間，我們進入新的狀態：完全不同的世界，有新的常規。

　　我們在那個過程的開始，就在不連貫的開端。在新的制度下，集中管理和一致性等舊有的文化力量都會消退，共享、使用、追蹤等我在本書裡描述過的新文化力量，則會主宰我們的機構和個人生活。新的階段成形時，這些力量會繼續增強。共享才剛開始，即使現在有人已經覺得過度了。從所有權往使用權的轉移還在起點。流動與串流稀稀落落。雖然我們似乎已經追蹤了太多東西，在未來幾 10 年內，我們要追蹤的東西還會成長千倍。高品質的認知能力會加快這些功能，而認知技術也才誕生，之後今日最有智慧的東西相較下蠢笨至極，一切都還沒完。這些轉換只是流程的第一步，形成的流程，也就是開始。

　　看看地球的夜間衛星照片，來了解這個巨大的有機體。城市的燈光一閃一閃，聚在一起十分明亮，描繪出我們在黑色土地上的基本模式。在城市邊緣，燈光逐漸變暗，一條細細長長、亮著燈的高速公路連到其他遙遠的城區。燈光往外的路線像樹枝一樣。大家都很熟悉這樣的影像。城市是神經細胞的中心；有燈光的高速公路是神經的軸索，通往突觸連線。城市是全體的神經元，我們住在全體裡。

　　這個還在發展初期的大東西，已經持續運作了至少 30 年。我想不到有其他的機器──任何類型的機器──能持續運作這麼久，完全不停息。有些部分或許因為停電或突發的傳染病暫時停工一天，但在未來幾 10 年內，這整個東西不太可能安靜下來。一直以來便是我們最可靠的加工品，未來也一樣。

這種對新興超個體的描繪，讓有些科學家想起「奇點」*的概念。「奇點」的說法借自物理學，在奇點外是什麼，我們無法得知。流行文化裡有兩個版本：硬奇點和軟奇點。硬的版本是超智慧勝利後帶來的未來。我們創造出的人工智慧若能製造出比它本身更聰明的智慧，理論上就能製造出好幾代愈來愈聰明的人工智慧。事實上，人工智慧會努力改進自己，進入無限的加速串聯，因此更聰明的下一代會比前一代更快完工，直到人工智慧突然聰明到能解決現今所有的問題，和天神一樣，遠超過人類的智慧。這稱為奇點，因為已經超越我們能夠理解的範圍。有些人稱之為「最後的發明」。因著種種理由，我覺得這不太可能成為事實。

軟奇點比較有可能。在這個未來的情節中，人工智慧不會聰明到能把我們變成奴隸（就像很有智慧的壞人）；但人工智慧和機器人、過濾和追蹤及我在這本書裡談到的技術，都會聚合在一起──人類加上機器──我們一起邁向更複雜的相互依賴。到了這個層次，很多現象的規模都大於我們目前的生活，大到我們無法理解──也就是奇點的標記。在這個新制度

---

* 奇點：「奇點」是時空曲率無限大，相對論定律不成立的區域。物理學理論指出，任何經過重力塌縮的物體，都會產生奇點，例如黑洞中必然有一個奇點。

下，我們的作品讓我們變得更好，但這個制度也讓我們離不開我們的作品。如果我們本來住在堅硬的冰裡，這卻是流體──新的相態。

這個相變已經開始了。我們無法停下腳步，一定要把所有的人類和所有的機器連到全球的矩陣裡。這個矩陣不是人造品，而是過程。新的超級網路是變化的駐波，持續向前湧出人類需求和欲望的新安排。30 年內有哪些特別的產品、品牌和商號會出現，完全無法預測。那時的具體情況就看個人的機運和命運會如何交會。但這個充滿生機的大規模過程，整體的方向很清楚，不會弄錯。在接下來 30 年內，全體的傾向就跟過去 30 年一樣：增加流動、共享、追蹤、使用、互動、屏讀、重新混合、過濾、認知、提問和形成。我們就站在開始的這一刻。

當然了，開始也才正開始呢。

誌謝

我非常感謝 Viking 的編輯斯洛瓦克，他一直支持我努力找出科技的意義。也感謝我的經紀人布洛克曼，就是他建議我寫這本書。草稿的編輯指引全靠謝佛這位在舊金山的出版輔導大師。圖書館員哈塞爾負責大部分的查證，並提供書末洋洋灑灑的參考書目。拉瑪幫忙蒐羅、查核事實和處理格式。兩位在《連線》雜誌的老同事米契爾和沃爾夫費力讀完最早的初稿，給了不少重要建議，我都寫進書裡了。寫這本書花了好幾年，許多受訪者付出寶貴的時間，令我獲益良多，包括巴特爾、奈馬克、藍尼爾、沃爾夫、布魯克斯、卡利、格林、韋瑞安、戴森和薩克曼。同時也要感謝《連線》和《紐約時報雜誌》的編輯，幫忙為這本書的初稿定型。

更重要的是，要把這本書獻給我的家人──嘉敏、凱林、淳和岱文，他們幫我奠定基礎，勇敢向前。謝謝。

參考資料

第一章　形成ing

1. Erick Schonfeld, "Pinch Media Data Shows the Average Shelf Life of an iPhone App Is Less Than 30 Days," TechCrunch, February 19, 2009.

2. Peter T. Leeson, The Invisible Hook: The Hidden Economics of Pirates (Princeton, NJ: Princeton University Press, 2011).

3. Jim Clark and Owen Edwards, Netscape Time: The Making of the Billion-Dollar Start-Up That Took on Microsoft (New York: St. Martin's, 1999).

4. Philip Elmer-Dewitt, "Battle for the Soul of the Internet," Time, July 25, 1994.

5. Clifford Stoll, "Why the Web Won't Be Nirvana," Newsweek, February 27, 1995 (original title: "The Internet? Bah!").

6. William Webb, "The Internet: CB Radio of the 90s?," Editor & Publisher, July 8, 1995.

7. Vannevar Bush, "As We May Think," Atlantic, July 1945.

8. Theodor H. Nelson, "Complex Infor-mation Processing: A File Structure for the Complex, the Changing and the Inde-terminate," in ACM'65: Proceedings of the 1965 20th National Conference (New York: ACM, 1965), 84–100.

9. Theodor H. Nelson, Literary Machines (South Bend, IN: Mindful Press, 1980).

10. Theodor H. Nelson, Computer Lib: You Can and Must Understand Computers Now (South Bend, IN: Nelson, 1974).

11. "How Search Works," Inside Search, Google, 2013, accessed April 26, 2015.

12. Steven Levy, "How Google Search Dealt with Mobile," Medium, Backchannel, January 15, 2015.

13. David Sifry, "State of the Blogosphere, August 2006," Sifry's Alerts, August 7, 2006.

14. "YouTube Serves Up 100 Million Videos a Day Online," Reuters, July 16, 2006.

15. "Statistics," YouTube, April 2015, https://goo.gl/RVb7oz.

16. Deborah Fallows, "How Women and Men Use the Internet: Part 2— Demographics," Pew Research Center, December 28, 2005.

17. Calculation based on "Internet User Demo-graphics: Internet Users in 2014," Pew Research Center, 2014; and "2013 Population Estimates," U.S. Census Bureau, 2015.

18. Weighted average of internet users in 2014 based on "Internet User Demographics," Pew Research Center, 2014; and "2014 Population Estimates," U.S. Census Bureau, 2014.

19. Joshua Quittner, "Billions Registered," Wired 2(10), October 1994.

第二章　認知ing

1. Personal visit to IBM Research, June 2014.

2. Personal correspondence with Alan Greene.

3. Private analysis by Quid, Inc., 2014.

4. Reed Albergotti, "Zuckerberg, Musk Invest in Artificial-Intelligence Company," Wall Street Journal, March 21, 2014.

5. Derrick Harris, "Pinterest, Yahoo, Dropbox and the (Kind of) Quiet Content-as-Data Revolution," Gigaom, January 6, 2014; Derrick Harris "Twitter Acquires Deep Learning Startup Madbits," Gigaom, July 29, 2014; Ingrid Lunden, "Intel Has Acquired Natural Language Processing Startup Indisys, Price 'North' of $26M, to Build Its AI Muscle," TechCrunch, September 13, 2013; and Cooper Smith,

"Social Networks Are Investing Big in Artificial Intelligence," Business Insider, March 17, 2014.

6. Private analysis by Quid, Inc., 2014.

7. Volodymyr Mnih, Koray Kavukcuoglu, David Silver, et al., "Human-Level Control Through Deep Reinforcement Learning," Nature 518, no. 7540 (2015): 529–33.

8. Rob Berger, "7 Robo Advisors That Make Investing Effortless," Forbes, February 5, 2015.

9. Rick Summer, "By Providing Products That Consumers Use Across the Internet, Google Can Dominate the Ad Market," Morningstar, July 17, 2015.

10. Danny Sullivan, "Google Still Doing at Least 1 Trillion Searches Per Year," Search Engine Land, January 16, 2015.

11. James Niccolai, "Google Reports Strong Profit, Says It's 'Rethinking Everything' Around Machine Learning," ITworld, October 22, 2015.

12. "AI Winter," Wikipedia, accessed July 24, 2015.

13. Frederico A. C. Azevedo, Ludmila R. B. Carvalho, Lea T. Grinberg, et al., "Equal Numbers of Neuronal and Non-Neuronal Cells Make the Human Brain an Isometrically Scaled-up Primate Brain," Journal of Comparative Neurology 513, no. 5 (2009): 532–41.

14. Rajat Raina, Anand Madhavan, and Andrew Y. Ng, "Large-Scale Deep Unsupervised Learning Using Graphics Processors," Proceedings of the 26th Annual International Conference on Machine Learning, ICML'09 (New York: ACM, 2009), 873–80.

15. Klint Finley, "Netflix Is Building an Artificial Brain Using Amazon's Cloud," Wired, February 13, 2014.

16. Personal correspondence with Paul Quinn, Department of Psychological and Brain Sciences, University of Delaware, August 6, 2014.

17. Personal correspondence with Daylen Yang (author of the Stockfish chess app), Stefan Meyer-Kahlen (developed the multiple award-

winning computer chess program Shredder), and Danny Kopec (American chess International Master and cocreator of one of the standard computer chess testing systems), September 2014.

18. Caleb Garling, "Andrew Ng: Why 'Deep Learning' Is a Mandate for Humans, Not Just Machines," Wired, May 5, 2015.

19. Kate Allen, "How a Toronto Professor's Research Revolutionized Artificial Intelligence," Toronto Star, April 17, 2015.

20. Yann LeCun, Yoshua Bengio, and Geoffrey Hinton, "Deep Learning," Nature 521, no. 7553 (2015): 436–44.

21. Carl Shapiro and Hal R. Varian, Information Rules: A Strategic Guide to the Network Economy (Boston: Harvard Business Review Press, 1998).

22. "Deep Blue," IBM 100: Icons of Progress, March 7, 2012.

23. Owen Williams, "Garry Kasparov—Biography," KasparovAgent. com, 2010.

24. Arno Nickel, Freestyle Chess, 2010.

25. Arno Nickel, "The Freestyle Battle 2014," Infinity Chess, 2015.

26. Arno Nickel, "'Intagrand' Wins the Freestyle Battle 2014," Infinity Chess, 2015.

27. "FIDE Chess Profile (Carlsen, Magnus)," World Chess Federation, 2015.

28. Personal interview at Facebook, September 2014.

29. U.S. Census Bureau, "Current Population Reports: Farm Population," Persons in Farm Occupations: 1820 to 1987 (Washington, D.C.: U.S. Government Printing Office, 1988), 4.

30. "Employed Persons by Occupation, Sex, and Age," Employment & Earnings Online, U.S. Bureau of Labor Statistics, 2015.

31. Scott Santens, "Self-Driving Trucks Are Going to Hit Us Like a Human-Driven Truck," Huffington Post, May 18, 2015.

32. Tom Simonite, "Google Creates Software That Tells You What It Sees in Images," MIT Technology Review, November 18, 2014.

33. Angelo Young, "Industrial Robots Could Be 16% Less Costly to Employ Than People by 2025," International Business Times, February 11, 2015.

34. Martin Haegele, Thomas Skordas, Stefan Sagert, et al., "Industrial Robot Automation," White Paper FP6-001917, European Robotics Research Network, 2005.

35. Angelo Young, "Industrial Robots Could Be 16% Less Costly to Employ Than People by 2025," International Business Times, February 11, 2015.

36. John Markoff, "Planes Without Pilots," New York Times, April 6, 2015.

第三章　流動 ing

1. "List of Online Grocers," Wikipedia, accessed August 18, 2015.

2. Marshall McLuhan, Culture Is Our Business (New York: McGraw-Hill, 1970).

3. "List of Most Viewed YouTube Videos," Wikipedia, accessed August 18, 2015.

4. "Did Radiohead's 'In Rainbows' Honesty Box Actually Damage the Music Industry?," NME, October 15, 2012.

5. Eric Whitacre's Virtual Choir, "Lux Aurumque," March 21, 2010.

6. "Information," Spotify, accessed June 18, 2015.

7. Romain Dillet, "SoundCloud Now Reaches 250 Million Vis-itors in Its Quest to Become the Audio Platform of the Web," TechCrunch, October 29, 2013.

8. Joshua P. Friedlander, "News and Notes on 2014 RIAA Music Industry Shipment and Revenue Statistics," Recording Industry Association of America, 2015, http://goo.gl/Ozgk8f.

9. "Spotify Explained," Spotify Artists, 2015.

10. Joan E. Solsman, "Attention, Artists: Streaming Music Is the Inescapable Future. Embrace It," CNET, November 14, 2014.

11. Personal estimation.

12. Personal correspondence with Todd Pringle, GM and VP of Product, Stitcher, April 26, 2015.

13. Nicholas Carr, "Words in Stone and on the Wind," Rough Type, February 3, 2012.

第四章　屏讀ing

1. Robert McCrum, Robert MacNeil, and William Cran, The Story of English, third revised ed. (New York: Penguin Books, 2002); and Encyclopedia Americana, vol. 10 (Grolier, 1999).

2. Pamela Regis, A Natural History of the Romance Novel (Philadelphia: University of Pennsylvania Press, 2007).

3. Calculation based on approximately 1,700 public libraries and 2,269 places with a population of 2,500 or higher. Florence Ander-son, Carnegie Corporation Library Program 1911–1961 (New York: Carnegie Corporation, 1963); Durand R. Miller, Carnegie Grants for Library Buildings, 1890–1917 (New York: Carnegie Corporation, 1943); and "1990 Census of Population and Housing," U.S. Census Bureau, CPH21, 1990.

4. Extrapolation based on "Installed Base of Internet-Connected Video Devices to Exceed Global Population in 2017," IHS, October 8, 2013.

5. 2014 Total Global Shipments, HIS Display Search; personal communication with Lee Graham, May 1, 2015.

6. "Average SAT Scores of College-Bound Seniors," College Board, 2015, http://goo.gl/Rbmu0q.

7. Roger E. Bohn and James E. Short, How Much Information? 2009 Report on American Consumers, Global Information Industry Center, University of California, San Diego, 2009.

8. "How Search Works," Inside Search, Google, 2013.

9. Sum of 2 million on WordPress, 78 million on Tumblr: "A Live

Look at Activity Across WordPress.com," WordPress, April 2015; and "About (Posts Today)," Tumblr, accessed August 5, 2015.

10. "About (Tweets Sent Per Day)," Twitter, August 5, 2015.

11. Sven Birkerts, "Reading in a Digital Age," American Scholar, March 1, 2010.

12. Stanislas Dehaene, Reading in the Brain: The Science and Evolution of a Human Invention (New York: Viking, 2009).

13. "Rapid Serial Visual Presentation," Wikipedia, accessed June 24, 2015.

14. Helen Ku, "E-Ink Forecasts Loss as Ebook Device Demand Falls," Taipei Times, March 29, 2014.

15. Stefan Marti, "TinyProjector," MIT Media Lab, October 2000–May 2002.

16. "List of Wikipedias," Wikimedia Meta-Wiki, accessed April 30, 2015.

17. Lionel Casson, Libraries in the Ancient World (New Haven, CT: Yale University Press, 2001); Andrew Erskine, "Culture and Power in Ptolemaic Egypt: The Library and Museum at Alexandria," Greece and Rome 42 (1995).

18. Personal correspondence with Brewster Kahle, 2006.

19. "WorldCat Local," WorldCat, accessed August 18, 2015.

20. 同上。

21. "Introducing Gracenote Rhythm," Gracenote, accessed May 1, 2015.

22. "How Many Photos Have Ever Been Taken?," 1,000 Memories blog, April 10, 2012, accessed via Internet Archive, May 2, 2015.

23. "Database Statistics," IMDb, May 2015.

24. Inferred from "Statistics," YouTube, accessed August 18, 2015.

25. "How Search Works," Inside Search, Google, 2013.

26. Private communication with Brewster Kahle, 2006.

27. Naomi Korn, In from the Cold: An Assessment of the Scope of 'Orphan Works' and Its Impact on the Delivery of Services to the

Public, JISC Content, Collections Trust, Cambridge, UK, April 2009.

28. Muriel Rukeyser, The Speed of Darkness: Poems (New York: Random House, 1968).

29. Phillip Moore, "Eye Tracking: Where It's Been and Where It's Going," User Testing, June 4, 2015.

30. Mariusz Szwoch and Wioleta Szwoch, "Emotion Recognition for Affect Aware Video Games," in Image Processing & Communications Challenges 6, ed. Ryszard S. Choraś, Advances in Intelligent Systems and Computing 313, Springer International, 2015, 227–36.

31. Jessi Hempel, "Project Hololens: Our Exclusive Hands-On with Microsoft's Holographic Goggles," Wired, January 21, 2015; and Sean Hollister, "How Magic Leap Is Secretly Creating a New Alternate Reality," Gizmodo, November 9, 2014.

第五章　使用 ing

1. Tom Goodwin, "The Battle Is for the Customer Interface," TechCrunch, March 3, 2015.

2. "Kindle Unlimited," Amazon, accessed June 24, 2015.

3. Chaz Miller, "Steel Cans," Waste 360, March 1, 2008.

4. "Study Finds Aluminum Cans the Sustainable Package of Choice," Can Manufacturers Institute, May 20, 2015.

5. Ronald Bailey, "Dematerializing the Economy," Reason.com, September 5, 2001.

6. Sylvia Gierlinger and Fridolin Krausmann, "The Physical Economy of the United States of America," Journal of Industrial Ecology 16, no. 3 (2012): 365–77, Figure 4a.

7. Figures adjusted for inflation. Ronald Bailey, "Dematerializing the Economy," Reason.com, September 5, 2001.

8. Marc Andreessen, "Why Software Is Eating the World," Wall Street

Journal, August 20, 2011.

9. Alvin Toffler, The Third Wave (New York: Bantam, 1984).

10. "Subscription Products Boost Adobe Fiscal 2Q Results," Associated Press, June 16, 2015.

11. Jessica Pressler, "'Let's, Like, Demolish Laundry,'" New York, May 21, 2014.

12. Jennifer Jolly, "An Uber for Doctor House Calls," New York Times, May 5, 2015.

13. Emily Hamlin Smith, "Where to Rent Designer Handbags, Clothes, Accessories and More," Cleveland Plain Dealer, September 12, 2012.

14. Murithi Mutiga, "Kenya's Banking Revolution Lights a Fire," New York Times, January 20, 2014.

15. "Bitcoin Network," Bitcoin Charts, accessed June 24, 2015.

16. Wouter Vonk, "Bitcoin and BitPay in 2014," BitPay blog, February 4, 2015.

17. Colin Dean, "How Many Bitcoin Are Mined Per Day?," Bit-coin Stack Exchange, March 28, 2013.

18. Hal Hodson, "Google Wants to Rank Websites Based on Facts Not Links," New Scientist, February 28, 2015.

19. Marshall McLuhan, Understanding Media: The Extensions of Man (New York: McGraw-Hill, 1964).

20. Brandon Butler, "Which Cloud Providers Had the Best Uptime Last Year?," Network World, January 12, 2015.

21. Noam Cohen, "Hong Kong Protests Propel FireChat Phone-to-Phone App," New York Times, October 5, 2014.

第六章　分享ing

1. Michael Kanellos, "Gates Taking a Seat in Your Den," CNET, January 5, 2005.

2. Ward Cunningham, "Wiki History," Marc 25, 1995, http://goo.

gl/2qAjTO.

3. "Wiki Engines," accessed June 24, 2015, http://goo.gl/5auMv6.

4. "State of the Commons," Creative Commons, accessed May 2, 2015.

5. Theta Pavis, "The Rise of Dot-Communism," Wired, October 25, 1999.

6. Roshni Jayakar, "Interview: John Perry Bar-low, Founder of the Electronic Frontier Foundation," Business Today, December 6, 2000, accessed July 30, 2015, via Internet Archive, April 24, 2006.

7. Clay Shirky, Here Comes Everybody: The Power of Organizing Without Organizations (New York: Penguin Press, 2008).

8. Mary Meeker, "Internet Trends 2014—Code Conference," Kleiner Perkins Caufield & Byers, 2014.

9. "Statistics," YouTube, accessed June 24, 2015.

10. Piotr Kowalczyk, "15 Most Popular Fanfiction Websites," Ebook Friendly, January 13, 2015.

11. "From Each According to His Ability, to Each According to His Need," Wikipedia, accessed June 24, 2015.

12. "July 2015 Web Server Survey," Netcraft, July 22, 2015.

13. Jean S. Bozman and Randy Perry, "Server Transition Alternatives: A Business Value View Focusing on Operating Costs," White Paper 231528R1, IDC, 2012.

14. "July 2015 Web Server Survey," Netcraft, July 22, 2015.

15. "Materialise Previews Upcoming Printables Feature for Trimble's 3D Warehouse," Materialise, April 24, 2015.

16. "Arduino FAQ—With David Cuartielles," Medea, April 5, 2013.

17. "About 6 Million Raspberry Pis Have Been Sold," Adafruit, June 8, 2015.

18. Yochai Benkler, The Wealth of Networks: How Social Production Transforms Markets and Freedom (New Haven, CT: Yale University Press, 2006).

19. "Account Holders," Black Duck Open Hub, accessed June 25, 2015.

20. "Projects," Black Duck Open Hub, accessed June 25, 2015.

21. "Annual Report 2014," General Motors, 2015, http://goo.gl/DhXIxp.

22. "Current Apache HTTP Server Project Members," Apache HTTP Server Project, accessed June 25, 2015.

23. Amanda McPherson, Brian Proffitt, and Ron Hale-Evans, "Estimating the Total Development Cost of a Linux Distribution," Linux Foundation, 2008.

24. "About Reddit," Reddit, accessed June 25, 2015.

25. "Statistics," YouTube, accessed June 25, 2015.

26. "Wikipedia: Wikipedians," Wikipedia, accessed June 25, 2015.

27. "Stats," Instagram, accessed May 2, 2015.

28. "Facebook Just Released Their Monthly Stats and the Numbers Are Staggering," TwistedSifter, April 23, 2015.

29. 同上。

30. Rishab Aiyer Ghosh, Ruediger Glott, Bernhard Krieger, et al., "Free/ Libre and Open Source Software: Survey and Study," International Institute of Infonomics, University of Maastricht, Nether-lands, 2002, Figure 35: "Reasons to Join and to Stay in OS/FS Community."

31. Gabriella Coleman, "The Political Agnosticism of Free and Open Source Software and the Inadvertent Politics of Contrast," Anthropological Quarterly 77, no. 3 (2004): 507–19.

32. Gary Wolf, "Why Craigslist Is Such a Mess," Wired 17(9), August 24, 2009.

33. Larry Keeley, "Ten Commandments for Success on the Net," Fast Company, June 30, 1996.

34. Clay Shirky, Here Comes Everybody: The Power of Organizing Without Organizations (New York: Penguin Press, 2008).

35. John Perry Barlow, "Declaring Independence," Wired 4(6), June 1996.

36. Steven Perlberg, "Social Media Ad Spending to Hit $24 Billion This

Year," Wall Street Journal, April 15, 2015.

37. Rachel McAthy, "Lessons from the Guardian's Open Newslist Trial," Journalism.co.uk, July 9, 2012.

38. "OhMyNews," Wikipedia, accessed July 30, 2015.

39. Ed Sussman, "Why Michael Wolff Is Wrong," Observer, March 20, 2014.

40. Aaron Swartz, "Who Writes Wikipedia?," Raw Thought, September 4, 2006.

41. Kapor first said this about the internet pre-web in the late 1980s. Personal communication.

42. "Wikipedia: WikiProject Countering Systemic Bias," Wikipedia, accessed July 31, 2015.

43. Mesh, accessed August 18, 2015, http://meshing.it.

44. Stef Conner, "The Lyre Ensemble," StefConner.com, accessed July 31, 2015.

45. Amy Keyishian and Dawn Chmielewski, "Apple Unveils TV Commercials Featuring Video Shot with iPhone 6," Re/code, June 1, 2015; and V. Renée, "This New Ad for Bentley Was Shot on the iPhone 5S and Edited on an iPad Air Right Inside the Car," No Film School, May 17, 2014.

46. Claire Cain Miller, "IPad Is an Artist's Canvas for David Hockney," Bits Blog, New York Times, January 10, 2014.

47. Officialpsy, "Psy—Gangnam Style M/V," YouTube, July 15, 2012, accessed August 19, 2015, https://goo.gl/LoetL.

48. "Stats," Kickstarter, accessed June 25, 2015.

49. "Global Crowdfunding Market to Reach $34.4B in 2015, Predicts Massolution's 2015 CF Industry Report," Crowdsourcing.org, April 7, 2015.

50. "The Year in Kickstarter 2013," Kickstarter, January 9, 2014.

51. "Creator Handbook: Funding," Kickstarter, accessed July 31, 2015.

52. Pebble Time is currently the most funded Kickstarter, with

$20,338,986 to date. "Most Funded," Kickstarter, accessed August 18, 2015.

53. "Stats: Projects and Dollars Success Rate," Kickstarter, accessed July 31, 2015.

54. Marianne Hudson, "Understanding Crowdfunding and Emerging Trends," Forbes, April 9, 2015.

55. Steve Nicastro, "Regulation A+ Lets Small Businesses Woo More Investors," NerdWallet Credit Card blog, June 25, 2015.

56. "About Us: Latest Statistics," Kiva, accessed June 25, 2015.

57. Simon Cunningham, "Default Rates at Lend-ing Club & Prosper: When Loans Go Bad," LendingMemo, October 17, 2014; and Davey Alba, "Banks Are Betting Big on a Startup That Bypasses Banks," Wired, April 8, 2015.

58. Steve Lohr, "The Invention Mob, Brought to You by Quirky," New York Times, February 14, 2015.

59. Preethi Dumpala, "Netflix Reveals Million-Dollar Contest Winner," Business Insider, September 21, 2009.

60. "Leaderboard," Netflix Prize, 2009.

61. Gary Gastelu, "Local Motors 3-D-Printed Car Could Lead an American Manufacturing Revolution," Fox News, July 3, 2014.

62. Paul A. Eisenstein, "Startup Plans to Begin Selling First 3-D-Printed Cars Next Year," NBC News, July 8, 2015.

第七章　過濾ing

1. Private correspondence with Richard Gooch, CTO, International Federation of the Phonographic Industry, April 15, 2015. This is a low estimate, with a higher estimate being 12 million, according to Paul Jessop and David Hughes, "In the Matter of: Technological Upgrades to Registration and Recordation Functions," Docket No. 2013-2, U.S. Copyright Office, 2013, Comments in response to the March 22, 2013, Notice of Inquiry.

2. "Annual Report," International Publishers Association, Geneva, 2014, http://goo.gl/UNfZLP.

3. "Most Popular TV Series/Feature Films Released in 2014 (Titles by Country)," IMDb, 2015, accessed August 5, 2015.

4. Extrapolations based on the following: "About (Posts Today)," Tumblr, accessed August 5, 2015; and "A Live Look at Activity Across WordPress.com," WordPress, accessed August 5, 2015.

5. "Company," Twitter, accessed August 5, 2015.

6. "Global New Products Database," Mintel, accessed June 25, 2015.

7. "Introducing Gracenote Rhythm," Gracenote, accessed May 1, 2015.

8. Based on an average reading speed of 250 words per minute, average for U.S. eighth graders. Brett Nelson, "Do You Read Fast Enough to Be Successful?," Forbes, June 4, 2012.

9. "Great Books of the Western World," Encyclopaedia Britannica Australia, 2015.

10. James Manyika, Michael Chui, Brad Brown, et al., "Big Data: The Next Frontier for Innovation, Competition, and Productivity," Mc-Kinsey Global Institute, 2011. This is a conservative estimate. An outside analyst estimates it could be closer to two thirds.

11. Extrapolated from 2014 sales/revenue of $88.9 billion. "Amazon. com Inc. (Financials)," Market Watch, accessed August 5, 2015.

12. Janko Roettgers, "Netflix Spends $150 Million on Content Recommendations Every Year," Gigaom, October 9, 2014.

13. Eduardo Graells-Garrido, Mounia Lalmas, and Daniele Quercia, "Data Portraits: Connecting People of Opposing Views," arXiv Preprint, November 19, 2013.

14. Eytan Bakshy, Itamar Rosenn, Cameron Marlow, et al., "The Role of Social Networks in Information Diffusion," arXiv, January 2012, 1201.4145 [physics].

15. Aaron Smith, "6 New Facts About Facebook," Pew Research Center, February 3, 2014.

16. Victor Luckerson, "Here's How Your Facebook News Feed Actually Works," Time, July 9, 2015.

17. My calculation based on figures from the following: "Email Statistics Report, 2014–2018," Radicati Group, April 2014; and "Email Client Market Share," Litmus, April, 2015.

18. "How Search Works," Inside Search, Google, 2013.

19. Danny Sullivan, "Google Still Doing at Least 1 Trillion Searches Per Year," Search Engine Land, January 16, 2015.

20. 同上。

21. Herbert Simon, "Designing Organizations for an Information-Rich World," in Computers, Communication, and the Public Interest, ed. Martin Greenberger (Baltimore: Johns Hopkins University Press, 1971).

22. Dounia Turrill and Glenn Enoch, "The Total Audience Report: Q1 2015," Nielsen, June 23, 2015.

23. "The Media Monthly," Peter J. Solomon Company, 2014.

24. Calculation based on the following: "Census Bureau Projects U.S. and World Populations on New Year's Day," U.S. Census Bureau Newsroom, December 29, 2014; and Dounia Turrill and Glenn Enoch, "The Total Audience Report: Q1 2015," Nielsen, June 23, 2015.

25. Michael Johnston, "What Are Average CPM Rates in 2014?," MonetizePros, July 21, 2014.

26. Calculation based on Gabe Habash, "The Average Book Has 64,500 Words," Publishers Weekly, March 6, 2012; and Brett Nelson, "Do You Read Fast Enough to Be Successful?" Forbes, June 4, 2012.

27. Private communication with Kempton Mooney, Nielsen, April 16, 2015.

28. "How Search Works," Inside Search, Google, 2013.

29. "How Ads Are Targeted to Your Site," AdSense Help, accessed August 6, 2015.

30. Jon Mitchell, "What Do Google Ads Know About You?," ReadWrite, November 10, 2011.

31. "2014 Financial Tables," Google Investor Relations, accessed August 7, 2015.

32. Michael Castillo, "Doritos Reveals 10 'Crash the Super Bowl' Ad Finalists," Adweek, January 5, 2015.

33. Gabe Rosenberg, "How Doritos Turned User-Generated Content into the Biggest Super Bowl Campaign of the Year," Content Strategist, Contently, January 12, 2015.

34. Greg Sandoval, "GM Slow to React to Nasty Ads," CNET, April 3, 2006.

35. Esther Dyson, "Caveat Sender!," Project Syndicate, February 20, 2013.

36. Brad Sugars, "How to Calculate the Life-time Value of a Customer," Entrepreneur, August 8, 2012.

37. Morgan Quinn, "The 2015 Oscar Swag Bag Is Worth $168,000 but Comes with a Catch," Las Vegas Review-Journal, February 22, 2015.

38. Paul Cashin and C. John McDermott, "The Long-Run Behavior of Commodity Prices: Small Trends and Big Variability," IMF Staff Papers 49, no. 2 (2002).

39. Indur M. Goklany, "Have Increases in Population, Affluence and Technology Worsened Human and Environmental Well-Being?," Electronic Journal of Sustainable Development 1, no. 3 (2009).

40. Liyan Chen, "The Forbes 400 Shop-ping List: Living the 1% Life Is More Expensive Than Ever," Forbes, September 30, 2014.

41. Hiroko Tabuchi, "Stores Suffer from a Shift of Behavior in Buyers," New York Times, August 13, 2015.

42. Alan B. Krueger, "Land of Hope and Dreams: Rock and Roll, Economics, and Rebuilding the Middle Class," remarks given at the Rock and Roll Hall of Fame, White House Council of Economic

Advisers, June 12, 2013.

43. "Consumer Price Index for All Urban Consumers: Medical Care [CPIMEDSL]," U.S. Bureau of Labor Statistics, via FRED, Federal Reserve Bank of St. Louis, accessed June 25, 2015.

44. "2014 National Childcare Survey: Babysitting Rates & Nanny Pay," Urban Sitter, 2014; and Ed Halteman, "2013 INA Salary and Benefits Survey," International Nanny Association, 2012.

45. Brant Morefield, Michael Plotzke, Anjana Patel, et al., "Hospice Cost Reports: Benchmarks and Trends, 2004–2011," Centers for Medicare and Medicaid Services, U.S. Department of Health and Human Services, 2011.

第八章　重新混合 ing

1. Paul M. Romer, "Economic Growth," Concise Encyclopedia of Economics, Library of Economics and Liberty, 2008.

2. W. Brian Arthur, The Nature of Technology: What It Is and How It Evolves (New York: Free Press, 2009).

3. Archive of Our Own, accessed July 29, 2015.

4. Jenna Wortham, "Vine, Twitter's New Video Tool, Hits 13 Million Users," Bits blog, New York Times, June 3, 2013.

5. Carmel DeAmicis, "Vine Rings in Its Second Year by Hitting 1.5 Billion Daily Loops," Gigaom, January 26, 2015.

6. Personal calculation. Very few materials are consumed making a movie; 95 percent of the cost goes to labor and people's time, including subcontractors. Assuming that the average wage is less than $100 per hour, a $100 million movie entails at least one million hours of work.

7. "Theatrical Market Statistics 2014," Motion Picture Association of America, 2015.

8. "ComScore Releases January 2014 U.S. Online Video Rankings," comScore, February 21, 2014.

9. The top-selling movie, Gone with the Wind, has sold an estimated 202,044,600 tickets. "All Time Box Office," Box Office Mojo, accessed August 7, 2015.

10. Mary Meeker, "Internet Trends 2014—Code Conference," Kleiner Perkins Caufield & Byers, 2014.

11. "Sakura-Con 2015 Results (and Info)," Iron Editor, April 7, 2015; and Neda Ulaby, "'Iron Editors' Test Anime Music-Video Skills," NPR, August 2, 2007.

12. Michael Rubin, Droidmaker: George Lucas and the Digital Revolution (Gainesville, FL: Triad Publishing, 2005).

13. Mary Meeker, "Internet Trends 2014—Code Conference," Kleiner Perkins Caufield & Byers, 2014.

14. Lev Manovich, "Database as a Symbolic Form," Millennium Film Journal 34 (1999); and Cristiano Poian, "Investigating Film Algorithm: Transtextuality in the Age of Database Cinema," presented at the Cinema and Contemporary Visual Arts II, V Magis Gradisca International Film Studies Spring School, 2015, accessed August 19, 2015.

15. Malcolm B. Parkes, "The Influence of the Concepts of Ordinatio and Compilatio on the Development of the Book," in Medieval Learning and Literature: Essays Presented to Richard William Hunt, eds. J. J. G. Alexander and M. T. Gibson (Oxford: Clarendon Press, 1976), 115–27.

16. Ivan Illich, In the Vineyard of the Text: A Commen-tary to Hugh's Didascalicon (Chicago: University of Chicago Press, 1996), 97.

17. Malcolm B. Parkes, "The Influence of the Concepts of Ordinatio and Compilation on the Development of the Book," in Medieval Learning and Literature: Essays Presented to Richard William Hunt, eds. J.J.G. Alexander and M. T. Gibson (Oxford: Clarendon Press, 1976), 115–27.

18. John Markoff, "Researchers Announce Advance in Image-

Recognition Software," New York Times, November 17, 2014.

19. Vladimir Nabokov, Lectures on Literature (New York: Harcourt Brace Jovanovich, 1980).

20. Thomas Jefferson, "Thomas Jefferson to Isaac McPherson, 13 Aug. 1813," in Founders' Constitution, eds. Philip B. Kurland and Ralph Lerner (Indianapolis: Liberty Fund, 1986).

21. "Music Industry Revenue in the U.S. 2014," Statista, 2015, accessed August 11, 2015.

22. Margaret Kane, "Google Pauses Library Project," CNET, October 10, 2005.

23. "Duration of Copyright," Section 302(a), Circular 92, Copyright Law of the United States of America and Related Laws Contained in Title 17 of the United States Code, U.S. Copyright Office, accessed August 11, 2015.

第九章　互動 ing

1. In-person VR demonstration by Jeremy Bailenson, director, Stanford University's Virtual Human Interaction Lab, June 2015.

2. Menchie Mendoza, "Google Cardboard vs. Samsung Gear VR: Which Low-Cost VR Headset Is Best for Gaming?," Tech Times, July 21, 2015.

3. Douglas Lanman, "Light field Displays at AWE2014 (Video)," presented at the Augmented World Expo, June 2, 2014.

4. Jessi Hempel, "Project HoloLens: Our Exclusive Hands-On with Microsoft's Holographic Goggles," Wired, January 21, 2015.

5. Luppicini Rocci, Moral, Ethical, and Social Dilemmas in the Age of Technology: Theories and Practice (Hershey, PA: IGI Global, 2013); and Mei Douthitt, "Why Did Second Life Fail? (Mei's Answer)," Quora, March 18, 2015.

6. Frank Rose, "How Madison Avenue Is Wasting Millions on a Deserted Second Life," Wired, July 24, 2007.

7. Nicholas Negroponte, "Sensor Deprived," Wired 2(10), October 1, 1994.

8. Kevin Kelly, "Gossip Is Philosophy," Wired 3(5), May 1995.

9. Virginial Postre, "Google's Project Jacquard Gets It Right," BloombergView, May 31, 2015.

10. Brian Heater, "Northeastern University Squid Shirt Torso-On," Engadget, June 12, 2012.

11. Shirley Li, "The Wearable Device That Could Unlock a New Human Sense," Atlantic, April 14, 2015.

12. Leigh R. Hochberg, Daniel Bacher, Beata Jarosiewicz, et al., "Reach and Grasp by People with Tetraplegia Using a Neurally Controlled Robotic Arm," Nature 485, no. 7398 (2012): 372–75.

13. Scott Sharkey, "Red Dead Redemption Review," 1Up.com, May 17, 2010.

14. "Red Dead Redemption," How Long to Beat, accessed August 11, 2015.

第十章　追蹤ing

1. "Quantified Self Meetups," Meetup, accessed August 11, 2015.

2. Nicholas Felton, "2013 Annual Report," Feltron.com, 2013.

3. Sunny Bains, "Mixed Feelings," Wired 15(4), 2007.

4. Eric Thomas Freeman, "The Lifestreams Software Architecture" [dissertation], Yale University, May 1997.

5. Nicholas Carreiro, Scott Fertig, Eric Freeman, and David Gelernter, "Lifestreams: Bigger Than Elvis," Yale University, March 25, 1996.

6. Steve Mann, personal web page, accessed July 29, 2015.

7. "MyLifeBits—Microsoft Research," Microsoft Research, accessed July 29, 2015.

8. "The Internet of Things Will Drive Wireless Connected Devices to 40.9 Billion in 2020," ABI Research, August 20, 2014.

9. "Apple's Profit Soars Thanks to iPod's Popularity," Associated Press,

April 14, 2005.

10. "Infographic: The Decline of iPod," Infogram, accessed May 3, 2015.

11. Sean Madden, "Tech That Tracks Your Every Move Can Be Convenient, Not Creepy," Wired, March 10, 2014.

12. "Connections Counter: The Internet of Everything in Motion," The Network, Cisco, July 29, 2013.

第十一章　提問ing

1. "List of Wikipedias," Wikimedia Meta-Wiki, accessed April 30, 2015.

2. Ashlee Vance, "This Tech Bubble Is Different," Bloomberg Business, April 14, 2014.

3. Calculation based on the following: Charles Arthur, "Future Tablet Market Will Outstrip PCs—and Reach 900m People, Forrester Says," Guardian, August 7, 2013; Michael O'Grady, "Forrester Research World Tablet Adoption Forecast, 2013 to 2018 (Global), Q4 2014 Update," Forrester, December 19, 2014; and "Smartphones to Drive Double-Digit Growth of Smart Connected Devices in 2014 and Beyond, According to IDC," IDC, June 17, 2014.

4. "Connections Counter," Cisco, 2013.

5. "Gartner Says 4.9 Billion Connected 'Things' Will Be in Use in 2015," Gartner, November 11, 2014.

6. 同上。

7. "$4.11: A NARUC Telecommunications Staff Subcommittee Report on Directory Assistance," National Association of Regulatory Utility Commissioners, 2003, 68.

8. Peter Krasilovsky, "Usage Study: 22% Quit Yellow Pages for Net," Local Onliner, October 11, 2005.

9. Adrienne Chute, Elaine Kroe, Patricia Garner, et al., "Public Libraries in the United States: Fiscal Year 1999," NCES 200230,

National Center for Education Statistics, U.S. Department of Education, 2002.

10. Don Reisinger, "For Google and Search Ad Revenue, It's a Glass Half Full," CNET, March 31, 2015.

11. Danny Sullivan, "Internet Top Information Resource, Study Finds," Search Engine Watch, February 5, 2001.

12. Yan Chen, Grace YoungJoo, and Jeon Yong-Mi Kim, "A Day Without a Search Engine: An Experimental Study of Online and Offline Search," University of Michigan, 2010.

13. Hal Varian, "The Economic Impact of Google," video, Web 2.0 Expo, San Francisco, 2011.

中英對照及索引

書名

國家圖書館出版品預行編目資料

必然：掌握形塑未來30年的12科技大趨力／凱文‧
凱利（Kevin Kelly）著；嚴麗娟譯 . -- 初版 . --
臺北市：貓頭鷹出版：家庭傳媒城邦分公司發行，
2017.06
面；　公分 .（數位新世界；9）
譯自：The Inevitable: understanding the 12
　　　　technological forces that will shape our future
ISBN 978-986-262-326-8（平裝）

1. 網路社會　2. 科學技術

541.41　　　　　　　　　　　　　　106004254